古典文獻研究輯刊

八　編

潘美月・杜潔祥　主編

第 8 冊

《後漢紀》與袁宏之史學及思想

卓季志 著

國家圖書館出版品預行編目資料

《後漢紀》與袁宏之史學及思想／卓季志 著 -- 初版 -- 台北縣
永和市：花木蘭文化出版社，2009〔民 98〕

目 2+188 面；19×26 公分
（古典文獻研究輯刊 八編；第 8 冊）
ISBN：978-986-6657-15-3（精裝）
1.（晉）袁宏　2. 後漢紀　3. 學術思想　4. 史學
5. 研究考訂

622.202　　　　　　　　　　　　　　　97000995

ISBN - 978-986-6657-15-3

9 789866 657153

古典文獻研究輯刊
八 編 第 八 冊　　　ISBN：978-986-6657-15-3

《後漢紀》與袁宏之史學及思想

作　　者　卓季志
主　　編　潘美月　杜潔祥
總 編 輯　杜潔祥
企劃出版　北京大學文化資源研究中心
出　　版　花木蘭文化出版社
發 行 所　花木蘭文化出版社
發 行 人　高小娟
聯絡地址　台北縣永和市中正路五九五號七樓之三
　　　　　電話：02-2923-1455／傳真：02-2923-1452
網　　址　http://www.huamulan.tw 信箱 sut81518@ms59.hinet.net
印　　刷　普羅文化出版廣告事業
初　　版　2009 年 3 月
定　　價　八編 20 冊（精裝）新台幣 31,000 元

《後漢紀》與袁宏之史學及思想

卓季志　著

作者簡介

卓季志，1974 年生，臺灣臺北縣人。臺灣東吳大學政治學系暨歷史學系畢業，中興大學歷史學系碩士班畢業。現任教於臺北縣私立樹人家商。

提　　要

　　今本《後漢紀》是一部尚稱完整的斷代史文獻，此書早於范曄的《後漢書》成書問世，從研究後漢史的立場來看，應有重於《後漢書》的史料價值性。可是《後漢紀》歷經一段被輕忽的時期後，雖然現今存本大致上完整，但是內容已有些許脫誤，而且史事記載也與他書有諸多殊異。本文研究從《後漢紀》的內容重新審定這部歷史文獻對於後漢史的史料價值，並且檢視袁宏編撰這部史著在中國史籍編纂學與史學史上所蘊含的意涵，分析其指導撰史的思想意念，以對《後漢紀》與作者袁宏有整體而深度的認識。

　　根據本論文研究的主題與方向，按史料、文獻的內容分類，由核心向外分別為「各本《後漢紀》」、「其他古籍相關史料」、「《後漢紀》的校勘與研究」、「袁宏相關研究」、「中國傳統史學與思想相關論著」及「其他相關文獻」等等。研究《後漢紀》得與相關的其他古籍文獻相互參校，以核對或補正史事的內容，從而找出《後漢紀》記載的獨特之處。至於與袁宏相關之研究、與中國傳統史學及思想相關的論著，以及其他相關的文獻等等，藉資前人研究成果輔助本論文更精確地探索《後漢紀》的價值與意義。

　　研究方法上，首先運用文獻學方法探討《後漢紀》的傳行與其史料價值，對《後漢紀》所記載的後漢史事作全面性的分析後，再進一步深入探討其內在意涵，如史籍創作的條件、作者運用的方法，甚至作者的創作思維及思想蘊含等。在探討這部史籍以上的諸多面向，採多種研究方法交互運用，以歷史研究法為核心，研究過程中時時善用分析方法與綜合方法，再佐以歷史比較方法與心理分析方法。

　　本文以《後漢紀》為研究主體，從中國史部文獻發展史的角度切入，探討一部史籍的傳世與價值。蔣國祚、陳璞、鈕永建等清代學人，以及近人周天游、張烈等皆已致力於此書校考工作，筆者藉助前人的成果，進一步分析《後漢紀》所記載的史事，探討這部後漢斷代史籍的文獻價值。接著，筆者從中國傳統史學發展史的角度，討論到東晉時期如何誕生一部編年後漢史，從《後漢紀》裡找出魏晉史學的元素，檢視《後漢紀》中的史學內涵，以及身為一時文宗而著史的袁宏其史學素養的層次。最後，則再深入作者的思想層面，從《後漢紀》中探索作者袁宏所灌注其中的思想，甚至將觸角延伸至魏晉整個時代思想觀念的影響因素。

目
次

第一章　緒　論

一、研究動機

　　歷史文獻與民族、國家的歷史文化發展密切攸關，中國歷史文明發展早熟，自秦帝國一統政治疆域，往後中國的政治體系即在秦帝國所建立的輪廓基礎之下一脈發展，中國的歷史文獻也在崇史的文化特色下，隨政治發展成熟。〔註1〕

　　漢武帝時代，公元前一世紀初，太史公司馬遷以上承孔子、續修春秋爲一己之使命，〔註2〕持念崇高，卻不守舊、盲從，展現出大史家的宏觀識見，有因革、知損益，創獲「成一家之言」，撰成曠古爍今的首部紀傳體史著——《史記》。《史記》出，紀傳體逐漸蔚爲流行，成爲後繼各家所仿效的對象，與過去記事採「以事繫日，以日繫月，以月繫時，以時繫年」的編年史別爲二體。〔註3〕

〔註1〕　中國自上古即是尊崇歷史的民族，史職、史官的發展甚早，古籍中屢見記載。關於中國史職、史籍與史學的源流和發展，金毓黻，《中國史學史》（石家莊市：河北教育出版社，2002年1月初版二刷）考之甚詳。另有湯勤福主編，《中國史學史》（太原市：山西教育出版社，2001年2月），亦對中國史學的源流、發展脈絡敘述頗詳，可一併參閱。春秋以後，中國史學已逐漸趨向成熟，杜維運更直接宣稱，司馬遷《史記》的誕生：「中國史學，……已完全進入成熟的時期了。」參閱氏著《中國史學史（一）》（臺北市：杜維運，1993年11月），頁141～236。
〔註2〕　筆者此稱「春秋」是泛指「史著」。司馬遷上承孔子之意，參閱《史記·太史公自序第七十》（北京市：中華書局，1994年6月二版十三刷），頁3295～3300。
〔註3〕　杜預謂《春秋》記事：「以事繫日、以日繫月、以月繫時、以時繫年，所以紀遠近、別異同也。」此乃編年體史著記事之通法。參閱《春秋左傳正義》（北

後漢末造，荀悅奉詔「抄撰《漢書》，略舉其要」，欲將錯綜的紀傳體內容存菁取要，乃「撮序表、志，總爲帝紀」，反改紀傳爲編年，「通比其事，列繫年月」，作一統整、簡化工程，整合在帝紀編年之中，使前漢一代歷史「省約易習」。〔註4〕自此以後，原本沈寂的編年體史著，開始復甦而生，並且代有佳作，荀悅無意間爲往後魏晉南北朝復興的編年體開創了新的范式。〔註5〕

漢末魏晉，歷史再次走入一個大變動時代，巨變的時代刺激了人的思維，活化了學術的興盛，凜然歷史的尊貴與威嚴，以史爲殷鑒、以史爲懲勸，史學極盛的時代因而誕生。〔註6〕後漢雖亡，一代殷鑒不遠，魏晉間撰著後漢歷史的史家紛出，先後共計世出多少後漢斷代史著，今日已難查考確切的數字，退求今日可見作者、卷數明載於史籍者，仍可見及佚文輯本者，以及全書尚稱完整者，合有一十三家，〔註7〕略列簡表如下（見表1-1）：

表1-1：書志中可見之後漢斷代史籍表

書　名	作　者	體　裁	卷　數	存亡	有無輯本
後漢書	〔吳〕謝承	紀傳體	《隋書》：一百三十卷（無帝紀） 《舊唐書》：一百三十三卷 《新唐書》：一百三十卷（又《錄》一卷）	亡	存輯本

京市：北京大學出版社，1999年12月，十三經注疏本），頁3。

〔註4〕 關於荀悅奉詔修改《漢書》原因，可參閱〔漢〕荀悅撰、張烈點校，《兩漢紀：（上冊）漢紀·漢紀序》（北京市：中華書局，2002年6月），頁1～2。

〔註5〕 《隋書·志第二十八經籍二》列編年爲古史，所列部卷，除西晉初年所發掘之汲冢《紀年》屬東周戰國史籍，以及荀悅所著《漢紀》之外，共三十二部、六百二十四卷，後漢以降至南朝各代皆有，其中尚不包括「雜史」、「霸史」之屬以編年形式著作者。參閱《隋書》（北京市：中華書局，1994年10月初版五刷），頁957～964。又劉知幾《史通·六家》謂：「自是每代國史，皆有斯作，起自後漢，至於高齊。如張璠、孫盛、干寶、徐（貫）〔廣〕、裴子野、吳均、何之元、王劭等，其所著書，或謂之春秋，或謂之紀，或謂之略，或謂之典，或謂之志。」參閱〔唐〕劉知幾撰、〔清〕浦起龍釋，《史通通釋》（臺北市：里仁書局，1993年6月），頁11。雷家驥從經史關係探求史意，謂荀悅修撰《漢紀》乃在簡約《漢書》，非爲重振編年古史，故爲紀傳史風下的一特例，參閱氏著《中古史學觀念史》（臺北市：臺灣學生書局，1990年10月），頁548。

〔註6〕 關於魏晉南北朝史學極盛的背景，可參閱杜維運，《中國史學史（二）》（臺北市：杜維運，1998年1月），頁1～43。

〔註7〕 《東觀漢記》爲後漢當朝史，亦是各家後漢史著最重要的史料底本，此處不列入魏晉南北朝時期後漢史著統計之列。

書　名	作　者	體　裁	卷　數	存亡	有無輯本
後漢記	〔晉〕薛瑩	紀傳體	一百卷（《隋書》錄殘本六十五卷）	亡	存輯本
後漢紀	〔晉〕張璠〔註8〕	編年體	三十卷	亡	存輯本
續漢書	〔晉〕司馬彪	紀傳體	八十三卷（《新唐書》附又《錄》一卷）	志存	紀傳存輯本
後漢書	〔晉〕華嶠	紀傳體	《隋書》：九十七卷（殘本十七卷） 《舊唐書》：三十一卷 《新唐書》：三十一卷	亡	存輯本
後漢書	〔晉〕謝沈	紀傳體	《隋書》：一百二十二卷（殘本八十五卷） 《舊唐書》：一百二卷（又《後漢書外傳》十卷） 《新唐書》：一百二卷（又《外傳》十卷）	亡	存輯本
後漢南記	〔晉〕張瑩	紀傳體	《隋書》：五十五卷（殘本四十五卷） 《舊唐書》：《漢南紀》五十八卷 《新唐書》：《漢南紀》五十八卷	亡	存輯本

〔註8〕 陸德明《經典釋文·序錄》曰：「（張璠）安定人，東晉秘書郎……」，參閱〔唐〕陸德明，《經典釋文》（上海市：上海古籍出版社，1985 年 10 月，影印宋刻本），頁 22。袁宏於〈後漢紀序〉中稱說其掇會諸家後漢書，張璠書爲最後所見，致使後世學者以爲諸家後漢史張璠所著最晚出。參閱〔晉〕袁宏撰、張烈點校，《兩漢紀：（下冊）後漢紀·後漢紀序》（北京市：中華書局，2002 年 6 月），頁 1，與〔清〕黃奭，《黃氏逸書考·子史鉤沈·張璠後漢記》（懷荃室藏板），收入《續修四庫全書》冊 1210（上海市：上海古籍出版社，2002 年 3 月），頁 52。
張璠事蹟《晉書》無載，生卒年與主要活動年代皆不詳。然查考《三國志》裴松之注曰：「案張璠、虞溥、郭頒皆晉之令史，璠、頒出爲官長，溥，鄱陽内史。」以文義釋之，張璠行蹟應早先或同時於虞溥、郭頒。又《晉書》載虞溥補尚書都令史時爲尚書令衛瓘所器重，後「稍遷公車司馬令，除鄱陽内史」；同書衛瓘本傳，衛瓘於西晉武帝咸寧初年徵拜爲尚書令，至太康初年遷司空。以史文比對，張璠當是西晉初時人。劉知幾列舉後漢以降眾編年史家時正置張璠於孫盛、干寶前。參閱《三國志》（北京市：中華書局，1995 年 6 月初版十三刷），頁 133；《晉書》（北京市：中華書局，1993 年 10 月初版五刷），頁 2139、1057；以及〔唐〕劉知幾撰、〔清〕浦起龍釋，《史通通釋·六家》，頁 11。
正史經籍藝文志中，《隋書》置袁紀於張璠紀前，兩《唐書》則置張璠紀於袁紀前，或五代宋初史家已察覺《隋書》對張璠年代誤判而改易之。

書　名	作　者	體　裁	卷　數	存亡	有無輯本
後漢紀	〔晉〕袁宏	編年體	三十卷	存	
後漢書	〔晉〕袁山松	紀傳體	《隋書》：一百卷（殘本九十五卷） 《舊唐書》：一百二卷 《新唐書》：一百一卷（又《錄》一卷）	亡	存輯本
後漢書	〔南朝宋〕劉義慶〔註9〕	紀傳體	五十八卷（《隋書》無錄）	亡	無
後漢書	〔南朝宋〕范曄	紀傳體	《隋書》：九十七卷 《舊唐書》：九十二卷（《後漢書論贊》五卷） 《新唐書》：九十二卷（又《論贊》五卷）	存	
後漢書	〔南朝梁〕蕭子顯	紀傳體	《隋書》：一百卷（亡佚）	亡	無
後漢紀	〔南朝梁〕張緬	不明	《梁書》：四十卷	亡	無

資料來源：筆者參引整理《隋書・志第二十八經籍二》、《舊唐書・志第二十六經籍上》（北京市：中華書局，1991年12月初版四刷）、《新唐書・志第四十八藝文二》（北京市：中華書局，1995年3月初版五刷），與《梁書・張緬列傳》（北京市：中華書局，1995年3月初版六刷），並參照金毓黻，《中國史學史》，頁74～75。

　　綜觀後漢諸史，多為紀傳體裁，雖然不知亡佚者幾何？恐怕亦相去不遠，蓋紀傳體已盛行多時，兼有表曆、書志可輔紀、傳為功。在汲冢《紀年》出土、杜預注解《春秋左氏傳》，以及干寶挾官方之勢，公然倡議編年之體，〔註10〕以至於編年體史著開始復興之際，紀傳體仍然是史家著史的主流選擇。

　　編年體於東晉南朝復興一時，後漢史亦出名家。袁宏（公元328～376年）〔註11〕聲稱：

〔註9〕劉義慶所著《後漢書》，《隋書》無錄，而《舊唐書・志第二十六經籍上》、《新唐書・志第四十八藝文二》皆載錄於司馬彪與華嶠之作間，可能非與《世說》作者南朝宋臨川王劉義慶同為一人，此處存疑待考。

〔註10〕劉知幾《史通・煩省》：「干令昇《史議》，歷詆諸家，而獨歸美《左傳》，云『丘明能以三十卷之約，括囊二百四十年之事，靡有孑遺。斯蓋立言之高標，著作之良模也。』」參閱〔唐〕劉知幾撰、〔清〕浦起龍釋，《史通通釋》，頁263。

〔註11〕袁宏生卒年源自《晉書・列傳第六十二文苑・袁宏》，頁2398，史文記載：「太元初，卒於東陽，時年四十九。」而後學者皆視「太元初」即是「太元元年」，並無別議。

予嘗讀後漢書，煩穢雜亂，睡而不能竟也。聊以暇日，撰集爲後漢
紀。

對東晉中葉當時所見之各家後漢史著皆嘆爲糟粕，認爲各家後漢史著「闕
略」、「不次序」、「錯謬」之病紛多，並且「疏外之意殁而不傳」、「遺風餘趣
蔑如」，〔註12〕憂心忡忡、悵怏不快，意欲一正史傳著述之正途，遂撰成《後
漢紀》三十卷傳世。

　　然而，編年體復興的盛況仍然受限於歷史發展局勢，當南朝紀傳、編年
二體相互崢嶸之際，北朝則在官方主導控制之下，走向官修紀傳國史之途，
終在隋文帝統一天下後，於開皇十三年（公元 593 年）下詔：

人間有撰集國史、臧否人物者，皆令禁絕。〔註13〕

中央政府正式下令關閉朝代歷史私撰之門，唐政權繼承禁令，並且積極主導
修史，以杜絕民間私議。唐初官方動員大修六部史著，統以紀傳爲體，並且
在編修的紀傳體書志中，正式區別紀傳、編年二體的主次地位，以紀傳體爲
「正史」是尊，以編年體爲「古史」是次，如此一來，編年體於是再度受到
抑制而沒落。〔註14〕後漢一代史著在以上背景發展之下，集前人之大成，並
後附有司馬彪書志的范曄《後漢書》，逐漸一枝獨秀。唐初致力編修紀傳，
促使正史系統的形成，范曄《後漢書》坐穩了後漢斷代的代表，甚而取代了
《東觀漢記》，與《史記》、《漢書》並列三史。〔註15〕

　　從此，後人論及後漢一代歷史，所引、所徵幾乎採輯能「包舉大端、委
曲細事、總括遺漏」的范曄《後漢書》。〔註16〕其他眾家後漢書逐漸亡佚不論，

〔註12〕自「予嘗讀後漢書」引文以下，參閱〔晉〕袁宏撰、張烈點校，《兩漢紀：（下
　　　　冊）後漢紀・後漢紀序》，頁 1。
〔註13〕參閱《隋書・帝紀第二高祖下》，頁 38。
〔註14〕《隋書・志第二十八經籍二》分史部爲一十三，以紀傳爲正史，編年爲古史，
　　　　參閱《隋書・志第二十八經籍二》，頁 953～996。南北朝以降紀傳、編年二體
　　　　的發展，雷家驥《中古史學觀念史》論之甚詳，參閱氏著《中古史學觀念史》，
　　　　頁 553～566。
〔註15〕王鳴盛，《十七史商榷・卷四十二三國志四・三史》條：「唐宋以來學者恆言，
　　　　乃皆曰五經、三史，則專指馬、班、范矣。」參閱氏著《十七史商榷》（上海
　　　　市：上海書店出版社，2005 年 12 月），頁 309。錢大昕，《十駕齋養新錄・卷
　　　　第六》，〈三史〉條：「自唐以來，東觀記失傳，乃以范蔚宗書當三史之一。」
　　　　參閱氏著《十駕齋養新錄（附餘錄）》，收入《嘉定錢大昕全集》第柒冊（南
　　　　京市：江蘇古籍出版社，1997 年 12 月），頁 147。
〔註16〕劉知幾謂紀傳體的優勢乃：「紀以包舉大端，傳以委曲細事，表以譜列年爵，

就如早范曄《後漢書》約七十年問世，僅與范書並傳於世的袁宏《後漢紀》，〔註17〕亦遭後人忽視的舛厄命運。至北宋中葉，編年體再興的巨著——《資治通鑑》貫通一千三百六十二年歷史（公元前 403～959 年），包羅了袁宏斷代編年的《後漢紀》，更完全掩蓋了袁紀的光芒。

從史料的角度而論，要探究後漢一代歷史，自當以《東觀漢記》為最接近後漢當代之最佳史料。然而《東觀漢記》早在傳抄過程中逐漸散佚，至今僅存輯本二十四卷，〔註18〕僅賴《東觀漢記》已絕無窺得後漢史全貌的可能。魏晉南北朝撰著後漢史者雖多，然各家亦走上與《東觀漢記》相同的命運，各自散佚不傳，至唐盛世時，已至「世言漢中興史者，唯范、袁二家而已」的殘局，〔註19〕後漢的斷代史著唯剩存袁宏《後漢紀》與范曄《後漢書》完整傳世。

前述袁紀早於范書約七十年問世，所以《後漢紀》的史料等級較《後漢書》更接近於後漢時代，在探求後漢史時，實當重視袁紀的史料價值。然而一部長期被輕忽的史籍，雖然現今存本大致上完整，但是內容已有些許脫誤，而且其中的史事記載也與他書有諸多殊異。如何在《後漢紀》傳世千百年後的今日，從《後漢紀》的內容重新審定《後漢紀》對於後漢史的史料地位，是筆者撰寫此文的首要動念。

除此之外，一部史籍的誕生與流傳，對於民族史學文化發展的傳承與延續皆有其意義。袁宏編撰《後漢紀》在中國史籍編纂學與史學史上所蘊含的

志以總括遺漏，……洪纖靡失。」參閱〔唐〕劉知幾撰、〔清〕浦起龍釋，《史通通釋·二體》，頁 28。

〔註17〕袁宏《後漢紀》與范曄《後漢書》二書問世的相隔時間，趙國華謂：「歷代學者稱《後漢紀》的成書時間，較之《後漢書》早五十餘年，實際上不夠準確。筆者按：袁宏死於晉孝武帝太元元年，《後漢紀》已經完稿，而范曄死於宋文帝元嘉二十二年，《後漢書》尚未完稿，其間相距整七十年。」參閱氏著〈荀悦《申鑒》的成書時間——兼論《後漢紀》的史料價值〉，收入鄧鴻光、李曉明主編，《史學理論與史學史》第一輯（武漢市：崇文書局，2003 年 5 月初版二刷），頁 156。晉孝武帝太元元年（公元 376 年）至宋文帝元嘉二十二年（公元 445 年）相距六十九年，趙氏察之近矣！

〔註18〕《隋書·志第二十八經籍二》錄《東觀漢記》一百四十三卷，參閱《隋書》，頁 954。《東觀漢記》散佚與輯錄的歷史過程，參閱〔漢〕劉珍等撰、吳樹平校注，《東觀漢記校注·序》（鄭州市：中州古籍出版社，1987 年 3 月），頁 5～10，以及〈敘例〉，頁 1～5。吳氏校注本改《四庫全書》本二十四卷為二十二卷，筆者此處仍取二十四卷。

〔註19〕參閱〔唐〕劉知幾撰、〔清〕浦起龍釋，《史通通釋·古今正史》，頁 343。

意涵，筆者希望在研究此文獻的過程，予以適當地彰顯，讓中國傳統史學發展史上的一頁更爲清明，此乃意念之二。

　　史事、史家、史文的連結構成一部史籍的形成，史家從對史事的認知，經由其識見，對史事作成詮釋，再藉一枝史筆行文撰述。一部史籍所呈現的史事、史文之中，必蘊含史家所賦予的史「意」，「意」則源自史家的思想背景與識見層次，甚至可由史家的「意」中窺探史家所處的時代風貌。從《後漢紀》的內容，探求袁宏的思想意念，以期對《後漢紀》與作者袁宏的整體思想有更深層的認識，這是筆者研究動機之三。

二、研究回顧

　　袁宏所撰著的《後漢紀》已傳世一千六百餘年，後人在研習後漢一代歷史時，袁紀雖不若范曄《後漢書》受人重視，然而這一千六百餘年來，仍然相繼有學者注意到這部史著的價值性，並且有研讀評析者、有整理校刊者、有提要申論者。種種前人學者研究成果，爲袁宏《後漢紀》不斷增豐殘缺的羽翮，助使一部傳世千年的後漢史籍能在中國歷史文獻的瀚海中漸漸穩固它的價值。

　　欲進一步對袁宏《後漢紀》從事研討工作之前，過去前人學者埋首黃卷，孜孜矻矻所研究而獲的成果，應先期回顧與統整，探討前人學者研究，分析其著述立論的角度、要點。以下依序就《後漢紀》作者袁宏的行蹟學術考論、《後漢紀》的刊行、《後漢紀》的校讎、袁宏與《後漢紀》的史學、袁宏與《後漢紀》的思想等分述論之。

（一）袁宏行蹟學術考論

　　一部著作得以行傳於世者，乃源自於創作者所付出的精神心力，要瞭解一部史著當從創作者認識起。對於《後漢紀》作者袁宏的認識，可從袁宏的家世與其行蹟，以及袁宏的學術與著作兩大方向著手，以下就以此分以析述前人學者研究成果。

1. 袁宏家世與其行蹟

　　前人學者考述袁宏家世及袁宏生平行蹟，多依據《三國志》、《後漢書》、《晉書》本傳和《世說新語》諸篇與袁宏相關之記載，〔註20〕一般引介者內

〔註20〕學者述及袁宏家世、生平，一般平敘者多依據《晉書》本傳與《世說新語》，如周天游《後漢紀校注・前言》、〈袁宏（評傳）〉等文；但撰以考文者，除了

容無甚差異，筆者此處不予贅述。然而因爲史文記載簡疏，若要對袁宏家世世系、生平行蹟詳細瞭解實有困難，故有諸位學者進一步對袁宏及其郡籍陳郡陽夏袁氏查考撰文，而且考述所獲見解有所殊異。

程章燦早先作有〈袁宏考〉考文，考論袁氏世系里籍及袁宏行蹟軼事，所徵文獻頗廣，其中最要者是對陳郡陽夏袁氏世系的考論，旁徵前人所疑、所徵，證述〈唐宰相世系表〉以來沿誤混以汝南汝陽袁氏世系的謬誤。〔註21〕楊曉菁學位論文〈袁宏之生平與學術研究〉一文亦考述了袁宏的家世，不過著墨不多、用力不深。

袁宏生平事蹟除了載於《晉書》本傳與散記於各志、傳之外，《世說新語》亦有十數篇相關記載，是認識袁宏最主要的資料來源。然而若僅就以上史料，仍然無法鋪陳袁宏一生行蹟的完整面貌，所以上述二文又於論文中考論袁宏仕宦歷程與交遊面向，欲使袁宏的一生行蹟能更爲清晰。楊氏於程文的基礎上進一步深入探討，並且列出袁宏一生仕途概況表；而在袁宏的交遊考述，又以「薦舉者」、「賞其才者」、「知交者」三類分述，且徵引、著墨頗多，更清楚地呈現出袁宏入仕後的面貌。〔註22〕除以上二文之外，後又有張蓓蓓撰〈袁宏新論〉，對袁宏的仕宦歷程考論更爲嚴謹，有不同於程、楊二氏的見解。〔註23〕

2. 袁宏的學術與著作

袁宏除了出身世族後裔、仕宦任官之外，他一生最重要的是身爲一位學術性人物。《晉書》列其位於〈文苑列傳〉，傳中記載因作詠史詩，其辭「藻拔」，誦詩時巧遇謝尚，而爲謝尚所賞識、一見如故。後又作賦、頌等各類文，創作量頗爲可觀，史文載：

> 撰《後漢紀》三十卷及《竹林名士傳》三卷、詩賦誄表等雜文凡三

以各部正史爲基準外，又廣加徵引其他典籍與碑刻銘文。

〔註21〕參閱程章燦，《世族與六朝文學》（哈爾濱市：黑龍江教育出版社，1998年10月），頁135～160。程氏尚著有〈從「傭載運租」到「一時文宗」——東晉文學家袁宏及其創作〉一文，收入《古典文學知識》1993:4（總第49期）（南京市：江蘇古籍出版社，1993年7月），頁81～85，該文主要内容後融入前文爲考述袁宏的一部份。

〔註22〕參閱楊曉菁，〈袁宏之生平與學術研究〉（臺南市：國立成功大學中國文學系碩士班，2000年6月），頁13～51。

〔註23〕參閱張蓓蓓，〈袁宏新論〉，收入氏著《魏晉學術人物新研》（臺北市：大安出版社，2001年12月），頁155～168。

百首，傳於世。〔註24〕

如此量產的一位創作者，在史、文鼎盛的東晉南北朝即已受到注目，當時政壇、文壇已然共推視其為「一時文宗」，〔註25〕可想見其文筆之佳、才情之高。

　　魏晉南北朝以降，由於文學、史學興盛，總類、總量堆累之後，除了影響目錄學的變化、總集類著作的誕生，也促使學術批評創作的興起。袁宏的創作與學術自然也為這些著作所收錄或評論。南朝梁劉勰評論袁宏文才，說道：「袁宏發軫以高驤，故卓出而多偏」，指出袁宏因為為文創作的動機用意甚高，雖然作品卓越出眾，但也常伴隨偏差的缺失；另外又對袁宏多樣創作之一的「賦」體讚賞有加，謂曰：「彥伯梗概，情韻不匱」，慷慨的氣勢，使賦體的情韻得以傳意深遠，是魏晉一流的辭賦家之一。〔註26〕此外，同時的一位文學批評家鍾嶸列袁宏詩作於中品，並謂：「彥伯〈詠史〉雖文體未遒，而鮮明緊健，去凡俗遠矣。」詩境風格不夠強勁，但是清新明暢、緊湊穩健則超越一般的詩作許多。〔註27〕

　　袁宏除了量產的文學作品，又涉略經、史，袁宏的著作保存最完整的是史籍《後漢紀》，一時文宗撰史，後人明黃姬水讚袁宏的史文：「渾深爾雅，一洒江左之靡風」，意韻深長、質樸文筆比好華麗的魏晉文風更適合用於撰史。〔註28〕

　　近人的學術撰述方面，前述程章燦文校考了袁宏〈三國名臣序贊〉，《文選》所錄此「贊」與《晉書》所載此「頌」，文多有異同。此外又考述袁宏其他著作與佚文，將袁宏生平的著作作了全面性的查考。〔註29〕

〔註24〕　參閱《晉書·列傳第六十二文苑·袁宏》，頁2391～2399。除了文、史著作，正史中又錄《周易譜》，或稱《略譜》一卷，可參閱《舊唐書·志第二十六經籍上》，頁1969，與《新唐書·志第四十七藝文一》，頁1426。

〔註25〕　參閱《晉書·列傳第六十二文苑·袁宏》，頁2391。

〔註26〕　參閱〔南朝梁〕劉勰撰、詹鍈義證，《文心雕龍義證》（上海市：上海古籍出版社，1999年12月初版三刷），頁1828、300。

〔註27〕　參閱〔南朝梁〕鍾嶸撰、古直箋，《鍾記室詩品箋》（臺北縣：廣文書局，1999年10月再版，影印隅樓叢書），頁21。然而明代的胡應麟對袁宏的詩作卻極是貶抑，謂：「晉人能文不能詩者袁宏名出一時，所存〈詠史〉二章吃訥陳腐可笑，當時亦以為工」。參閱〔明〕胡應麟，《詩藪》（臺北市：廣文書局，1973年9月，影印明崇禎五年重刊本），頁439。

〔註28〕　參閱〔明〕黃姬水，〈刻兩漢紀序〉，收入《前漢紀三十卷》（明嘉靖二十七年吳郡黃姬水刊本），頁2a。

〔註29〕　參閱程章燦，《世族與六朝文學》，頁135～160。

楊曉菁〈袁宏之生平與學術研究〉是一部以袁宏爲研究核心的學位論文，論及了袁宏對魏晉名士階段性差異的分期觀、袁宏的名教思想，以及袁宏的玄學與文學，含括袁宏的思想與學術。由於袁宏著作多已散佚，唯《後漢紀》大體完整，故楊氏於論述袁宏名教思想時，最能貼近袁宏一手史料，且著墨最多。反之，如袁宏所作《名士傳》已不可見，欲探索袁宏的魏晉名士分期觀，只能從時代背景與其他文獻佐以推論。其他玄學、文學由於殘輯的文獻有限，故能發揮論述的空間亦受其限制。〔註30〕

張蓓蓓〈袁宏新論〉亦詳論袁宏的學術，此文核心在析論袁宏著史中所蘊含的思想，由廣入深，從名教觀、以古喻今到史論思想與其內蘊，皆不離「思想」的範疇，從史著的面貌探討袁宏的思想，再進一步深探思想源流，是整篇論文的精髓。文末最後再述袁宏文學，篇幅蓋亦受袁宏文學作品資料保存不足所限。〔註31〕

（二）《後漢紀》的刊行

《後漢紀》問世於何年？實難查考其確切年代，然一千六百餘年前的史籍得以傳刊至今，實屬不易，歷來學者於刊刻《後漢紀》時，對於《後漢紀》的傳抄與刊行多有探本溯源的相關記載。

書籍的流傳，與書籍製作技術的發展息息相關，中國古代文獻典籍在唐以前皆賴手抄，書籍珍貴無比。至雕版印刷技術發明，技術逐漸流傳，宋代以後印刷術進入黃金時期，影響所及遍及各類書籍。《後漢紀》今已不見唐代以前寫本，能追數所及僅自宋代以降各刊、寫本的發展。

現代白話盛行於世後，古籍刊本不便於閱讀，近人學者刊行《後漢紀》開始附標句讀，最早爲王雲五所編刊的叢書與文庫本。《後漢紀》單獨刊行而且致力最深者，要數周天游的校注本，此本除了校勘史籍文字，又考訂史實，以注釋形式呈現，既盡可能保持原典原貌，又能讓讀者對照史實記載的異同，彰顯這部斷代史的價值。正文之餘，周氏蒐羅許多袁宏與《後漢紀》的相關史料附錄於書末，對研讀袁宏《後漢紀》的讀者提供甚是便利的文本。然而《後漢紀校注》最大的缺憾在於其印行前校稿疏略，書中魯魚亥豕不可勝數，這對於一部史籍校讎工程的著作而言實是抱憾的敗筆。

最近刊行問世的是張烈點校本，以最早的黃姬水刻本爲底本，廣用各本

〔註30〕 參閱楊曉菁，〈袁宏之生平與學術研究〉。
〔註31〕 參閱張蓓蓓，〈袁宏新論〉，頁 168～229。

參校，並吸收歷代學人校勘的成果。張氏爲了彌補史籍脫誤所造成的文理不順，以及史實記載的失誤，引用正史內容加以校正，是史籍點校中的精本。張烈點校本與周天游校注本的史文句讀多有歧異，句讀不同，史文文義便有所不同。此外，二氏對於史文的訛、脫、衍、倒詮釋見解亦有多處差異，故所校改亦有不同。

（三）《後漢紀》的校勘

歷代學人對於《後漢紀》的校勘形式約可分爲刊版校勘、讀書筆記與學術論文三類。學人刊版《後漢紀》同時致力於校勘，清初蔣國祚刊行《兩漢紀》取諸本互校，並臚列字句異同於卷末，是《後漢紀》校勘的濫觴。清季陳璞有感蔣氏校本不盡完善，於是旁引諸史籍、史注再校，並合果親王和陳澧所校成果得《兩漢紀校記》。〔註32〕

周天游校注《後漢紀》指出以袁紀校范書，可訂正范書時間之誤、訂正范書地名之誤、訂正范書諡號之誤、訂正范書職稱之誤、訂正范書史實之誤，並將條條成果展現在勤力地校改與注文上。周氏還指出袁紀保存諸多范書所未取，甚至原籍已經亡佚的史料，清惠棟正是廣取材於袁紀而在《後漢書補注》有諸多斬獲。最後，周氏還輯錄了《後漢紀》佚文七條於該著附錄中。張烈點校《兩漢紀》史文依作者自訂凡例校改，並於每卷後附校勘記，讀者能清楚知道作者更改史文所依所據。

除了以上學人刊版《後漢紀》時亦從事校勘，或另立冊卷、或附記於史文之外，另有學者閱讀《後漢紀》後條列讀史校勘成果。清季學海堂重刊史籍，林國贊撰〈重刊兩漢紀跋〉，雖名爲跋，就內容而言實是一篇校勘記，例舉諸多漢史編年與紀傳並存的價值。〔註33〕鈕永建又在蔣校、陳校基礎上再校《兩漢紀》，並撰成《兩漢紀校釋》六卷，其中《後漢紀校釋》三卷。〔註34〕鈕永建校釋與蔣國祚字句異同考、陳璞校記可並稱爲清代《後漢紀》校勘的三要著作。

〔註32〕周天游《後漢紀校注》中載陳澧有遺稿〈讀後漢紀〉，注文中並多次引用，筆者行文至此尚未獲見。

〔註33〕參閱〔清〕林國贊，〈重刊兩漢紀跋〉，收入《中國歷代書院志》之〔清〕陳澧、金錫齡選編《學海堂四集》（南京市：江蘇教育出版社，1995 年 5 月，影印清光緒十二年啓秀山房本），頁 645～649。

〔註34〕參閱〔清〕鈕永建，《後漢紀校釋》，收入溥良輯《南菁札記》冊三（清光緒二十年江陰使署刊本）。

　　陳寅恪讀《後漢紀》時隨手札記，札記條列，有圈點誌其讀史脈絡思理、有筆記評語、有校勘，是陳寅恪讀《後漢紀》時用思所獲。〔註35〕戴蕃豫以史文例舉比較袁紀與范書的優劣，並評曰：「揆兩家之義旨，或范優長而袁謝短」。〔註36〕

　　另外以短篇學術論文論述者有朱紹侯、陳長琦合撰的〈《後漢紀》評介〉，此文比較袁紀與范書，提出袁紀的保存對范書史文的功能與價值，並實列諸條史文正之。可惜蓋因對紀傳體史著的體裁特性不甚明瞭，疏考處甚多。〔註37〕董文武則在周天游校勘方法的基礎上，分類校勘袁紀、范書與通鑑。〔註38〕吳金華針對周氏《後漢紀校注》一書點校內容，從文獻學與古漢語學的角度切入，撰有數篇校文，合計提出一百一十五條議論。〔註39〕高明用雷同於吳氏的方法，以張氏點校本為核心，先後撰寫校讀論文三篇，列舉七十條校讀議論。〔註40〕

　　除了以上三類各家學者詳略校讎《後漢紀》之外，尚有僅略指概要者：南宋章如愚略舉袁紀之失與其得補范書之缺略。〔註41〕清修四庫，《四庫全書總目》以張璠《後漢紀》佚文校對袁紀，謂：「璠紀所有，此書往往不載，其

〔註35〕參閱陳寅恪，〈讀書札記：後漢紀之部〉，收入氏著《陳寅恪集：讀書札記二集》（北京市：三聯書店，2001年9月），頁71～93。

〔註36〕參閱戴蕃豫，《范曄與其後漢書》（長沙市：商務印書館，1941年4月），頁67～71。

〔註37〕參閱朱紹侯、陳長琦，〈後漢紀（評介）〉，收入倉修良主編《中國史學名著評介：第一卷》（濟南市：山東教育出版社，1995年7月初版二刷），頁207～226。

〔註38〕參閱董文武，〈《後漢紀》對《後漢書》的校勘價值〉，收入《古籍整理研究學刊》1999年第3期（總79期）（長春市：東北師範大學古籍整理研究所，1999年5月），頁43～48；及氏著〈袁宏《後漢紀》的史學價值〉，收入《中州學刊》2001年第3期（總123期）（鄭州市：河南省社會科學院，2001年5月），頁151～155。

〔註39〕吳金華所撰校篇數篇，後合刊於氏著《古文獻整理與古漢語研究》（南京市：江蘇古籍出版社，2001年10月），頁59～91。

〔註40〕參閱高明，〈《後漢紀》校讀箚記〉，收入《古籍整理研究學刊》2004年第2期（長春市：東北師範大學古籍整理研究所，2004年3月），頁90～95；〈《後漢紀》校讀續記〉，《古籍整理研究學刊》2006年第5期（長春市：東北師範大學古籍整理研究所，2006年9月），頁41～44、50；與〈《後漢紀》校讀獻疑〉，《圖書館雜誌》2006年第10期（上海市：上海市圖書館學會上海圖書館，2006年10月），頁75～77、7。

〔註41〕參閱〔宋〕章如愚，《群書考索》（京都市：中文出版社，1982年6月，影印明正德戊辰年刻本），頁132-1。

載者亦多點竄，互有詳略」，而「核其文義，皆此書爲長」。張璠《後漢紀》早於袁紀，袁宏且於自序中明言參閱張璠紀補漢末史文，四庫文臣以張璠紀校對袁紀甚是。〔註 42〕

（四）袁宏與《後漢紀》中的史學

魏晉史著量產，史學也同時發展，被視爲「一時文宗」的袁宏亦好撰史，〔註 43〕所撰《後漢紀》得以在諸家後漢史相繼亡佚的情況下，與正史范書並存於世，後世學者多有論述其在中國傳統史學的價值。唐劉知幾在《史通‧論贊》篇細數史家對於論贊之稱的變化，謂袁宏一變前人數種「論贊」的異稱，以「自顯姓名」的方式標示己見。善於史學評論的劉知幾譏評袁宏的史論內容充滿「玄言」，可謂「玉卮無當」，根本不值得一提。從此，「務飾玄言」就成爲後來學人評價袁宏史論的準繩。〔註 44〕

清邵長蘅評論袁宏的史論特爲「放縱」，所論多有「不盡合於道」之處。〔註 45〕王鳴盛謂袁宏著史體例與史論皆仿荀悅，就荀紀與袁紀體裁、卷數、內容等各方面審視，此論甚是。〔註 46〕周中孚讀袁紀後所記幾同於王氏，僅添史籍斷限論袁、范二書，范書〈獻帝紀〉完整交代漢獻帝遜位後天下三分的形成，而《後漢紀》則僅於書末記載劉備自立，不及江東孫氏政權，故評之范書「後來居上」。〔註 47〕

近人白壽彝析論稱讚袁宏撰集史著的功力，不過卻視此爲「文章家」的

〔註 42〕參閱〔清〕永瑢、紀昀等撰，《武英殿本四庫全書總目提要‧後漢紀三十卷》（臺北市：臺灣商務印書館，1983 年 10 月），頁 2-53。

〔註 43〕除了《後漢紀》，《晉書》袁宏本傳載袁宏撰有《竹林名士傳》三卷，《隋書》記《正始名士傳》三卷，誤以衛宏字爲袁宏字。然《世說新語‧文學第四》記載：「袁〔伯彥〕〔彥伯〕作《名士傳》成，見謝公。公笑曰：「我嘗與諸人道江北事，特作狡獪耳！彥伯遂以著書。」參閱〔南朝宋〕劉義慶撰、〔南朝梁〕劉孝標注，《世說新語》（北京市：中華書局，1999 年 2 月，影印宋紹興八年刻本），頁 169～170。《舊唐書》、《新唐書》亦皆記《名士傳》三卷，劉孝標注曰袁宏分名士爲正始名士、竹林名士與中朝名士，蓋是各分一卷。

〔註 44〕參閱〔唐〕劉知幾撰、〔清〕浦起龍釋，《史通通釋‧論贊》，頁 81～82。

〔註 45〕參閱邵長蘅，〈序〉，收入〔晉〕袁宏撰、周天游校注，《後漢紀校注‧附錄四：序跋》，頁 894～896。

〔註 46〕參閱王鳴盛，《十七史商榷‧卷三十八後漢書十‧後漢紀》條，頁 274～275。

〔註 47〕參閱〔清〕周中孚，《鄭堂讀書記‧史部二編年類‧後漢紀三十卷》（影印民國十年刻吳興叢書本），收入《續修四庫全書》冊 924（上海市：上海古籍出版社，2002 年 3 月），頁 224。

才華，缺乏史學家審慎的態度，又喜好品評人物，帶有濃郁的清談味道，對歷史人物的摩寫很多是失敗的。在白氏眼中，袁宏是以世族與統治者的眼光撰寫《後漢紀》的，他說：

> 《後漢紀》的表達形式還是由階級的剪刀和針線去剪裁和縫製的。
> 〔註48〕

周天游校注本亦評析了《後漢紀》的史學，其中有沿襲白壽彝之論而進一步擴論者，「言行趣舍，各以類書」是袁宏於〈後漢紀自序〉裡明白自言的，白文以史文內容加以具體說明，周天游則更進一步分其類。另外，周氏發現《後漢紀》「詳略有體，重點突出」的特色，《後漢紀》總三十卷，袁宏以八卷記後漢建國、以六卷載漢末衰亂，事件紛雜、要角眾多的後漢一朝的開始與結束，單就全書卷數比視之，的確佔了頗大的篇幅。再則是全書「論贊」的比例，周氏統計約佔總篇幅的十二分之一，是「歷來史書所僅見」。〔註49〕朱紹侯、陳長琦合撰的評介文綜合了袁宏撰著的特色，袁宏撰史的態度嚴謹、取材詳實、詳略得宜、語言生動，而類傳的撰寫方式利弊兼而有之。〔註50〕

董文武以史學方法論列袁宏撰史特色，《後漢紀》有詳略得當的結構安排、有科學準確的計時方法、有連類而書的敘事方法，還有不拘一格的史論形式和重篤名教的史論內容。〔註51〕胡寶國特別致意於袁紀的史論，謂其史論夾議於史文，往往脫離史事本身，而發自作者胸臆之論，此類史論實似子書式的議論，胡氏此解實是卓見。〔註52〕

（五）袁宏與《後漢紀》中的思想

邱敏解析袁宏編撰一代史書時，在斷代的取捨與體裁的選定動機。後漢與

〔註48〕參閱白壽彝，〈陳壽與袁宏〉，收入氏著《中國史學史論集》（北京市：中華書局，2001年10月初版二刷），頁155〜176。

〔註49〕參閱〔晉〕袁宏撰、周天游校注，《後漢紀校注·前言》，頁6〜9。筆者按：王鳴盛謂袁紀模仿荀紀，袁宏《後漢紀》的編撰極似荀紀，論贊的撰寫形式亦然，《漢紀》除了於帝紀末保存了《漢書》的贊，荀悅另發議論的「荀悅曰」不時穿插於史文之中，全書雖僅三十六條，未似袁紀達五十五條（包括引用華嶠論四條）之多，但是所佔篇幅亦甚可觀，周氏若詳閱荀紀蓋不會作下此論。

〔註50〕參閱朱紹侯、陳長琦，〈後漢紀（評介）〉，頁208〜213。

〔註51〕參閱董文武，《《後漢紀》的編撰特色及其史學地位〉，收入《安徽教育學院學報》第19卷第2期（合肥市：安徽教育學院，2001年3月），頁6〜10。

〔註52〕參閱胡寶國，《漢唐間史學的發展》（北京市：商務印書館，2003年11月），頁105〜118。

東晉皆爲標榜「中興」的朝代，通過對後漢史的探討，可以爲現實統治者提供借鑒。而袁宏會以編年爲體，除了一般已知其推崇《左傳》、《漢紀》之外，又與東晉史壇風氣有關，自干寶撰《晉紀》以後流行編年體，袁宏於是採用流行的編年體撰史。〔註53〕

　　錢穆論史特著重史家的「史意」精神，袁宏史意聚精灌注於「袁宏曰」，故錢穆乃致意於袁宏的史論，尤其是政論主張，從袁宏的名教觀、性理觀到國家綱紀的禮、樂、法、刑與君臣關係等等加以析論。〔註54〕周天游與王紀錄亦從袁宏《後漢紀》中的史論探求袁宏的思想，唐代劉知幾貶抑袁宏《後漢紀》史論一出，後世幾成定論。近世馬克思主義史學興起後，高舉唯物史觀大纛的史家們，對袁宏史論中所認定的「封建」思想更加以撻伐。王紀錄是能重新審視袁宏史論思想的學者，回歸魏晉當時的社會條件與學術思潮，認爲袁宏的名教觀已是隨著時代社會改變而復古更化的產物，非一味的迂腐守舊。〔註55〕朱紹侯、陳長琦合撰的評介文綜述了袁宏史論的各面思想，謂袁宏以名教思想貫穿全書，並且帶著唯心主義的史觀。〔註56〕

　　「篤名教」是《後漢紀》之所以爲作的中心精神，討論袁宏《後漢紀》名教思想者眾，雷家驥對袁宏的「名教義理」觀的宏觀論述甚爲精闢，袁宏儼然是東晉批判史學的代表之一。〔註57〕楊曉菁與蔡珮汝的學位論文皆特立一章專論袁宏的名教思想，〔註58〕張蓓蓓〈袁宏新論〉稱讚袁宏所持的是一種「深美的名教觀」，從大時代背景的大思想體系關照袁宏會通儒道的思想，並且定論袁宏撰史意欲「以古喻今」的積極意向，史籍修撰的功能正是「篤名教」以抑奸雄，近諷當世、遠鑒將來。〔註59〕周大興從魏晉玄學整體「名教」意涵發展的廣度探論袁宏「道本儒用」的名教觀，以哲學層次析論受王

〔註53〕 參閱邱敏，《六朝史學》（南京市：南京出版社，2003 年 11 月），頁 258～272。
〔註54〕 參閱錢穆，〈袁宏政論與史學〉，收入氏著《中國學術思想史論叢（三）》（臺北市：素書樓文教基金會，2000 年 11 月），頁 114～134。
〔註55〕 參閱〔晉〕袁宏撰、周天游校注，《後漢紀校注·前言》，頁 8～9；與王紀錄，〈袁宏史論新探〉，收入《歷史學》1993 年 11 月期（北京市：中國人民大學書報資料中心，1994 年 1 月），頁 63～66。
〔註56〕 參閱朱紹侯、陳長琦，〈後漢紀（評介）〉，頁 222～225。
〔註57〕 參閱雷家驥，《中古史學觀念史》，頁 321～373。
〔註58〕 參閱楊曉菁，〈袁宏之生平與學術研究〉，頁 111～169；與蔡珮汝，〈東晉名教與自然思想之發展——以袁宏、張湛爲例〉（臺中縣：私立靜宜大學中國文學系碩士班，2001 年 7 月），頁 97～134。
〔註59〕 參閱張蓓蓓，〈袁宏新論〉，頁 168～221。

弼老學影響的袁宏名教思想。〔註60〕

　　白壽彝從《後漢紀》史文解析作者的撰述意識，歷史有損益、有變化，亦有不可變的綱紀名教，藉史彰顯名教綱紀而諷當時，袁宏所相信的天人感應裡更具有人文的意識。〔註61〕安作璋主編的《中國古代史史料學》一書中以宏觀的角度簡要論述了袁宏於《後漢紀》中的思想，從中區別魏晉南北朝史家有「豪士派」與「隱逸派」，而袁宏所論、所持主張當屬隱逸派。〔註62〕

　　吳懷祺從魏晉玄學的角度分析《後漢紀》中諸條史論，謂袁宏乃是一位具有史識的玄學名士，所主張的名教是一種玄學的「天理說」，把儒家的禮制納入道家的自然理論體系。〔註63〕龐天佑廣泛總論袁宏史論的思想，析論出袁宏思想的指導方針是「以道爲本、以儒爲用」，落實在「維護名教、合乎自然」之上，如此即「本於天理、順乎人情」，而且實踐時「崇尚簡易、倡導無爲」，回歸於道。〔註64〕此外，有周文玖深入時代背景探討袁宏史學思想中的名教觀與政治思想；〔註65〕周國林則從學術因應時代的角度、玄學與史學關係看待袁宏的史論；〔註66〕董文武與高秀芬則發現《後漢紀》史論充滿《易》學的觀點，是袁宏歷史觀的重要基礎。〔註67〕

〔註60〕參閱周大興，《自然·名教·因果：東晉玄學論集》（臺北市：中央研究院中國文哲研究所，2004年11月），頁165～211。

〔註61〕參閱白壽彝，〈陳壽與袁宏〉，頁170～175。

〔註62〕參閱安作璋主編，《中國古代史史料學》（福州市：福建人民出版社，1998年9月二版二刷），頁204～207。

〔註63〕參閱吳懷祺，《中國史學思想史》（合肥市：安徽人民出版社，1996年12月），頁141～150。

〔註64〕參閱龐天佑，《中國史學思想通史：魏晉南北朝卷》（合肥市：黃山書社，2003年11月），頁205～231。後有汪高鑫撰〈論袁宏史學思想的玄學化傾向〉一文，然論點幾不出龐氏文，可一併參閱。氏著〈論袁宏史學思想的玄學化傾向〉，收入《史學史研究》2005年第1期（總117期）（北京市：北京師範大學史學研究所，2005年3月），頁15～22。

〔註65〕參閱周文玖，〈袁宏史學思想再探討——袁宏《後漢紀》史論淺析〉，收入《濟寧師專學報》第17卷第2期（濟寧市：濟寧師範專科學校，1996年6月），頁31～35。

〔註66〕參閱周國林，〈《後漢紀》史論與魏晉玄學之關係〉，收入劉乃和主編《中國文化與傳統文化》（北京市：高等教育出版社，1996年10月），頁217～231；以及氏著〈袁宏玄學化史論初探〉，收入鄧鴻光、李曉明主編《史學理論與史學史》第一輯（武漢市：崇文書局，2003年5月初版二刷），頁164～179。

〔註67〕參閱董文武、高秀芬，〈易學與袁宏的歷史觀〉，收入《福建師範大學學報（哲學社會科學版）》2006年第4期（總第139期）（福州市：福建師範大學，2006

袁宏在《後漢紀》之外的思想餘音，探討者有樓宇烈以東晉玄學發展與玄學家的視角論述袁宏，〔註68〕周大興則有解析袁宏辨謙伐之論。〔註69〕

三、研究目的與方法

（一）研究主軸

本文以《後漢紀》為研究主體，從中國史部文獻發展史的角度切入，探討一部史籍的誕生、傳世與其價值，希冀藉由研究成果在中國史部文獻和史學史上給予客觀公允的價值定位。

從一部史著的問世起始，《後漢紀》誕生的時代背景，與作者袁宏的家世、家學及一生行蹟學術雖對《後漢紀》至關重要，然而因為程章燦、楊曉菁、張蓓蓓等學者在資料有限的現況下，研究蓋已詳盡，筆者為使研究的焦點集中，故此文研究不立專章討論，僅在各章有必要時適時提述。

文獻在傳世的過程會因世人對其重視程度的差異，影響原貌保存的程度，尤其我國文獻製作技術的發展，在隋唐以前印刷術尚未發明，書籍的流傳皆仰賴手抄，不但取得匪易，更難廣通流布。當書籍未獲世人肯定或重視的時候，如果再加上政治禁燬或戰亂兵燹，這些簡牘卷帛便難免脫佚滅絕的舛厄命運。一部史籍得以傳世一千六百餘年已誠屬不易，然而《後漢紀》在這一千六百餘年裡，因未始終受到一貫的重視，今日所見之書雖大致完整，卻仍有許多缺佚訛誤。前述蔣國祚、陳璞、鈕永建等清代學人，以及近人周天游、張烈等皆已致力於此書校考功夫，筆者藉助前人的成果，進一步分析《後漢紀》所記載的史事，探討這部後漢斷代史籍的文獻價值。

接著筆者想探討中國傳統史學發展到東晉時期如何誕生一部編年後漢史，從《後漢紀》裡找出魏晉史學的元素，檢視《後漢紀》的史學內涵與價值，以及身為一時文宗而著史的袁宏其史學素養的層次。最後，再進一步深入思想層面，從《後漢紀》中探索作者袁宏所灌注其中的思想，甚至將觸角延伸至魏晉整個時代思想觀念的背景因素。

年7月），頁126～131。

〔註68〕參閱樓宇烈，〈袁宏與東晉玄學〉，收入袁行霈主編《國學研究》第一卷（北京市：北京大學出版社，1994年7月初版二刷），頁67～92。

〔註69〕參閱周大興，《自然・名教・因果：東晉玄學論集》，頁47～68。

（二）資料分析

　　針對本論文研究的主題與方向，史料、文獻的取捨與運用得由核心向外區別為「各本《後漢紀》」、「其他古籍相關史料」、「《後漢紀》的校勘與研究」、「袁宏相關研究」、「中國傳統史學與思想相關論著」及「其他相關文獻」等等。

　　由於《後漢紀》史文的缺佚，後人學者在刊行時多有校勘輯補，若以史料愈接近原始等級愈高的原則，今日《後漢紀》所存最早版本為明嘉靖黃姬水刻本，然而「訛脫特甚」的《後漢紀》在歷經諸學人的校勘，當是精益甚精，最近版本乃是周天游校注本與張烈點校本，〔註 70〕故筆者本論文擇取張烈點校本為底本，再以其他各本參校。

　　研究《後漢紀》得與相關的其他古籍文獻相互參校，以核對或補正史事的內容，甚而找出《後漢紀》記載的獨特之處。筆者引以互參的古籍文獻，主要的有各家後漢史著與《通鑑》，次要者有其他相關典籍文獻，此將這些主要古籍文獻依成書先後時序列表整理如下（見表 1-2）：

表 1-2：參校《後漢紀》佐引文獻表

時代序	文獻名稱	作　者	附　註
後　漢	漢　書	班　固　等	
後　漢	東觀漢記	劉　珍　等	輯本
吳	後漢書	謝　承	輯本
西　晉	高士傳	皇甫謐	略散佚
	後漢記	薛　瑩	輯本
	三國志	陳　壽	
	後漢紀	張　璠	輯本
	續漢書	司馬彪	存志與輯本
	漢後書	華　嶠	輯本
東　晉	後漢書	謝　沈	輯本
	後漢南記	張　瑩	周天游新輯
	後漢書	袁山松	輯本

〔註 70〕周天游校注本刊行於公元 1987 年，張烈點校本刊行於公元 2002 年，然而張烈本〈點校說明〉明註撰成於公元 1986 年，故二本成書時間實為相近。不過周氏校注本由於刊行時校文不慎，排版別字訛文層出，筆者擇採據本明嘉靖黃姬水刻本、校刊較為精良的張烈點校本為底本。

時代序	文獻名稱	作　者	附　註
南朝宋	三國志注	裴松之	
	後漢書	范　曄	
	世說新語	劉義慶 客輯	
南朝梁	續漢書注	劉　昭	存志注
	世說注	劉孝標	
	文　選	蕭　統 客輯	
北　魏	水經注	酈道元	
唐	藝文類聚	歐陽詢	
	文選注	李　善 等	
	後漢書注	李　賢	
北　宋	太平御覽	李　昉	
	資治通鑑	司馬光	附通鑑考異與胡注

資料來源：筆者整理而成。

　　藉以上文獻典籍的內容及所徵所引比對《後漢紀》的內容，可正史文、可考史事。

　　其他再次之的參考資料如與袁宏相關之研究、與中國傳統史學及思想相關的論著，以及其他相關的文獻等等，皆得藉資前人研究成果輔助本論文更精確地探索《後漢紀》在中國史學史上的價值與意義。

（三）研究方法

　　本論文研究的目的在探討《後漢紀》在中國傳統史籍文獻與中國史學史的意義，針對研究的主軸採取適當的研究方法。首先運用文獻學方法探討《後漢紀》的傳行與其史料價值，對《後漢紀》所記載的後漢史事作全面性的分析後，再進一步深入探討其內在意涵，如史籍創作的條件、作者運用的方法，甚至作者的創作思維及思想蘊含等。

　　要探討一部史籍以上的諸多面向，得採多種研究方法交互運用，以歷史研究法為核心，研究過程中時時善用分析方法與綜合方法，再佐以歷史比較方法與心理分析方法，合此多種主要研究方法之力，構築本論文各章節中的研究主題，最後完成整部研究論文的體系。

四、章節綱要

根據以上研究的動機與目的，以及研究主題的特性，本文整體內容綱要如下：

第一章「緒論」說明筆者研究及撰寫此論文的動機，並且分析前人相關的研究成果，說明筆者在研究時所欲探討的問題以及研究時所採用的方法。

第二章「《後漢紀》與其史事」先探討《後漢紀》傳世過程的狀況與問題，再分析《後漢紀》這部後漢斷代史史事內容的問題，最後並析論此部斷代史對保存後漢當代歷史的價值。

第三章「《後漢紀》之編纂」則進一步探討一部中國傳統史籍中的編纂學與史學，主要以中國傳統史學作爲檢視標準，尤其以中國傳統史學評論專著之先的《史通》爲核心準繩，從史書的體裁到內容的體例、史法，此章第三節更獨立探討《後漢紀》中份量頗重的「史論」，探討《後漢紀》史論如何表現、反應魏晉史學史論盛行的樣貌。此章的核心是《後漢紀》中的史學，但是史家的史學與時代是息息攸關，所以掌握時代背景的屏幕與《後漢紀》中的史學緊扣是此章的特色。

第四章「《後漢紀》之思想」，一部創作內蘊思想，然而思想的來源並不在創作本身，而是源自於創作者，故雖本論文的主軸核心在《後漢紀》一書，但此章論及思想必須與作者袁宏緊密並述。就《後漢紀》內容的特徵分別探討思想的核心——自然與名教，而又如何看待天與道的道德問題，落實於人事的政治問題，最後再檢視作者在《後漢紀》中思想的學術背景，辨明《後漢紀》中的玄學與儒學因子。

第五章「結論」對本論文研究的總結，說明此論文的貢獻與價值，提出不足與缺憾之處，以供學界，及中國史籍文獻與中國史學史的同好，共同再研討努力的參考。

第二章 《後漢紀》與其史事

公元四世紀中葉，東晉袁宏撰寫後漢一代編年史，名爲《後漢紀》。《後漢紀》成籍後即傳行於世，經過歷代傳習閱覽、徵引補史、收付藏閣、付梓刊印，以及校讎點注，至今所得能見的《後漢紀》大致完整。一部歷史文獻年代越久遠，與文獻所記錄的年代越接近，越顯其重要性；《後漢紀》相距後漢結束約略一個半世紀，又約早於范曄所著的《後漢書》七十年問世，是今日所保存完整的後漢史著中，年代最早的。

本章先追溯探討《後漢紀》傳行的狀況，瞭解一部史籍文獻何以發生散佚訛誤，以至於演變至今日所見的面貌。再者，進一步細部討論歷史文獻史事內容記載的正確性問題，並且考察其記載的獨特性與詳盡之處，討論身爲一部後漢斷代史的《後漢紀》，對後漢一代有何獨特的價值性。

第一節 《後漢紀》之傳世

《後漢紀》於袁宏在世時已然成書問世，袁宏自撰序言時說道：

> 經營八年，疲而不能定，頗有傳者。始見張璠所撰書，其言漢末之事差詳，故復探而益之。〔註1〕

此部史籍在當時花費了八年的功夫撰寫，袁宏仍然覺得有所不足，不過還是先期傳行。後來因爲得以見到張璠所編著的《後漢紀》，發現張璠書在漢末事的記載較爲詳盡，所以又據其書增補。可見在當時，袁宏撰寫《後漢紀》不

〔註1〕參閱〔晉〕袁宏撰、張烈點校，《兩漢紀：（下冊）後漢紀·後漢紀序》（北京市：中華書局，2002年6月），頁1。

僅已確實完成，而且曾經修訂其書的內容，類似今日書籍所謂的增訂版或修訂版。

然而問世以後的《後漢紀》流傳情況如何？如何在印刷技術尚未發明的一段艱困時代被保存下來？有印刷本刊行後的《後漢紀》又是如何發展至今？

一、北宋大中祥符前《後漢紀》的傳行

今日我們已不得見宋代以前任何《後漢紀》的抄寫本或印刷刊本，故不得知在宋代以前《後漢紀》這部史籍文獻實際的傳行面貌，唯有藉助其他文獻間接的記載、徵引，或者對《後漢紀》的評述略窺其貌。

文獻目錄之學在前漢末劉向、歆父子，以及後漢班固的識見下發其濫觴，分別以《別錄》、《七略》，與《漢書·藝文志》呈現其統整過往學術史的成果。再歷經魏晉南北朝時期，學術生機蓬勃地擴大，目錄學因應學術的變化也隨之發展，鄭默、荀勖、李充、王儉、阮孝緒等人相繼致力於此學術整理、分類的領域，直至唐初總結於《隋書·經籍志》，中國學術四部分類確定成形。往後不論官方或私家在從事藏書、目錄或解題等工作，皆是在四部分類的基礎上。

在《隋書·經籍志》史部古史類中記載：

> 《後漢紀》三十卷袁彥伯撰。〔註2〕

袁宏字彥伯，在《後漢紀》自序中，袁宏並沒有提及整部《後漢紀》的部頭卷數，這是《後漢紀》首次出現在文獻目錄分類中，唐初當時的卷數與今日所見相同。唐史臣重新編修的《晉書》袁宏本傳中，亦記載袁宏撰有《後漢紀》三十卷。〔註3〕唐初詔令編修《晉書》時，前人所修撰的晉史有二十二家以上，〔註4〕除去已經完全亡佚者，當時尚得而能見者且有十八家晉史，〔註5〕而且存量豐富，加上兼採文學、筆記、小說等其他資料的佐助，故能在短短三年內即完成《晉書》的修纂。袁宏在東晉一朝的政壇與學術界具有一定的份量，雖然唐修《晉書》完成後，其他家晉史即快速走向亡佚舛途，今日不

〔註2〕參閱《隋書·志第二十八經籍二》（北京市：中華書局，1994年10月初版五刷），頁957。

〔註3〕參閱《晉書·列傳第六十二文苑·袁宏》（北京市：中華書局，1993年10月初版五刷），頁2398。

〔註4〕參閱《隋書·志第二十八經籍二》，頁955、958。

〔註5〕參閱唐太宗，〈修晉書詔〉，收入〔清〕董誥等奉編，《欽定全唐文》（臺北市：匯文書局，1961年12月，影印內府刊本），頁99-2～100-1。

得見其他晉史中記載的袁宏事蹟。〔註6〕不過可以相信，唐初史臣修纂〈袁宏傳〉時載明「撰《後漢紀》三十卷」必有所據。

又《隋書·經籍志》於著錄時有其體例規則，其中特別註明文獻的留存現狀與存佚殘缺，以辨別古、今本的異同，如華嶠《後漢書》至唐初已散佚嚴重，《隋書》即載：

　　後漢書十七卷。本九十七卷，今殘缺。晉少府卿華嶠撰。〔註7〕

這樣的體例規則在《隋書》記載袁宏的《後漢紀》處並未見特別說明。因此我們可以論斷袁宏所撰的《後漢紀》，自成書時已然為三十卷本，即《後漢紀》大約經過近三個世紀的流傳，到唐初當時的史本與現今我們所見本相近。

之後，唐開元年間，官方仍然重視書籍的整理工作，開元九年（公元721年）群臣修成《群書四部錄》二百卷。參與撰修的毋煚因為對其內容有個別的意見，故另外依己意，根據《群書四部錄》的內容改編寫成《古今書錄》四十卷。不過這兩部書大約分別在北宋末與南宋末時亡佚，可幸的是，五代劉昫等史臣編修《唐書》時，二書尚且保存完整，並且據《古今書錄》編纂〈經籍志〉，故今日聊可藉《舊唐書·經籍志》略窺唐中葉所編輯的目錄之作。

《舊唐書·經籍志》記載：

　　《後漢紀》三十卷張璠撰。又三十卷袁宏傳。〔註8〕

所記載的袁宏《後漢紀》卷數仍同於唐初。五代後晉史臣編修《舊唐書·經籍志》時，並未仿效《隋書·經籍志》說明書籍古、今變化，有變異者即逕具當時的現況更改之，如上文華嶠的《後漢書》，志文記載：

　　後漢書三十一卷華嶠作。〔註9〕

已和《隋書·經籍志》所記載當時的十七卷和原書的九十七卷不同，表示在唐初以後，華嶠書的蒐羅、整理、流傳又有其變化，而袁宏所撰寫的《後漢紀》仍然維持著三十卷本直到《舊唐書》的編纂時期。

確定了《後漢紀》從問世到五代後晉開運年間大約五百七十年的保存概況，至於在這期間《後漢紀》流傳的實況如何？我們可藉其他文獻徵引與評

〔註6〕今本《九家舊晉書輯本》唯臧榮緒書存有〈袁宏傳〉片段輯文，參閱〔清〕湯球輯，《九家舊晉書輯本》（北京市：中華書局，1985），頁163。
〔註7〕參閱《隋書·志第二十八經籍二》，頁954。
〔註8〕參閱《舊唐書·志第二十六經籍上》（北京市：中華書局，1991年12月初版四刷），頁1991。
〔註9〕參閱《舊唐書·志第二十六經籍上》，頁1989。

述《後漢紀》得以一窺。

　　《後漢紀》傳行以後，南朝宋初裴松之即已徵引其文注《三國志》，其中主要用以補陳壽書之不足，如建安二十五年（公元 220 年），魏王曹操薨，〔註10〕曹丕嗣位魏王，當時獻帝仍在位，裴注引《後漢紀》中之〈魏太子丕嗣位詔〉以增備《三國志》史文。不久，獻帝禪位，禪位過程實分爲兩階段，先行昭告欲禪位予魏王，再正式頒冊禪位，先後有二詔文，陳壽書簡略僅載〈禪位冊〉，裴松之因此又引《後漢紀》中〈漢帝禪位魏王詔〉備注之，藉此讓史事的面貌更爲詳盡。〔註11〕

　　除了補陳壽書的不足之外，裴注也收錄了袁宏的史論，對於曹操、鍾繇、孔融等辯議肉刑當復與否，袁宏有個人的一套見解，撰爲「袁宏曰」。裴松之特別整篇收錄附之於陳壽書史文之下，恐怕亦是藉袁宏的史論略爲抒發己意。〔註12〕

　　在裴松之注《三國志》之後，南朝梁劉孝標注《世說新語》、劉昭注《續漢書》、北魏酈道元注《水經》，乃至於唐代李善注《文選》、李賢注范曄《後漢書》都曾先後徵引《後漢紀》史文輔助注解文獻，可見《後漢紀》自東晉到唐，一直被視爲重要的文獻史料，流傳也甚爲普及，不難取之用以徵引注釋。〔註13〕

　　注釋文獻之外，唐至宋初三部重要類書《藝文類聚》、《初學記》與《太平御覽》也都引用了《後漢紀》，尤其是李昉主編的《太平御覽》，收錄了《後漢紀》史文十數條，用以解說各類項目，如在〈人事部〉各類別中的「長中國人」舉「馬騰其長八尺，身體洪大」，〔註14〕「短中國人」列「陰后短小」，

〔註10〕陳壽書因列曹操於帝紀，故稱「崩」，此處據《後漢紀》用「薨」。
〔註11〕參閱《三國志》（北京市：中華書局，1995 年 6 月初版十三刷），頁 57～58、62，與〔晉〕袁宏撰、張烈點校，《兩漢紀：（下冊）後漢紀》，頁 588～589。
〔註12〕參閱《三國志》，頁 398～399，裴松之注。
〔註13〕關於各注釋性文獻所引《後漢紀》史條甚多，此處不一一列舉，可分別參閱〔南朝宋〕劉義慶撰、〔南朝梁〕劉孝標注，《世說新語》（北京市：中華書局，1999 年 2 月，影印宋紹興八年刻本）；《後漢書》（北京市：中華書局，1995 年 3 月初版七刷）；〔北魏〕酈道元注，楊守敬、熊會貞疏，《水經注疏》（南京市：江蘇古籍出版社，1999 年 8 月初版二刷）；〔南朝梁〕蕭統等輯、〔唐〕李善等注，《增補六臣註文選》（臺北市：華正書局，1974 年 10 月，宋末刊本）。
〔註14〕參閱〔宋〕李昉等撰，《太平御覽》（臺北市：臺灣商務印書館，1992 年 1 月初版六刷，影印四部叢刊本），頁 1869-2。此條史文《初學記》亦引之記載，然不見於今本《後漢紀》，參閱〔唐〕徐堅等撰，《初學記》（北京市：中華書

「貞女」則引：

> 初，弘農王唐姬，故會稽太守唐瑁女也。王薨，父欲嫁之，不從。
> 及關中破，爲李傕所略，不敢自說也。傕欲妻之，姬弗聽，尚書賈
> 詡聞之，以爲宜加爵號，於是迎置於園，拜爲弘農王妃。〔註15〕

可見從唐到宋初，幾部以廣蒐群書爲編纂之要的類書，也掌握了袁宏的《後
漢紀》，耙梳史文的細部內容，納入類書的相關類別之中。

　　另外，在南北朝至宋初這段期間，還有學術評論類著作論述了《後漢
紀》，其中，最爲著名的是劉勰的《文心雕龍》與劉知幾的《史通》。《文心
雕龍》僅是著重在作者袁宏各方面著作的才華，在史才的部分評語簡單：

> 至孝武不嗣，安恭已矣。其文史則有袁殷之曹，孫干之輩，雖才或
> 深淺，珪璋足用。〔註16〕

劉勰認爲袁宏與東晉時的殷仲文、孫盛、干寶等人著作所顯現的才能，已足
以擔當當代所用。

　　《史通》爲一部史學評論專著，聚焦在與史學相關的人物與史籍文獻，故
所論述的袁宏即與其所著的《後漢紀》一併相關。除了陳述史籍發展到唐中葉
的過程，形成兩條主流：一是以司馬遷、班固爲代表的紀傳體，一是以荀悅、
袁宏爲代表的編年體，又說後漢斷代史這兩種體裁的代表分別是范曄的《後漢
書》和袁宏的《後漢紀》。說明了袁宏《後漢紀》在當時史學興盛蓬勃發展時，
所代表的地位。〔註17〕劉知幾除了表明《後漢紀》的重要性之外，另一方面也
對袁宏的論贊毫不留情的批評：

> 袁彥伯之務飾玄言，……玉卮無當，曾何足云！〔註18〕

站在史學的專業角度，否定了袁宏撰寫《後漢紀》時特別致心篇幅的史論。

　　由以上書志目錄、注釋文獻、類書和學術評論專書，或收錄、或徵引、
或論述《後漢紀》的情況，可以知道袁宏撰寫的《後漢紀》自問世以後，雖

　　　　局，2004年2月二版四刷），頁461。
〔註15〕參閱〔宋〕李昉等撰，《太平御覽》，頁1869-2、1873-2、2149-2；與〔晉〕袁
　　　　宏撰、張烈點校，《兩漢紀：（下冊）後漢紀》，頁284、522。今本《太平御覽》
　　　　與《後漢紀》文略異。
〔註16〕參閱〔南朝梁〕劉勰撰、詹鍈義證，《文心雕龍義證·時序第四十五》（上海
　　　　市：上海古籍出版社，1999年12月初版三刷），頁1709。
〔註17〕參閱〔唐〕劉知幾撰、〔清〕浦起龍釋，《史通通釋》（臺北市：里仁書局，
　　　　1993年6月），頁16、343。
〔註18〕參閱〔唐〕劉知幾撰、〔清〕浦起龍釋，《史通通釋·論贊》，頁82。

然沒有印刷技術的輔助，仍然流傳順暢，廣受學界的閱讀，故一直保存完善到北宋初期。

二、刊而不傳時期

印刷技術雖然在唐初時已確定存在，然而開始廣爲運用要到唐末以後，到宋代達到興盛。〔註19〕今日我們所能知道《後漢紀》的最早刻本，刊刻在北宋眞宗大中祥符年間，南宋王銍刻《兩漢紀》時序記：

袁宏《後漢紀》三十卷，祥符中刊版於錢塘，版廢幾百年。〔註20〕

這是王銍在南宋紹興十二年（公元 1142 年）時追述百年前的刻版，因爲該版已廢，所以重新刻版印刷。另外，大約與王銍同時，李燾似乎曾經看過北宋仁宗天聖年間，另一個在四川刊行的摹刻本。〔註21〕這是在文獻記載裡，所能知道最早的《後漢紀》印刷版本，距袁宏撰寫《後漢紀》已近六個半世紀。

《新唐書・藝文志》記載：

袁宏《後漢紀》三十卷。〔註22〕

《新唐書》成書於仁宗嘉祐五年（公元 1060 年），歐陽修等史臣當見及《後漢紀》大中祥符本。爾後司馬光等編修《資治通鑑》，廣收各方史料以徵史事，附撰《考異》，正文收錄袁宏史論三則，《考異》亦多處引錄《後漢紀》史文，以資說明編纂時對於史料的取捨，同時也存異史文以備閱覽者查考。由此可知，北宋初年到神宗元豐年間，〔註23〕《後漢紀》的保存仍然相當完善，甚如好佛的蘇軾也曾閱讀《後漢紀》，在《東坡志林》裡引錄了〈袁宏論佛說〉。〔註24〕

可是到了南宋初年，《後漢紀》卻已經少爲流傳，王銍重刊《兩漢紀》時說大中祥符的刊本早已廢版將近百年，李燾也說當時見到的天聖摹刻本

〔註19〕 參閱程千帆、徐有富，《校讎廣義——版本編》（濟南市：齊魯書社，2005 年 3 月二版六刷），頁 98～132。

〔註20〕 參閱〔宋〕王銍，〈重刻兩漢紀後序〉，收入〔晉〕袁宏，《後漢紀》（上海市：商務印書館，1929，四部叢刊影印明嘉靖本）。

〔註21〕 參閱〔清〕宋犖，〈樂三堂本序〉，收入〔晉〕袁宏撰、周天游校注，《後漢紀校注》（天津市：天津古籍出版社，1987 年 12 月），頁 892～894。

〔註22〕 參閱《新唐書・志第四十八藝文二》（北京市：中華書局，1995 年 3 月初版五刷），頁 1459。

〔註23〕 《資治通鑑》成書於北宋元豐七年（公元 1084 年）。

〔註24〕 參閱〔宋〕蘇軾，《東坡志林》（北京市：中華書局，1997 年 12 月初版二刷），頁 35。

「衍文助語，亂布錯置，往往不可句讀」，儼然殘缺甚為嚴重，已「難得其真」。〔註25〕在北宋晚期到南宋初年間，《後漢紀》當是傳行舛途，以致於王銍等醒覺應當重刻新本。

　　然而，王銍雖致力重刻了新版，《後漢紀》的流傳卻未因此轉向順遂之途。宋元之際雖然零星出現在幾部文獻的記載，如陳振孫《直齋書錄解題》、胡三省注《資治通鑑》、馬端臨《文獻通考》和《宋史‧藝文志》等，或收錄、或徵引了《後漢紀》，也依舊維持著三十卷本。不過從明嘉靖年間黃姬水刻《兩漢紀》時所遇到的困難，以及黃本內容的訛誤殘缺，即可知《後漢紀》在南宋到明嘉靖前，是罕為人所重視的，無怪黃氏感嘆其「刊布弗廣，遂致湮晦」，甚至到了「尤所希覯」的困境。〔註26〕

　　宋元之際，《後漢紀》雖然幾度刻版，〔註27〕但是並未受到時人的珍視，乃是因為《資治通鑑》編修〈漢紀〉時廣參各方史料，並且大量以《後漢紀》徵引比對後漢史，附記於《考異》。再加上以編年體裁行文編修，形式上等同取代了同是編年史的《後漢紀》，《資治通鑑》又很快就付梓刊行，促使南宋極為盛行《通鑑》學，遂湮沒了《後漢紀》的存在。

三、明嘉靖以降的復甦

　　《後漢紀》的沈寂要到明中葉才再現生機，黃省曾、黃姬水父子因緣際會購得宋刻本《後漢紀》，如獲至寶，難能可貴的是並不藏私僅束之金匱玉篋，而能抱持「輒復梓行，以永流播」的胸懷再刻史籍，使幾不流傳的《後漢紀》得以重獲生機，亦是今日《後漢紀》所能得見的最早版本。半個世紀後，萬曆年間南京國子監亦鏤版刊刻，不過此南監本的流傳不廣。〔註28〕嘉靖黃姬水與南監二本《後漢紀》在明中葉的相繼刊刻，方使得《後漢紀》復甦傳行。

　　萬曆後約歷一個世紀，清康熙年間，蔣國祚用心校讎黃姬水本與南監本，

〔註25〕參閱〔清〕宋犖，〈樂三堂本序〉，頁 892。
〔註26〕參閱〔明〕黃姬水，〈刻兩漢紀序〉，收入〔漢〕荀悅，《前漢紀》（明嘉靖戊申吳郡黃姬水刊本）。
〔註27〕清康熙三十五年（公元 1696 年），邵長蘅謂《兩漢紀》「自宋至今，更六七剞劂」，然並未細數，今日亦難盡列。參閱〔清〕邵長蘅，〈樂三堂本序〉，收入〔晉〕袁宏撰、周天游校注，《後漢紀校注》，頁 894～896。
〔註28〕清蔣國祚校刊《兩漢紀》時曾得南監本，謂之「行世絕少」。參閱〔清〕蔣國祚，《兩漢紀字句異同考‧序》（臺北縣：藝文印書館，1971，影印遼海書社排印本），頁 1a。

除了再鏤刻新版，蔣國祚又另撰〈兩漢紀字句異同考〉一卷附刊於後。此樂三堂本是首部在刊刻《後漢紀》的同時也從事史文校勘，而且別撰校勘記以備查考者，〔註29〕這是因爲《後漢紀》長期湮沒，內容脫誤嚴重，故首開《後漢紀》校勘工作。後至清光緒初年，陳璞等學人有感蔣氏校改未盡完善，遂有合諸人之力再校、再刊新版之舉，並附〈後漢紀校記〉一卷於其中。〔註30〕若再加上光緒二十年（公元 1894 年）鈕永建所撰寫的《後漢紀校釋》，蔣氏〈字句異同考〉、陳氏〈校記〉與鈕氏的《校釋》即是清代《後漢紀》校讎的三部重要著作。

在論述各刊本之餘，有一寫本必須一提。清乾隆年間召集群臣纂修的《四庫全書》，纂修的工程層層分工，每部文獻皆以手寫謄錄。史部《後漢紀》文淵閣本由監生費恩綸謄錄、檢討季學錦校對、編修王燕緒總校，當時由於同時鼓勵諸官校正文獻，〔註31〕因此四庫本《後漢紀》的內容多有纂修文臣繕改史文之處，別異於現行的各刊刻本，這是清光緒以來各刊行、校點《後漢紀》的學人從未致意而掛漏之處。

民國以後，先後多批學人致力於古籍文獻的整理，以叢刊式大部印刷，民國初年是古籍整理刊刻盛行的一段時期，〔註32〕《後漢紀》也因此被納入刻本或影印。民國五年（公元 1916 年）有龍溪精舍本，是略校清樂三堂本翻刻的版本；八年（公元 1919 年）更有因爲古籍文獻整理上的要舉——《四部叢刊》的收編與影印，《後漢紀》選用了上海涵芬樓借用無錫孫氏小淥天藏明嘉靖本影印，後來桂崇基與華正書局先後曾據《四部叢刊》本個別影印發行《後漢紀》。

《後漢紀》刊行最新近的面貌，是因爲近代新式標點的使用，開始使用新式標點句讀原來沒有斷句的古文。最早爲民國五十七年（公元 1968 年）王雲五主持國學基本叢書的選編刊行，擇取龍溪精舍本《後漢紀》爲底本句讀，之後再主持發行的人人文庫本其實是同一個版本，目的在方便推廣古代典籍

〔註29〕 筆者校考各本《後漢紀》時，發現南監本刊版時已然從事校文工作，只是刊刻時逕改史文而未加註記。

〔註30〕 陳璞等亦同時刊刻《兩漢紀》，所撰乃〈兩漢紀校記〉附於書，前、後漢分上、下各一卷。

〔註31〕 參閱黃愛平，《四庫全書纂修研究》（北京市：中國人民大學出版社，2001 年2 月初版二刷），頁 138～143。

〔註32〕 參閱曹之，《中國古籍版本學》（武昌市：武漢大學出版社，2002 年 4 月初版三刷），頁 397～403。

的閱讀。公元 1987 年周天游所校注的《後漢紀校注》，除了以清樂三堂本爲底本句讀，還從事校勘、注釋，是首部、也是唯一一部《後漢紀》注釋的著作，所徵引的文獻極爲廣泛，致力頗深。截至目前，最新出版則是張烈所點校的《兩漢紀》，張氏以《四部叢刊》本爲底本，除了標點之外，亦校勘史文，另注記校勘記於每卷之後。現今除了《四部叢刊》本因爲最近原本，而且借取不難，所以廣被取用之外，周天游的校注本與張氏的點校本可謂是當今《後漢紀》通行最爲普遍的版本。

　　宋代以後諸學人先後因爲重新刊刻《後漢紀》所撰寫的序跋，是瞭解《後漢紀》傳行歷程的重要文獻，筆者統整前人所述，表列歷來刊、寫本於下（見表 2-1）以備查閱：

表 2-1：《後漢紀》各刊、寫本表

刊　版　稱	刊行者	刊行地	刊　行　年	刊版現狀
宋祥符刻本		杭州錢塘（浙江杭州）	北宋大中祥符年間	宋紹興時已版廢數百年。
宋天聖摹刻本		益　州（四川成都）	北宋天聖年間	南宋時已殘脫。
宋紹興刻本	王　公、王　銍	浙　東	南宋紹興十二年（公元 1142 年）	明嘉靖間已缺裂存殘本。
明黃姬水刻本	黃姬水	蘇州長洲（江蘇蘇州）	明嘉靖二十七年（公元 1548 年）	清康熙年間版廢，存藏本。
明南監鏤版本	何　鯨　等	南京國子監	明萬曆二十六年（公元 1598 年）	行世絕少
清樂三堂校刊本	蔣國祚、許尚質、蔣國祥	杭州錢塘（浙江杭州）	清康熙三十五年（公元 1696 年）	
四庫全書寫本	永　瑢、紀　昀	直隸京師（河北北京）	清乾隆四十五年（公元 1780 年）	
清廣東學海堂校刊本	陳　璞、陳　澧	廣東廣州	清光緒二年（公元 1876 年）	
龍溪精舍翻刻本	鄭國勛	廣東潮陽	民國五年（公元 1916 年）	翻刻清樂三堂本

刊 版 稱	刊行者	刊行地	刊 行 年	刊 版 現 狀
四部叢刊本	張元濟	江蘇上海	民國八年 （公元 1919 年）	上海涵芬樓借用無錫孫氏小淥天藏明嘉靖本景印
國學基本叢書本	王雲五	臺灣臺北	民國五十七年 （公元 1968 年）	據龍溪精舍本點刻
桂崇基印行本	桂崇基	臺灣臺北	民國五十八年 （公元 1969 年）	據國立中央圖書館藏明嘉靖刊本影印
人人文庫本	王雲五	臺灣臺北	民國六十年 （公元 1971 年）	同國學基本叢書本
華正本		臺灣臺北	民國六十三年 （公元 1974 年）	影印明嘉靖刊本
周天游校注本	周天游	河北天津	公元 1987 年	
張烈點校本	張　烈	河北北京	公元 2002 年	

資料來源：筆者參引《後漢紀》歷來刊本、諸序，以及各圖書館藏現存《後漢紀》整理而成。

第二節　《後漢紀》之史事疑議

　　一部史籍文獻所記載的史事內容正確與否，是這部史籍讓人在研讀時是否得以信賴的關鍵。《後漢紀》記載的後漢史事與其他後漢文獻有許多的不同，有必要提出比對、分析討論，以正史事。而其中又許多是《後漢紀》記載錯誤，如此便降低了《後漢紀》的價值。

　　文獻中有一種明知其誤，但是難以判斷是傳抄過程的文誤，還是作者記載時已經發生的史誤，這種錯誤出現在與「數字」相關的記載。例如《後漢紀》卷七記載建武十七年（公元 41 年）鳳凰眾鳥集於潁川：

　　　是歲，鳳皇五集潁川郡，眾鳥竝從，行列蓋地數頃，留止七十日。
　　〔註33〕

《初學記》錄《東觀漢記》史文作「留十七日乃去」，《宋書・符瑞中》記載最為完整，亦作「留十七日乃去」。〔註34〕就情理、依文獻研判，鳳凰率眾鳥

〔註33〕參閱〔晉〕袁宏撰、張烈點校，《兩漢紀：（下冊）後漢紀》，頁 128。
〔註34〕參閱〔唐〕徐堅等撰，《初學記》，頁 725；及《宋書・志第十八符瑞中》（北京市：中華書局，1993 年 10 月初版五刷），頁 794。

停留日數當是十七日，《後漢紀》記作七十日不知是倒文致誤，還是本就以七十日記載之？

又《後漢紀》卷二十六公孫度立漢帝廟：

> 遼東太守公孫度自號爲平州牧，立漢世祖廟。〔註35〕

《三國志》公孫度本傳記載，公孫度所立爲「漢二祖廟」，范曄《後漢書》公孫度附傳於袁紹傳下，亦同於《三國志》作「立漢二祖廟」，〔註36〕公孫度所立當是高祖、世祖二廟，《後漢紀》僅載「立漢世祖廟」是誤，只是未知是二、世形近誤刊，還是原本即缺載？

再舉卷三十記載孔融事蹟之例：

> 年二十八，爲北海太守。〔註37〕

裴松之引《續漢書》作「時年三十八」，根據范曄《後漢書》孔融本傳查考，融出任北海相約在初平元年（公元 190 年）前後，下獄死於建安十三年（公元 208 年），卒歲五十六。〔註38〕從此推算，孔融任北海相年歲當是三十八，《後漢紀》不知是傳抄訛二作三，或是記載錯誤？

一、數字與時間的錯誤

雖然《後漢紀》裡有上述難辨的「數字性」錯誤，可是並不是所有的數字性錯誤都無法判別，仍然有些數字性的錯誤是可以推論出原因。例如《後漢紀》卷八記載光武帝崩，明帝年歲二十四即位。〔註39〕根據范曄《後漢書·顯宗孝明帝紀》記載：中元二年（公元 57 年）明帝即皇帝位時年歲三十，永平十八年（公元 75 年）崩，年歲四十八，與《後漢紀》所記歲數不同。再查考〈皇后紀〉記載，劉秀於更始元年（公元 23 年）納陰麗華，建武四年（公元 28 年）生劉莊，即顯宗明帝，由此推算中元二年即位的明帝歲數當是三十，斷不會是二十四，《後漢紀》明顯記載錯誤。〔註40〕

〔註35〕參閱〔晉〕袁宏撰、張烈點校，《兩漢紀：（下冊）後漢紀》，頁 506。

〔註36〕參閱《三國志·二公孫陶四張傳第八》，頁 252；及《後漢書·袁紹劉表列傳第六十四下》，頁 2419。

〔註37〕參閱〔晉〕袁宏撰、張烈點校，《兩漢紀：（下冊）後漢紀》，頁 576。北海太守當作「北海相」，見下文說明。

〔註38〕參閱《三國志》，頁 371，裴松之注；及《後漢書·鄭孔荀列傳第六十》，頁 2263～2278。

〔註39〕參閱〔晉〕袁宏撰、張烈點校，《兩漢紀：（下冊）後漢紀》，頁 156。

〔註40〕參閱《後漢書》，頁 95、123、405。

又《後漢紀》卷十四記載梁竦子嗣：

> 竦生二男三女，長男棠及翟，長女憑及二貴人。〔註41〕

范曄《後漢書》記載梁竦有三男三女，長男梁棠下有梁雍，雍下方是梁翟，與《後漢紀》明顯殊異。〔註42〕《後漢紀》繼續往下讀閱，永元十年（公元98年）夏五月記載：

> 十年夏五月，封梁堂爲樂平侯，雍爲乘氏侯，翟爲單父侯，位特進。
> 〔註43〕

梁堂爲梁棠之誤，其餘正與《後漢書》記載相合，《後漢紀》出現了前後記載相突，前文所記「二男三女」當誤，梁竦實有棠、雍、翟三男。

除了上述數字性的錯誤，筆者全面校考《後漢紀》史事發現，《後漢紀》中的史誤不外乎幾類，有時間上的錯誤、身分職務錯誤、輿地方面的錯誤，以及史事內容錯誤等，本節以下便以類別例舉說明之。

《後漢紀》卷三建武元年（公元25年）春正月，記載鄧禹攻安邑事：

> 建武元年春正月，鄧禹攻安邑，王匡、成丹、劉均等合兵十餘萬共擊禹，禹與戰不利，驍騎將軍樊崇臨陣死。會日暮兵疲，韓歆及諸將見戰敗而敵盛，皆諫禹，欲夜去，禹不聽。明且癸（丑）〔亥〕，匡等以六甲窮日，不出。禹得益治兵，勅軍中曰：「匡等雖出，無妄動！令至營下乃擊。」匡等悉至，禹鼓而竝進，大破之，斬劉均、河東太守楊寶，遂定河東。〔註44〕

讀此段史文，似乎事皆在建武元年春正月，然查曆該月並無「六甲窮日」，必有誤。考范曄《後漢書・光武帝紀》，鄧禹擊王匡破於安邑繫在六月甲子，正與此事所謂避「六甲窮日」合。再看鄧禹本傳記載，鄧禹進圍安邑是在正月，然「數月未能下」，又歷經破斬更始大將軍樊參，方有引文中王匡等合兵十餘萬共擊鄧禹後事，〔註45〕《後漢紀》由於記載疏略，而將時間綿延數月的事誤記於一月之中。

又《後漢紀》卷七記載建武二十一年（公元45年）郡國大水，光祿勳杜

〔註41〕參閱〔晉〕袁宏撰、張烈點校，《兩漢紀：（下冊）後漢紀》，頁276。
〔註42〕參閱《後漢書・梁統列傳第二十四》，頁1172～1175。
〔註43〕參閱〔晉〕袁宏撰、張烈點校，《兩漢紀：（下冊）後漢紀》，頁278。
〔註44〕參閱〔晉〕袁宏撰、張烈點校，《兩漢紀：（下冊）後漢紀》，頁35。
〔註45〕參閱《後漢書》，頁23、601。

林上疏陳事、後轉任司空。〔註46〕查後漢諸史，建武二十一年皆不見有大水記載，范曄《後漢書》杜林傳亦不見記載此段疏文，倒是劉昭注引《東觀漢記》中收錄了此疏，可是時間上卻有歧異。《東觀漢記》記載杜林上疏是因為建武八年（公元 32 年）的郡國大水，《後漢書‧光武帝紀》建武八年記載了「秋，大水」，又記「是歲大水」，與《東觀漢記》繫建武八年郡國大水合；可是《後漢紀》何以繫於建武二十一年？筆者推斷恐怕是為了記杜林任司空事。在《後漢書‧光武帝紀》中記載建武二十二年（公元46 年）冬十月癸丑，杜林由光祿勳轉任大司空，時間雖與《後漢紀》記載相差一年，然與《後漢紀》繫此事於建武二十一年冬十月近合，《後漢紀》為了圓陳史事的因果，錯採史料，將建武八年水災所上陳的疏文用在建武二十一年，為了給杜林「堪任宰相」一個具體的理由，錯誤之甚！〔註47〕

在《後漢紀》卷九中記載，永平二年（公元 59 年）二月甲子，明帝立皇后馬氏與太子劉炟，〔註48〕然該月並無甲子日。《太平御覽》分錄《東觀漢記》章帝紀與明德馬皇后傳史文，記載此事在「永平三年二月」與「永平三年春」，又錄司馬彪《續漢書》明德馬皇后傳史文與《東觀漢記》同，范曄《後漢書‧顯宗孝明帝紀》正繫此事於永平三年（公元 60 年）二月甲子日，章帝紀、皇后紀亦記此事皆合，〔註49〕可以斷言《後漢紀》乃是誤將明帝立后與太子事提早了一年。

再舉一例，《後漢紀》卷二十五，中平五年（公元 188 年）九月，以楊彪、黃琬任三公職：

> 丙申，太中大夫楊彪為司空，豫州牧黃琬為司徒。〔註50〕

范曄《後漢書》二人此時任三公的時日有別，〈孝獻帝紀〉記載：

> 丙戌，太中大夫楊彪為司空。甲午，豫州牧黃琬為司徒。〔註51〕

並非在同一日，與《後漢紀》所繫之日又皆不同，查曆丙申在第 23 日、丙戌在第 13 日、甲午在第 21 日，似乎很難斷定孰是孰誤。不過再仔細推敲史文，

〔註46〕參閱〔晉〕袁宏撰、張烈點校，《兩漢紀：（下冊）後漢紀》，頁 134～136。

〔註47〕參閱《後漢書》，頁 54、74、937～939、3306。

〔註48〕參閱〔晉〕袁宏撰、張烈點校，《兩漢紀：（下冊）後漢紀》，頁 166。

〔註49〕參閱〔宋〕李昉等撰，《太平御覽》，頁 565-1、794-2、1966-1；及《後漢書》，頁 106、129、409。

〔註50〕參閱〔晉〕袁宏撰、張烈點校，《兩漢紀：（下冊）後漢紀》，頁 499。

〔註51〕參閱《後漢書‧孝獻帝紀第九》，頁 368。

如果二人任三公的時日在同一日，那麼依照三公位序，司徒當在司空之前，理當先敘黃琬、再敘楊彪，《後漢紀》卻與《後漢書》一般，先敘楊彪任司空、再敘黃琬任司徒，與史例不符，因此《後漢紀》當是載誤。筆者臆測，《後漢紀》誤將二日合爲一日，申甲形近，將楊、黃二人任三公的時日同記爲丙申。

　　《後漢紀》史事中時間性的錯誤諸如上述之類，有誤後事在前時、有誤前事在後時，亦有誤繫時日者；以一部編年體史著而言，繫事於時是這種體裁撰著的核心，將史事發生的時間記載錯誤，可以說是一部編年體史著相當重大的瑕疵。

二、身分職務的錯誤

　　人是歷史的核心，歷史文獻記錄了文獻中人物的身分（status），以觀察或期待人物合理詮釋其社會角色（social role），如果人物的身分記載錯誤，就會造成對歷史人物有不合理的期待或評價，因此一部史籍應當正確地記載每一位人物的身分。《後漢紀》中有許多人物身分記載的錯誤，如親屬關係、職位、爵位等，下文例舉說明。

　　《後漢紀》卷四建武二年（公元 26 年）夏四月甲午封宗室：

> 甲午，封叔父良爲廣陽王，兄子章爲太原王，章弟興爲魯王，故定
> 陶王劉祉爲城陽王，（外祖母）〔姊〕黃爲湖陽君。〔註52〕

周天游、張烈皆據范曄《後漢書》以爲《後漢紀》此處謬記光武帝封姊黃爲湖陽長公主事，〔註53〕將光武帝長姊劉黃誤記爲外祖母，湖陽長公主誤爲湖陽君。雖無第三文獻佐證，然古史書記載人物姓名有其筆法，已知其姓氏方省略，外祖母非與父祖同姓氏，當記以「某氏」，而非僅以名行文，加上《後漢書》此段記載頗爲詳盡，可以斷言《後漢紀》誤記了封長姊劉黃事。

　　《後漢紀》卷二十一關於桓帝鄧皇后的身世問題：

> 后即鄧香之女，香則禹之孫。初，后母（宜）〔宣〕起於微賤間，
> 香生后，後適梁紀，故后冒姓梁氏。紀姊子孫壽，冀之妻也，進后
> 入掖庭，有寵，立爲皇后。惡梁姓之同，改爲亳氏，……后復姓鄧
> 氏。〔註54〕

〔註52〕參閱〔晉〕袁宏撰、張烈點校，《兩漢紀：（下冊）後漢紀》，頁56。
〔註53〕參閱《後漢書·宗室四王三侯列傳第四》，頁555～556。
〔註54〕參閱〔晉〕袁宏撰、張烈點校，《兩漢紀：（下冊）後漢紀》，頁410。

鄧后幾經改姓，引起學者討論鄧后是否爲後漢開國元勳鄧禹的後代，周天游以鄧氏榮顯，不可能如此三番兩次轉姓，否定鄧后是鄧禹的子孫。然筆者以爲《後漢紀》與范曄《後漢書》在此事記載皆歷歷說明，鄧后爲鄧禹後代甚是明確，或許鄧后父鄧香乃是在和熹鄧皇后駕崩、安帝親政後，鄧氏沒落的支系，此事有待詳考，不宜就周氏所推論，以鄧后出身卑微、幾改姓氏而斷言非是鄧禹之後。〔註55〕不過，此處「香則禹之孫」有問題，范曄《後漢書·皇后紀》記載：

> 桓帝鄧皇后諱猛女，和熹皇后從兄子鄧香之女也。〔註56〕

又記：

> 和熹鄧皇后諱綏，太傅禹之孫也。〔註57〕

以此推算世系，鄧香當是鄧禹之曾孫，《後漢書》鄧禹傳正記載「禹曾孫香之女爲桓帝后」，〔註58〕《後漢紀》恐有誤！

　　世系的問題在《後漢紀》卷二十三又有一例，記敘靈帝宋后身世：

> 秋七月癸丑，立皇后宋氏。宋隱之從孫也，以選掖庭，立爲皇后。
> 〔註59〕

宋隱，指的是肅宗宋貴人、安帝祖姒，遭章德竇皇后忌，誣譖自殺，安帝建光元年（公元 121 年）追尊爲敬隱皇后。《太平御覽》錄司馬彪《續漢書》此事，記作「孝靈宋后〔章〕帝敬〔隱〕宋貴人之從孫」，《後漢紀》與之同，然而范曄《後漢書·皇后紀》記敘：

> 靈帝宋皇后諱某，扶風平陵人也，肅宗宋貴人之從曾孫也。

間隔多了一世。劉攽刊誤《後漢書》時注意到此段記載，認爲宋貴人下漏一「父」字，同姓氏方可說明子嗣世系，敬隱宋后子孫姓劉非姓宋，要聯繫與靈帝宋皇后的親屬關係，需再推其父系成員，這才是中國古代宗法社會下正確的世系敘述方式，故《後漢紀》的記載亦誤。〔註60〕

〔註55〕參閱〔晉〕袁宏撰、周天游校注，《後漢紀校注》注文，頁 590；及《後漢書》，
　　　　頁 418、444、618、1186、3295。
〔註56〕參閱《後漢書·皇后紀第十下》，頁 444。
〔註57〕參閱《後漢書·皇后紀第十上》，頁 418。
〔註58〕參閱《後漢書·鄧寇列傳第六》，頁 618。
〔註59〕參閱〔晉〕袁宏撰、張烈點校，《兩漢紀：（下冊）後漢紀》，頁 455。
〔註60〕參閱《後漢書》，頁 232、415、448；及《太平御覽》，頁 798-1。又參閱〔宋〕
　　　　劉攽，《東漢書刊誤》，頁 4-2，收入張舜徽主編，《二十五史三編》（長沙市：
　　　　岳麓書社，1994 年 12 月）。

以上三例是後漢皇室親屬記載的問題，另外還有職位記載的錯誤。《後漢紀》卷四追記王莽末求雄傑之士：

> 王莽末，盜賊起，〔莽從弟衛將軍林〕，求雄傑之士，〔辟〕援與原涉。〔涉〕爲潁川太守，援爲漢中太守。〔註61〕

《漢書》原涉有傳，王莽拜之鎮戎大尹，即原天水太守之職，范曄《後漢書》記載：

> 王莽末，四方兵起，莽從弟衛將軍林廣招雄俊，乃辟援及同縣原涉爲掾，薦之於莽。莽以涉爲鎮戎大尹，援爲新成大尹。

新成大尹即是原漢中太守，王莽時更名。而潁川改名爲左隊，非是鎮戎，《後漢紀》雖以漢官職名稱稱之，馬援爲漢中太守差可，可是原涉爲潁川太守便是明顯錯誤了。〔註62〕

又有職位與時間併同混淆者，卷十四永元十四年（公元 102 年）冬十月丁酉，司空職事：

> 丁酉，司空韓稜薨。大司農徐防爲司空。〔註63〕

范曄《後漢書》和帝紀此時記載：

> 丁酉，司空巢堪罷。十一月癸卯，大司農徐防爲司空。〔註64〕

除了時間上確實在永元十四年冬十月丁酉有司空易職之事外，整個易職內容與《後漢紀》的記載差異甚大。再看韓稜傳，韓稜於永元九年（公元 97 年）代張奮爲司空，隔年薨，果如韓稜薨於永元十年（公元 98 年），那麼永元十四年徐防所替代的司空必是他人。三公並爲宰相，分掌國政輔佐人君治國，因此三公的任舉、罷廢、替代等，史書皆書入帝紀之中，再回頭查考和帝永元九年以下司空職的記載，永元九年至十四年司空一職異動如下（見表 2-2）：

表 2-2：永元九年至十四年司空職異動表

時　　間	卸任者	上任者	原　　因
永元九年十二月丙寅	張　奮		以病罷
永元九年十二月壬申		太僕韓稜	張奮罷

〔註61〕 參閱〔晉〕袁宏撰、張烈點校，《兩漢紀：（下冊）後漢紀》，頁 68。

〔註62〕 參閱《漢書・游俠傳第六十二》（北京市：中華書局，1995 年 3 月初版八刷），頁 3718；及《後漢書・馬援列傳第十四》，頁 828。

〔註63〕 參閱〔晉〕袁宏撰、張烈點校，《兩漢紀：（下冊）後漢紀》，頁 285。

〔註64〕 參閱《後漢書・孝和孝殤帝紀第四》，頁 190。

永元十年秋七月己巳	韓　稜		薨
永元十年八月丙子		太常巢堪	韓稜薨
永元十四年冬十月丁酉	巢　堪		自乞上印綬
永元十四年十一月癸卯		大司農徐防	巢堪罷

資料來源：筆者據《後漢書・孝和孝殤帝紀》、諸人本傳與《東觀漢記》輯文整理而成。

在韓稜與徐防之間，尚有巢堪曾任職司空，韓稜早已永元十年秋七月己巳薨，十四年卸任的司空乃是巢堪，《北堂書鈔》引錄《東觀漢記》有：

巢堪爲司空，十四年，自乞上印綬，賜千石俸終其身。

正可加證《後漢紀》此處記載之誤。〔註65〕

又有一例，《後漢紀》卷十八永建四年（公元129年）秋八月丁巳免太尉、司空：

秋八月丁巳，太尉朱寵、司空張皓以陰陽不和免。〔註66〕

范曄《後漢書》順帝紀記太尉爲「劉光」，但未說明何以免職；李賢注引《東觀漢記》說明：「以陰陽不和，久託病，策罷。」李賢所見《東觀漢記》記載的太尉、司空應與《後漢書》同，避免累贅所以未注出人名職稱。順帝紀中，太尉朱寵已於永建二年（公元127年）秋七月壬午與司徒朱倀並罷，同月庚子太常劉光替之爲太尉，〔註67〕《後漢紀》此時將劉光錯記爲朱寵。

卷二十七初平三年（公元192年）九月，分封諸將：

九月，揚武將軍李傕爲車騎將軍，封池陽侯，領司隸校尉，假節；郭汜爲後將軍，封鄠陽侯；樊稠爲右將軍，封萬年侯。傕、汜、稠擅朝政。張濟爲驃騎將軍，平陽侯，屯弘農。〔註68〕

范曄《後漢書・孝獻帝紀》同時間亦記載此事，張濟所封則爲「鎮東將軍」，張濟被封爲驃騎將軍事則在興平二年（公元195年）秋七月，〈董卓列傳〉中亦是記載張濟先後封鎮東將軍與驃騎將軍，事與帝紀同。〔註69〕回《後漢紀》繼續往下，卷二十八，興平二年秋七月記載：

〔註65〕 參閱《後漢書》，頁183～190、1199、1536；及〔隋〕虞世南撰、〔清〕孔廣陶校註，《北堂書鈔（上）》，收入《續修四庫全書》1212冊（上海市：上海古籍出版社，2002年3月），頁238-2。

〔註66〕 參閱〔晉〕袁宏撰、張烈點校，《兩漢紀：（下冊）後漢紀》，頁347。

〔註67〕 參閱《後漢書・孝順孝沖孝質帝紀第六》，頁254、256。

〔註68〕 參閱〔晉〕袁宏撰、張烈點校，《兩漢紀：（下冊）後漢紀》，頁522。

〔註69〕 參閱《後漢書》，頁373、378、2334、2338。

丙寅，以張濟爲驃騎將軍，封平陽侯，假節開府如三公。〔註70〕

與前文重出封驃騎將軍、平陽侯，初平三年九月所封當是鎮東將軍而非驃騎
將軍，《後漢紀》初平三年將張濟誤爲驃騎將軍，應是襲《三國志》的錯誤，
《三國志》董卓傳記載初平三年董卓死後政局大亂，諸將興兵作亂，帝失權
柄，分封：

催爲車騎將軍、池陽侯，領司隸校尉、假節。汜爲後將軍、美陽侯。
稠爲右將軍、萬年侯。催、汜、稠擅朝政。濟爲驃騎將軍、平陽侯，
屯弘農。〔註71〕

《後漢紀》初平三年、興平二年的兩次分封張濟重複引用了《三國志》此段
史文，故封驃騎將軍、平陽侯前後重出。然而作「驃騎將軍」雖誤在初平三
年，封平陽侯卻是衍錄在後，《後漢書‧董卓列傳》初平三年封將記載「張濟
爲鎮東將軍，並封列侯」，所封即是平陽侯。因此《後漢紀》卷二十七初平三
年九月封張濟應是：

張濟爲鎮東將軍，平陽侯，屯弘農。

卷二十八興平二年秋七月丙寅則再以張濟爲驃騎將軍，「封平陽侯」則是衍
文，當刪之方符合史實。

前文提論的孔融任職年歲問題，《後漢紀》的記載其實是一則數字與職位
多重記載錯誤的例子：

年二十八，爲北海太守。

孔融任職時的年歲前文已經推算論述，當是三十八歲，今本《後漢紀》所見作
二十八歲是誤。此外孔融所任之職諸文獻皆是記作「北海相」，唯《後漢紀》與
《資治通鑑》有記孔融爲「北海太守」。〔註72〕《續漢書‧郡國四》下有北海國，
范曄《後漢書‧宗室四王三侯列傳》記載，建武二十八年（公元52年）以魯王
劉興爲北海王，嚴耕望《兩漢太守刺史表》以此年爲北海置國之始，《後漢書》
同傳下文又記載「建安十一年，國除」，嚴氏書又以此年北海復郡。〔註73〕前文
論述提到孔融出任北海在初平元年（公元190年），此時北海爲國，孔融當任「北

〔註70〕參閱〔晉〕袁宏撰、張烈點校，《兩漢紀：（下冊）後漢紀》，頁540。
〔註71〕參閱《三國志‧董二袁劉傳第六》，頁181。
〔註72〕筆者按：《資治通鑑》興平元年（公元194年）記孔融爲北海相，建安元年（公
元196年）又記之北海太守，未盡審慎。
〔註73〕參閱《後漢書》，頁555～558、3473。嚴耕望，《兩漢太守刺史表》（臺北市：
中央研究院歷史語言研究所，1993年4月二版），頁183。

海相」爲是。

三、輿地與史事內容的錯誤

除了數字性、時間上、身分關係、職位爵號等錯誤之外,《後漢紀》還有輿地類及史事內容的錯誤。中國自古疆域廣大、河渠綿延,不論是封國或者置郡縣,都需要分割疆域以分治,發生在中國境內不論是自然地理的變動事件,或者是地方大事,乃至於與外域國度的外交、軍事關係,當載入史籍時就會涉及輿地上方位、距離、名稱、域境範圍等記載。

可是記載輿地相關的史事也會有記載錯誤的時候。《後漢紀》卷二十七記載公孫瓚誣殺劉虞,劉虞故吏鮮于輔率眾戰公孫瓚部屬鄒丹:

> 瓚誣虞欲稱尊號,脅訓誅之。於是虞故吏漁陽鮮于輔率其州人及
> 三郡烏桓、鮮卑與瓚所置漁陽太守鄒丹戰於潞北,大破之,斬丹。
>
> 〔註74〕

鮮于輔與鄒丹此戰戰場《三國志》與范曄《後漢書》皆記在潞北。幽州漁陽郡有潞縣,不見稱蒯之地,後漢有蒯鄉在司隸河南尹,鄰近洛陽,相距漁陽數百公里之遙。〔註75〕鮮于輔是漁陽人,曾爲劉虞故屬,爲報公孫瓚奪幽州誣殺劉虞之仇,故率州人、烏桓、鮮卑之眾與公孫瓚部屬漁陽太守鄒丹戰,因此戰場應當在漁陽,不可能遠至河南,《後漢紀》記在蒯北是誤,《後漢紀》中關於輿地方面記載的錯誤諸如此類。

最後還有史事內容的錯誤,《後漢紀》卷三建武元年（公元 25 年）鄧禹進兵關中,諸將勸進:

> 諸將勸鄧禹取長安,禹曰:「璽書每至,輒曰無與窮（寇）〔赤眉〕
> 爭鋒。今吾眾雖多,能戰者少,前無可仰之積,後無轉運之饒。赤
> 眉新拔長安,財富日盛,鋒銳不可當也。盜賊羣居,無終日計,財
> 貨雖多,變故萬端,非能堅守長安也。上郡、北地饒穀多畜,吾且
> 休兵北道,就糧養士,觀其弊乃可圖也。」於是引軍北行,所至郡
> 縣皆降。〔註76〕

〔註74〕 參閱〔晉〕袁宏撰、張烈點校,《兩漢紀:（下冊）後漢紀》,頁 524。
〔註75〕 參閱《三國志・二公孫陶四張傳第八》,頁 243;及《後漢書》,頁 2363、3389、3528。
〔註76〕 張烈誤改「赤眉」爲「寇」,筆者此處引文逕回改。參閱〔晉〕袁宏撰、張烈點校,《兩漢紀:（下冊）後漢紀》,頁 45。

《資治通鑑》史臣注意到了《後漢紀》這段史文有問題，《通鑑考異》中記下了史臣的意見：

> 袁紀：「禹曰：『璽書每至，輒曰無與窮赤眉爭鋒。』」按世祖賜禹書，責其不攻長安，不容有此語。二年，十一月，詔徵禹還，乃曰「毋與窮寇爭鋒」。袁紀誤也。〔註77〕

建武元年這時候鄧禹認為進兵關中的時機尚未成熟，諸將豪傑勸進，甚至光武帝都下勅命鄧禹進討，所以此時不應該有璽書警示鄧禹不可與赤眉爭鋒。《後漢紀》的錯誤是因為把建武二年（公元26年）的勅令給錯置了，這中間經過漢軍內部馮愔、宗歆內鬥，馮愔反叛，鄧禹威譽受損；又因為缺糧，征戰過程歸附者相繼離散，原本西走的赤眉又復返攻擊漢軍，鄧禹被敗，此時已建武二年，光武帝才有「慎無與窮寇交鋒」之勅，《後漢紀》將前後事混淆重出記載。〔註78〕

又《後漢紀》卷十三，記載和帝永元四年（公元92年）夏四月丁丑，丁鴻上封事：

> 四月丁丑，太常丁鴻上封事曰：「臣聞日者陽之精，守實不虧，君之象也；月者陰之精，盈（數）〔縮〕有常，臣之表也。故日蝕者，陰陵陽；月盛者，下驕盈也。變不虛生，各以類應。遠觀往古，近察漢興，傾危之禍，靡不由茲。故三桓專魯，陳氏擅齊，六卿分晉，呂族覆漢，哀、平之末，廟不血食，此皆失其權柄，以勢假人者也。故有周公之親，無其德不得行其勢。伏見大將軍竇憲，雖勒身自約，不敢僭差，然天下遠近皆惶怖承旨，大小望風，莫不影從。寵極則驕，驗見於天，雖欲隱諱，神昭垂象。閒者月滿不虧，此大臣驕溢之應也。陛下未悟，故天重見誡，日有蝕之，誠宜畏慎以防其禍也。詩云：『畏天之怒，不敢戲豫。』夫疏巖絕崖之水，由於涓涓；干雲蔽日之木，起於毫末。（有）前事之不忘，後事之明鏡。宜因大變，匡正其失，以塞天意。」上深納之。〔註79〕

〔註77〕 參閱〔宋〕司馬光等編著、〔元〕胡三省音注，《資治通鑑》（北京市：中華書局，1995年7月初版九刷），頁1287。

〔註78〕 參閱〔晉〕袁宏撰、張烈點校，《兩漢紀：（下冊）後漢紀》，頁58；《後漢書·鄧寇列傳第六》，頁603～604。以及〔宋〕司馬光等編著、〔元〕胡三省音注，《資治通鑑》，頁1307。

〔註79〕 參閱〔晉〕袁宏撰、張烈點校，《兩漢紀：（下冊）後漢紀》，頁258～259。

從言論內容判斷，即可知道是因為天象日蝕所以上陳此文，《太平御覽》收錄《東觀漢記》此事、范曄《後漢書》丁鴻本傳亦皆明白註明是因為日蝕而上疏，《後漢紀》疏漏說明丁鴻因何而上封事。然而，永元四年四月之前並無日蝕，該年日蝕各書皆繫在六月戊戌朔日，故丁鴻斷不可能在四月上書，這是此事誤一。又不論是該年四月或六月，皆無丁丑日，這是誤二。《後漢書》和帝紀記載：「閏月丁丑，太常丁鴻為司徒。」永元四年閏三月，《後漢紀》的「四月丁丑」或許即是涉此事而誤。總之，丁鴻上陳時應已任司徒職，《東觀漢記》與《後漢書》即記載丁鴻以司徒職上書，這是《後漢紀》誤三。〔註80〕因此此處正確的記載筆者以為應該是：

> 閏月丁丑，太常丁鴻為司徒。夏六月戊戌朔，日有蝕之。司徒丁鴻
> 上封事曰……

方符合史事原貌。

《後漢紀》史事最嚴重的錯誤莫過於史事張冠李戴、完全錯置。卷九永平元年（公元58年）鄧禹薨，以下記載鄧禹子嗣，有十三男，列敘了長子震、次子襲、珍、少子鴻、六子訓，最後有鄧股事蹟：

> 第六子訓不好文學，禹以此非之。然好施愛士，濟人之急，士無貴
> 賤見之如舊。以謁者使外國，為烏丸校尉，徙杼秋侯。股為居巢侯，
> （楊）〔揚〕州刺史。詔以股口無擇言，行無怨惡，宜蒙褒顯，以
> 勸天下，及徵股行執金吾事。〔註81〕

各後漢文獻皆不見鄧訓曾封杼秋侯，周天游又謂鄧股事蹟皆不見其他後漢史記載，僅《後漢紀》一見。查考諸後漢史籍，曾封居巢侯者唯劉般父子，巧合的是在范曄《後漢書》劉般本傳中有一段記載：

> 永平元年，以國屬沛，徙封居巢侯，復隨諸侯就國。數年，楊州刺
> 史觀恂薦般在國口無擇言，行無怨惡，宜蒙旌顯。顯宗嘉之。十年，
> 徵般行執金吾事，從至南陽，還為朝侯。〔註82〕

此段劉般的事蹟與《後漢紀》所記載的鄧股事極為神似，傳主皆封居巢侯、皆以「口無擇言，行無怨惡」而受到皇帝的褒獎，又被徵「行執金吾事」，稍有差異的是揚州刺史另有其人，此人名觀恂，傳主「口無擇言，行無怨惡」的嘉行

〔註80〕參閱〔宋〕李昉等撰，《太平御覽》，頁2211-1；及《後漢書》，頁173、1265。
〔註81〕參閱〔晉〕袁宏撰、張烈點校，《兩漢紀：（下冊）後漢紀》，頁165。
〔註82〕參閱《後漢書・劉趙淳于江劉周趙列傳第二十九》，頁1304。

是其所薦，帝方加以旌表。又《後漢書》劉般徙封居巢侯在永平元年，與《後漢紀》所繫時間正合，而且正是以「杼秋侯」徙封「居巢侯」，筆者大膽斷言，如果不是《後漢紀》此處脫文嚴重，那便是因爲劉般、鄧股形近，《後漢紀》將劉般事蹟誤植爲一個不存在的「鄧股」，而且附會成鄧禹之子。〔註83〕

《後漢紀》史事方面記載的錯誤諸如上述區分之類，至於個別的史例還有許多，大致上每卷有疑誤的史事在數則到數十則不等，要整體解決《後漢紀》史事確誤的問題，必須有更深厚的考證學識能力，投入更多的時間與精神，以提高這部後漢斷代史的信度。

第三節 《後漢紀》對後漢史之價值

《後漢紀》的內容確實存在許多缺誤，不過《後漢紀》也有許多記載雖然與其他後漢史籍不同，卻也言之成理，或者難以證明是非，這類記載必須要以「存異文」的態度視之，與其他後漢史文獻相互比對，可以截長補短，勾勒出更接近史實的圖像，或者待以第三史料交叉佐證確誤。此外，《後漢紀》也有許多正確的記載，可以用來校正其他後漢文獻的錯誤。更甚者，由於《後漢紀》整部史籍相對於其他後漢史的完整性，使得諸多後漢的史料僅爲《後漢紀》所保存，在其他後漢文獻中可能已經亡佚、或未見記載，這樣的文獻史料在後漢史的研究上便顯得彌足珍貴。

在宋代，學者讀《後漢紀》時已經指出這部歷史文獻的優點與價值，晁公武說《後漢紀》與之前的後漢史相較，有「比諸家號爲精密」；章如愚則注意到《後漢紀》有些記載，是范曄《後漢書》所缺載的，因此「有補於漢事」的價值。〔註84〕以下歷代學者或以讀書記、或以提要，再則以書序評價《後漢紀》，然而都僅是概略數語，作概括性的評述而已。

周天游是首位具體分析《後漢紀》史料價值的學者，在對《後漢紀》從事全面性的校勘與注釋之餘，周氏總結分析了《後漢紀》在後漢史料上的價值，

〔註83〕「鄧股」事除了周天游校注提出「僅此一見」的說明，歷來校刊《後漢紀》的學人皆未懷疑。清代嚴可均似乎注意到《後漢紀》此段史文當是劉般事，可是並未加以注說釋誤。

〔註84〕參閱〔宋〕晁公武，《郡齋讀書志》（京都市：中文出版社，1978年7月，影印景清王先謙校刊本），頁122-2；及〔宋〕章如愚，《群書考索》（京都市：中文出版社，1982年6月，影印明正德戊辰年刻本），頁132-1。

筆者將周氏的分析歸類，大致上可以分為三大價值性：保存後漢史珍貴的史料、訂正范曄《後漢書》的缺誤，以及保存了《東觀漢記》等後漢史的佚文。〔註85〕

《後漢紀》中有許多記載是其他後漢史文獻缺載而僅見於《後漢紀》的，或者其他史籍雖有載錄，但不如《後漢紀》所記載的詳盡，《後漢紀》這類的記載便具有極高的史料價值。此外，范曄的《後漢書》雖然包舉詳盡，可是也存在許多錯誤，《後漢紀》成書早於《後漢書》數十年，史料等級略高，可用之校正《後漢書》時間、地名、諡號、姓名、職稱、史事等錯誤的記載。《後漢紀》也因為收錄了《東觀漢記》史文與華嶠書的史論，因此得以保存了這些已經亡佚的後漢史籍些許片段，除了讓這些更珍貴的史料不至於完全消逝，也為輯佚這些散破史籍的工作提供資料，增添拼湊原史籍之貌。

後來學者分析《後漢紀》在文獻資料上的價值，皆是由周氏之說延續發展，例如朱紹侯、陳長琦、董文武等學者先後撰文分析論述，雖然再加以細分列舉史例說明，但是所細分的類別仍然不出周天游三大價值的範圍。例如范曄的《後漢書》由於內容豐富，又有司馬彪完整的書志附於其中，所以成為後人研讀或研究後漢史最主要的文獻。可是《後漢書》也存在許多錯誤，周天游說可以藉用《後漢紀》加以訂正，包括時間、地名、諡號、姓名、職稱、史實等錯誤，後來董文武撰文又再增添數目錯誤一類，《後漢紀》得用以校正《後漢書》諸類錯誤的史例不少，可以參閱周天游校注本的《後漢紀校注》與董文武的論著，〔註86〕不再重複贅述。

袁宏撰寫《後漢紀》時參閱了數百卷相關文獻，大部分的史文也都是抄引自這些文獻，只是作者袁宏將史料經過其歷史意識的編整，以編年體的體裁呈現出一部新的後漢斷代史。而這些史文引自何處，一來不是作者袁宏編撰時致意的問題，二來也不可能在編年體的史文中，突兀地一段一段標示說明，三則古人撰著時也沒有標明徵引出處的習慣，除非是注釋文獻，因此大部分《後漢紀》的史文都無法確切肯定作者是憑據何本文獻撰寫的。〔註87〕

〔註85〕參閱〔晉〕袁宏撰、周天游校注，《後漢紀校注・前言》，頁3～6。
〔註86〕董文武對《後漢紀》校勘《後漢書》的論述幾乎盡是周天游的校注成果，董氏將分散在各卷的校勘注釋整理歸類，再更詳細地論述說明，僅有些許史例的論證未盡嚴謹。參閱氏著〈《後漢紀》對《後漢書》的校勘價值〉，收入《古籍整理研究學刊》1999年第3期（總79期）（長春市：東北師範大學古籍整理研究所，1999年5月），頁43～48。
〔註87〕雖然經過史文的比對，可以發現《後漢紀》有許多史文和現存的諸家後漢史輯文雷同、甚至全文相同，但是後漢史的史文是自《東觀漢記》以下互為傳

　　不過，周天游指出《後漢紀》保存了《東觀漢記》與華嶠《漢後書》部分珍貴的史文，包括《東觀漢記》志、傳佚文十五條與華嶠史論四條。〔註88〕《東觀漢記》自唐五代之際開始散佚，至元代時已經全無完篇，今日所見《東觀漢記》是清姚之駰以下學者相繼輯佚史文而成，零碎史條所輯成的《東觀漢記》已離史書原貌甚遠。研究《東觀漢記》的學者多半會討論到書志的問題，因爲《東觀漢記》書志的主撰人蔡邕曾奏上《十意》，也就是《東觀漢記》的書志應當有十種類別，可是唐李賢注《後漢書》時所得見已僅剩六志，到今日從其他文獻輯佚而成的《東觀漢記》輯本，也僅有八志的輯文與篇目，《東觀漢記》十志的篇目始終無法獲得確切解答。

　　周天游以爲《後漢紀》中所引錄的「本志」、「本傳」即是指《東觀漢記》的書志與列傳，周氏根據內容判斷，「本志」應該包含〈天文志〉與〈五行志〉，可是從各方文獻，以及今日輯本《東觀漢記》皆不見記載《東觀漢記》書志中有〈五行志〉，董文武說吳樹平校注《東觀漢記》時未能收錄《後漢紀》所存錄的史文，以致於書志未能增添〈五行志〉一類甚是遺憾。〔註89〕其實應該說從清初學人開始輯錄《東觀漢記》佚文時，即未曾注意到《後漢紀》中引用了《東觀漢記》的史文，連全面整理文獻的《四庫全書》編修群臣重新輯錄時也未曾發現。

　　至於《後漢紀》中的「本志」、「本傳」是否就是《東觀漢記》的書志與列傳？筆者同意周天游之說。劉勰說「後漢紀傳，發源東觀」，清黃叔琳注以爲「東觀」即是指《東觀漢記》，〔註90〕也就是說魏晉以降編撰後漢史者，皆會溯本取材於《東觀漢記》，即使是東晉袁宏以編年體撰著《後漢紀》也不例外，自序中所舉參考文獻首列即是《東觀漢記》，這是史籍編纂法上的共識，劉知幾細數各家後漢史，亦是自這部當朝官修國史敘述起。〔註91〕班固等所撰著的《漢書》和陸續修纂的《東觀漢記》是經過後漢官方所認可的兩部「正

抄，大部分又已亡佚，無法從事完整的比對，因此不能斷言相同的史文即有直接傳抄關係。

〔註88〕關於《後漢紀》保存的《東觀漢記》志、傳佚文，周天游數有十五條，筆者以周氏對《後漢紀》中引錄《東觀漢記》史文的認定標準細數，應有一十八條。

〔註89〕參閱董文武，〈袁宏《後漢紀》的史學價值〉，收入《中州學刊》2001年第3期（總123期）（鄭州市：河南省社會科學院，2001年5月），頁151～155。

〔註90〕參閱〔南朝梁〕劉勰撰、詹鍈義證，《文心雕龍義證》，頁591。

〔註91〕參閱〔唐〕劉知幾撰、〔清〕浦起龍釋，《史通通釋》，頁341～343。

史」，因此，當漢末荀悅奉命改寫《漢書》時，即以「本志」稱《漢書》十志。撰寫《後漢紀》的袁宏效法荀悅撰史，其所認定的後漢史「本志」，當如周天游所說：「堪稱『本志』者，唯《東觀記》可當之」。

而《東觀漢記》原來究竟有無〈五行志〉？從時代背景觀察，兩漢是個天人災異、陰陽讖緯學說盛行的時代，因此《漢書》與司馬彪的書志皆有內容豐富的〈五行志〉，以反映當時的時代特徵。前述各家後漢史編纂皆本《東觀漢記》，司馬彪自不例外，而且〈五行志〉如此豐富的內容必定有豐富的史料來源，如此重視災異、讖緯的後漢，在編修國史時自當收錄記載，得幸范曄《後漢書》有一條極為珍貴的史料得以印證。靈帝光和初年數現妖異，靈帝於是詔問群臣以謀對策，蔡邕本傳中記載此事簡單的說：

　　邕悉心以對，事在五行、天文志。〔註92〕

蔡邕好天文數術，每應答災異對策，這是其中的一次，詳細的內容則記載在〈五行志〉與〈天文志〉裡，此處所謂的〈五行志〉可能的指涉有兩種，一是范曄未寫成的十志，其中有〈五行志〉；另一種可能則是蔡邕的《十意》，也就是《東觀漢記》中有「五行」一類。即使是范曄自稱自己撰寫的書志，也可以更加印證〈五行志〉對後漢史記載的重要性，《東觀漢記》不應缺載。查考《後漢紀》中的十七條「本志」，大部分都可以在司馬彪的書志中找到近同的記載，其中三條在〈天文志〉、十二條在〈五行志〉，可是，仍然有兩條是不見於司馬彪書志之中的，這一來意味著《後漢紀》的「本志」應當不是司馬彪的書志，二者司馬彪與袁宏所參引的書志文獻應該同源，而且應該就是《東觀漢記》的書志，《東觀漢記》原本應該就撰有〈五行志〉。〔註93〕

為什麼輯錄《東觀漢記》的學者從來不曾發現《後漢紀》中保存《東觀漢記》的史文？應該是過往學人在搜羅佚文時，僅執意於文獻中是否出現「東觀」二字，以「本志」、「本傳」稱名的《後漢紀》就被忽略了，沒有留駐致意「本志」、「本傳」的意涵，就不會發現原來這是指稱《東觀漢記》的書志與列傳。

除了校勘《後漢書》的錯誤、保存《東觀漢記》與華嶠書的佚文，在後漢史研究的價值上，周天游還指出《後漢紀》中有許多記載是其他後漢書所

〔註92〕參閱《後漢書‧蔡邕列傳第五十下》，頁 1998。
〔註93〕現今各家後漢書輯本尚有謝承、謝沈與袁山松書存見〈五行志〉。李賢注引《邕別傳》，蔡邕上書自陳所撰《十意》，謂「欲刪定者一，所當接續者四，前志所無臣欲著者五」，查考各志，筆者以為諸志有接續性質者，唯律曆、郊祀、天文，以及五行，可以藉由推測《東觀漢記》原本即有〈五行志〉。

缺載的，唯有在《後漢紀》中得見，其中包括言論類的有明、章二帝的諸篇詔文、尙敏陳廣學校疏、魯丕舉賢良方正對策、朱寵與鄭凱論潁川士人，以及張衡和馬融陽嘉二年（公元 133 年）京師地震對策等；還有史事方面的如鄧禹子鄧股事蹟、佛與佛學在漢的傳播、朱寵的生平事蹟，和馬續補《漢書》事等等。〔註94〕

經過文獻之間細部比對，發現《後漢紀》在史料價值上的獨特與珍貴，遠超過周氏所陳述之量，宋明以下至民國初年研究《後漢紀》的學者，也都未曾揭示，以下試論述，以彰顯《後漢紀》在保存後漢史文獻史料上的實際價值。

一、漢末事記載詳盡

袁宏自序說用了八年的時間編撰《後漢紀》還是覺得有所不足，後來有機會看到張璠的《後漢紀》，漢末的記載比較詳盡，所以又再參考、引用張璠的內容，補充進去自己所寫的《後漢紀》。張璠的《後漢紀》在《宋史》書志已經不見記載，亡佚甚早，今日亦僅見後人零星的輯本，無法看出張璠記載漢末史事的原貌。〔註95〕

靈帝熹平年間，當朝最後一次增修國史，《東觀漢記》的內容因此僅斷限至此。當後來有志新撰後漢史的各家據本《東觀漢記》撰修時，如果沒有再另覓足夠的資料，熹平以後的史事便會記載不詳。袁宏花費八年完成的《後漢紀》「初稿」應該也是如此，即使是從《東觀漢記》到各家後漢史著，參閱了數百卷文獻，仍然覺得不夠完整，後來看到張璠記載漢末事比各書詳盡，於是再藉以增補自己的《後漢紀》，使整部後漢斷代史能較爲完整。

數十年後范曄再撰《後漢書》，所能見到的後漢文獻更爲豐富，撰寫的部卷更大，照理說，應該可以將整個後漢斷代寫得更爲完整，清王鳴盛即認爲

〔註94〕關於鄧股事，參閱筆者前文考辨；周天游校注時並未質疑，故以爲《後漢紀》所獨載。佛教傳漢事范曄略載於〈西域傳〉，不若《後漢紀》詳盡。至於馬續補《漢書》事，後來學者如董文武等也接受周氏的說法，然而筆者認爲有待進一步商榷。

〔註95〕清姚之駰輯張璠《後漢紀》佚文時序曰：「璠故畧於國初而詳於季世，亦以補其未備耳，是以裴松之注魏蜀志多援是書爲證。」所謂「補其未備」，指的是補充《東觀漢記》熹平以後漢末事不詳的空缺，所以張璠的《後漢紀》對於漢末的記載才會比其他後漢史詳盡。參閱〔清〕姚之駰，《後漢書補逸·張璠漢記序》（影印會稽徐氏抄本），收入徐蜀編，《兩漢書訂補文獻彙編》冊三（北京市：北京圖書館出版社，2004 年 4 月），頁 191-1。

袁宏《後漢紀》的內容，後來范曄已經全部吸納，王鳴盛說：

> 宏書則在范之前，然亦皆范書所有，范所無者甚少，何邪？宏自序
> 云：「予嘗讀後漢書，煩穢雜亂，睡而不能竟也，聊以暇日，撰集爲
> 後漢紀。其所掇會謝承書、司馬彪書、華嶠書、謝沈書、漢山陽公
> 記、漢靈獻起居注、漢名臣奏，旁及諸郡耆舊先賢傳凡數百卷。前
> 史闕略，多不次敘，錯謬同異，誰使正之。經營八年，疲而不能定，
> 始見張璠所撰書，其言漢末事差詳，故復探而益之。」據此則宏所
> 採者亦云博矣，乃竟少有出范書外者，然則諸書精實之語，范氏摭
> 拾已盡。〔註96〕

范曄的《後漢書》之所以鮮少疏漏於袁宏《後漢紀》的內容，不只是范曄吸收了《後漢紀》，而且連袁宏曾經參閱過的史料，范曄也一併全都吸納了，也就是說范曄的《後漢書》乃是集後漢斷代史之大成。

可是事實上並非如此，范曄《後漢書》在漢末的記載仍然不夠詳盡，諸多史事得詳見於陳壽《三國志》或袁宏《後漢紀》，范曄的《後漢書》卻記載簡略，甚至未見記載，尤其建安元年（公元196年）以後，《後漢紀》最終三卷諸多史事都比《後漢書》詳盡。〔註97〕

《資治通鑑》纂修後漢史事時，廣羅了與後漢相關的各種文獻，其中最主要的自是袁宏的《後漢紀》與范曄的《後漢書》。當正文撰寫時需要擇取史料，近二百年的後漢史，《資治通鑑》史臣們泰半依據范曄的《後漢書》，而將袁宏《後漢紀》的史文附錄在《通鑑考異》中說明，可是在漢末事的記載，卻多與《後漢紀》相同。筆者認爲，編修史臣在撰寫漢末史事時，異動了史料的主次位置，〔註98〕原因就是《後漢紀》在漢末史事的記載比《後漢書》來得清楚確實。

〔註96〕 參閱〔清〕王鳴盛，《十七史商榷》（上海市：上海書店出版社，2005年12月），頁274。

〔註97〕 范曄漢末史事之所以疏略，筆者以爲並非因爲史料不足，而是受陳壽《三國志》的影響。《三國志》從漢末黃巾事起、董卓亂政已開始記載，〈魏書〉且以曹操爲本紀始，范曄因此未將漢末影響政局至大的曹操列傳，已詳載於《三國志》的漢末史事，在《後漢書》中也多半簡略，甚至缺載，故李賢方多引《後漢紀》等文獻補注《後漢書》漢末的記載。

〔註98〕 筆者檢閱《資治通鑑》漢末史事時發現，撰修史臣參引的史料，陳壽《三國志》亦佔有重要地位，應與《後漢紀》爲主要參考史料，范曄的《後漢書》則退居次要史料。

二、存異史文

《後漢紀》中有些史事與《後漢書》的記載不同，各自成理，難以判斷孰是孰非，這樣的史料亦有其重要價值，必須存異備考。例如二書記載姜肱與弟季江遇盜事，情節便有不同，范曄《後漢書》姜肱本傳：

> 肱嘗與季江謁郡，夜於道遇盜，欲殺之。肱兄弟更相爭死，賊遂兩釋焉，但掠奪衣資而已。既至郡中，見肱無衣服，怪問其故，肱託以它辭，終不言盜。盜聞而感悔，後乃就精廬，求見徵君。肱與相見，皆叩頭謝罪，而還所略物。肱不受，勞以酒食而遣之。〔註99〕

袁宏《後漢紀》卷二十二則記載：

> 姜肱……常與小弟季江俱行，為盜所劫，欲殺其弟。肱曰：「弟年稚弱，父母所矜，又未聘娶，願自殺以濟家弟。」季江復言曰：「兄年德在前，家之英俊，何害之？不如殺我。我頑闇，生無益於物，沒不損於數，乞自受戮，以代兄命。」二人各爭死於路，盜戢刃曰：「二君所謂義士。」棄物而去。肱車中尚有數千錢在席下，盜不見也，使從者追以與之。賊感之，亦復不取。肱以物已歷盜手，因以付亭長，委去。〔註100〕

大意是姜肱兄弟遇盜劫，爭相為死，盜匪感其手足友悌情義，於是釋其二人性命。可是關於財貨的記載二書卻不相同，《後漢書》中盜匪雖感動其兄弟情誼，卻仍然稍略奪取其財物，後來因為姜肱絕口不提被劫之事，盜匪聽聞後感悟而登門懺悔，並還所劫財物。《後漢紀》的記載卻是盜匪因為感動而完全棄劫姜肱兄弟，姜肱之後派人追送盜匪沒有發現的錢財，盜匪更為感動而分文不取。李賢在《後漢書》這段史文下徵引了謝承《後漢書》的記載，謝承史文與《後漢紀》稍有出入，但是事件的情節相同，李賢也是存異史文以備後人查考。

西周末年，幽王壞政，凡伯作詩諷之，諷詩在《詩經·瞻卬》篇，其中一段：

> 天何以刺？何神不富？舍爾介狄，維予胥忌。
>
> 不弔不祥，威儀不類。人之云亡，邦國殄瘁。〔註101〕

〔註99〕 參閱《後漢書·周黃徐姜申屠列傳第四十三》，頁 1749。

〔註100〕 參閱〔晉〕袁宏撰、張烈點校，《兩漢紀：（下冊）後漢紀》，頁 420。

〔註101〕 參閱《毛詩正義·大雅·蕩之什·瞻卬》（北京市：北京大學出版社，1999年 12 月，十三經注疏本），頁 1261。

黨錮禍起，郭泰慟國家政亂，引用了這段詩文的最後兩句，悲嘆：「人之云亡，邦國殄瘁」，這個國家的賢人因爲政治敗壞，不是慘遭殺戮，便是奔亡遠離政治圈，善人殆盡，這個國家也就將要病入膏肓了。袁宏與范曄都記載了郭泰引詩嘆息的事，可是在時間點卻有不同，《後漢書》記載在靈帝建寧元年（公元 168 年）太傅陳蕃、大將軍竇武遭宦官所害，郭泰聞知後悲慟哭嘆。《後漢紀》則是繫在來年建寧二年（公元 169 年）繼續大肆捕殺黨人，郭泰感嘆三君、八儁皆死，善類殆盡。就史事情理，應該建寧二年遭黨禍死者百餘人，延伸波及者又六、七百人，與「人之云亡」的感嘆語意較爲近合，所以《通鑑考異》亦註記併陳二說以備考，但是擇從《後漢紀》的記載。〔註102〕

其他諸如熹平元年（公元 172 年）竇太后崩，葬禮爭議的過程與太尉李咸的態度；〔註103〕黃巾馬元義遭擒誅的過程；〔註104〕荀彧之死；〔註105〕……都是《後漢紀》與《後漢書》史事記載殊異的例子，這些史例難以斟別出何書的記載才是正確，只能存異史文以備查考。

三、補《後漢書》之不足

一部史籍無法將每一件史事都記載得非常完整，《後漢紀》有許多內容還可以補充范曄《後漢書》記載的不足，讓史事能更爲完整、清楚。例如建武二十九年（公元 53 年）夏四月乙丑，詔令赦天下囚犯：

> 夏四月乙丑，詔令天下繫囚自殊死已下及徒各減本罪一等，其餘贖罪輸作各有差。〔註106〕

看起來似乎已經很清楚詔令赦罪的內容，可是翻閱《後漢紀》此時此事記載，赫然發現下有一句「不孝不道不在此書」，〔註107〕原來這道詔令並不是全面性

〔註102〕參閱〔晉〕袁宏撰、張烈點校，《兩漢紀：（下冊）後漢紀》，頁 447～449；《後漢書·郭符許列傳第五十八》，頁 2226；及〔宋〕司馬光等編著、〔元〕胡三省音注，《資治通鑑》，頁 1820。

〔註103〕參閱〔晉〕袁宏撰、張烈點校，《兩漢紀：（下冊）後漢紀》，頁 457～459；《後漢書·張王种陳列傳第四十六》，頁 1832～1833。

〔註104〕參閱〔晉〕袁宏撰、張烈點校，《兩漢紀：（下冊）後漢紀》，頁 476；《後漢書·皇甫嵩朱儁列傳第六十一》，頁 2299～2300。

〔註105〕參閱〔晉〕袁宏撰、張烈點校，《兩漢紀：（下冊）後漢紀》，頁 581；《後漢書·鄭孔荀列傳第六十》，頁 2290。

〔註106〕參閱《後漢書·光武帝紀第一下》，頁 80。

〔註107〕參閱〔晉〕袁宏撰、張烈點校，《兩漢紀：（下冊）後漢紀》，頁 152。

的，而是有「排除條款」的，因不孝不道獲罪的人，不在這次赦罪涵蓋範圍內。

明帝永平九年（公元 66 年）因為大豐收，所以置「四姓小侯」，為其開設學校、置五經師，可是范曄並沒有說明何謂「四姓小侯」，李賢便用《後漢紀》的史文加以說明，所謂四姓，指的是樊、郭、陰、馬四姓的外戚，因為不是列侯，所以稱作小侯，為這四姓外戚設學校、置經師。〔註108〕這時候張酺負責教授《尚書》，數次在明帝前講學，後來召入宮教授太子，《後漢書》張酺本傳記載：

> 永平九年，顯宗為四姓小侯開學於南宮，置五經師。酺以尚書教授，數講於御前。以論難當意，除為郎，賜車馬衣裳，遂令入授皇太子。
> 〔註109〕

《後漢紀》卷十四追敘此事記載張酺「除廣平郎中」，周天游校注時發現二書的歧異，作注解釋之，說廣平國在建武十三年（公元 37 年）省除，永平九年不應該有廣平郎中一職，而且張酺授學太子也不應該為王國之郎，以為《後漢紀》此處記載有誤。〔註110〕然而更仔細詳考文獻，《後漢書》明帝永平三年（公元 60 年）封皇子劉羨為廣平王，建初七年（公元 82 年）徙為西平王，因此永平九年時實有廣平王劉羨，周氏僅據司馬彪書志而失考。〔註111〕又《北堂書鈔》恰有一段引錄《續漢書》記載此事的史文：

> 永平九年，詔書為四姓小侯開學，置五經師。張酺以經選，授於南宮。除廣平王郎。每朝會，輒講上前，音動左右，論難應對，常合上意。久之，賜車馬衣被，擢為郎中。〔註112〕

三書史文雖略異，卻可以銜接拼湊出事情的始末。原來張酺因為朝廷為四姓小侯置經師，在南宮教授外戚《尚書》，後來轉任「廣平郎中」，應當也是為教授皇子經學而改任，之後學識一再獲得明帝的賞識，於是又再「除為郎」，入宮教授太子經學，職經三轉。因此，《後漢紀》此處並沒有誤載，也正可以

〔註108〕參閱《後漢書·顯宗孝明帝紀第二》，頁113；及〔晉〕袁宏撰、張烈點校，《兩漢紀：（下冊）後漢紀》，頁287。

〔註109〕參閱《後漢書·袁張韓周列傳第三十五》，頁1528～1529。

〔註110〕參閱〔晉〕袁宏撰、張烈點校，《兩漢紀：（下冊）後漢紀》，頁287；及〔晉〕袁宏撰、周天游校注，《後漢紀校注》，頁416。

〔註111〕參閱《後漢書》，頁106、1667。

〔註112〕參閱〔隋〕虞世南撰、〔清〕孔廣陶校註，《北堂書鈔（下）》（影印南海孔氏三十有三萬卷堂本），收入《續修四庫全書》1213 冊（上海市：上海古籍出版社，2002年3月），頁21-2。

補充《後漢書》記載掛漏的片段。

還有一些史事在《後漢書》中記載簡略，反而在《後漢紀》記載較爲詳盡者，這時候必須要參閱《後漢紀》的記載，才能對史事瞭解得更清楚。《後漢書》安帝永寧元年（公元 120 年）四月記載：

> 夏四月丙寅，立皇子保爲皇太子，改元永寧，大赦天下。賜王、主、
> 三公、列侯下至郎吏、從官金帛；又賜民爵及布粟各有差。〔註113〕

這次賜給人民衣、食所需，所賜給的對象、賜的數量，《後漢書》都沒有詳細記載，《後漢紀》卷十六繫此事有清楚的說明：

> 永寧元年夏四月丙寅，立皇子保爲皇太子。大赦天下。賜公卿已下
> 金帛；天下男子爵，各有差；鰥、寡、孤、獨、癃篤不能自存者人
> 粟三斛；貞婦人帛一匹。〔註114〕

原來賜糧食所需的對象是社會上的弱勢者，賜布帛的對象則是貞節的婦人，其中包含了社會救濟與獎勵貞節的雙重意義。在順帝永和四年（公元 139 年）夏四月又有一例，戊午日大赦天下，又賜民爵及粟帛，《後漢書》仍然沒有說明這次賜粟帛的對象與數量，〔註115〕《後漢紀》卷十九彌補了這個缺略：

> 夏四月戊午，賜天下男子爵，各有差；鰥、寡、篤癃、不能自存者
> 人粟五斛；貞婦帛，人三匹，九十已上人二匹。〔註116〕

這次賜給每個人食粟的數量增至五斛，可是似乎不及於孤、獨的孩童；賜給貞潔婦人的布帛也增至三匹，還擴及年歲九十以上的年長者，每位長者賜與帛二匹，具有宣化敬老的意義。因爲有《後漢紀》清楚的記載，才能夠清楚知道這兩次賜民粟帛具體的狀況，還有知道贈賜的差異。

《後漢書》還有一些時間記載不夠詳細，可以用《後漢紀》補足的。例如光武帝追諡外祖樊重壽張敬侯，併閱《後漢書》帝紀和樊宏傳的記載，可以知道是在建武十八年（公元 42 年）冬十月庚辰祠章陵以後，過湖陽，祠樊

〔註113〕 參閱《後漢書‧孝安帝紀第五》，頁231。
〔註114〕 參閱〔晉〕袁宏撰、張烈點校，《兩漢紀：（下冊）後漢紀》，頁319。此段賜粟帛的行文嘉靖黃氏刻本恐有誤，周天游校注改爲：「鰥寡孤獨癃篤不能自存者粟，人三斛；貞婦帛，人一匹。」是史籍行文的習慣筆法。又「癃篤」當作「篤癃」爲是。
〔註115〕 參閱《後漢書‧孝順孝沖孝質帝紀第六》，頁269。
〔註116〕 參閱〔晉〕袁宏撰、張烈點校，《兩漢紀：（下冊）後漢紀》，頁368。行文亦略有缺，「不能自存者人粟五斛」當作「不能自存者粟，人五斛」爲是。

重墓，但是未知在何日，《後漢紀》卷七記載此事繫日辛丑，所以可知諡樊重壽張敬侯是在建武十八年十一月辛丑日。〔註117〕

此外，例如安帝元初三年（公元 116 年）封皇后父閻暢爲北宜春侯，《後漢紀》記載在夏四月壬寅。〔註118〕桓帝永康元年（公元 167 年）五月晦日日蝕，因此詔眾臣舉賢良方正，《後漢紀》記載在六月甲寅日下詔。〔註119〕又劉寬本傳記載劉寬薨於中平二年（公元 185 年）二月，年歲六十六，《後漢紀》則清楚地繫薨在「春二月丁卯」日。〔註120〕初平二年（公元 191 年）七月，《後漢書》記載司空种拂因爲前月地震策免，淳于嘉晉任爲司空，但未記載事在何日，《後漢紀》卷二十六記：

　　秋七月，司空种弗以地震策免。癸卯，光祿勳淳于嘉爲司空。

似种拂遭策罷在先，與淳于嘉任職的時日不同。〔註121〕獻帝建安五年（公元 200 年）七月立皇子劉馮爲南陽王，《後漢書》也是缺載不知在七月何日，《後漢紀》則清楚地記載是在「秋七月辛巳」日。〔註122〕以上等等，都是《後漢紀》在時間記載上可以用來補充范曄《後漢書》的例子。

《後漢紀》有許多類似上述的史例，可以補充范曄《後漢書》不夠詳盡的記載，因爲有《後漢紀》文獻的補充，可以讓這些史事能更爲清晰，這是《後漢紀》對於後漢史的文獻史料保留上又一大價值。

四、獨存的記載

《後漢紀》最珍貴的價值是有許多記載，在今日僅見於此書之中，其他不論是後漢史籍，或者相關文獻都不見載記的，也就是獨存的文獻史料。清初毛

〔註117〕參閱《後漢書》，頁 70、1120；及〔晉〕袁宏撰、張烈點校，《兩漢紀：（下冊）後漢紀》，頁 128。

〔註118〕參閱《後漢書・皇后紀第十下》，頁 435；及〔晉〕袁宏撰、張烈點校，《兩漢紀：（下冊）後漢紀》，頁 318。

〔註119〕參閱《後漢書・孝桓帝紀第七》，頁 319；及〔晉〕袁宏撰、張烈點校，《兩漢紀：（下冊）後漢紀》，頁 435。

〔註120〕參閱《後漢書・卓魯魏劉列傳第十五》，頁 888；及〔晉〕袁宏撰、張烈點校，《兩漢紀：（下冊）後漢紀》，頁 483。

〔註121〕參閱《後漢書・孝獻帝紀第九》，頁 371；及〔晉〕袁宏撰、張烈點校，《兩漢紀：（下冊）後漢紀》，頁 511。

〔註122〕參閱《後漢書・孝獻帝紀第九》，頁 381；及〔晉〕袁宏撰、張烈點校，《兩漢紀：（下冊）後漢紀》，頁 561。

奇齡大概是最早發現《後漢紀》中有許多記載是《後漢書》所沒有的，他在爲
樂三堂本寫序時即說：

> 若袁虎後紀，則先於范氏所作五十餘年，其中多范氏所刪取而不盡
> 錄者。〔註123〕

可是究竟《後漢紀》中有多少史料是范曄《後漢書》、甚至不見於今日其他
文獻之中的？前述周天游在校注《後漢紀》時，已經舉出數例，有明、章二
帝的諸篇詔文、尚敏陳廣學校疏、魯丕舉賢良方正對策、朱寵與鄭凱論潁川
士人，以及張衡和馬融陽嘉二年（公元133年）京師地震對策等；還有佛與
佛學在漢代的傳播、朱寵的生平事蹟等等，後來董文武撰文時又增舉數例補
充說明。〔註124〕然而，實際用《後漢紀》比對今日完整或輯本的後漢史文
獻，僅記載於《後漢紀》中的後漢史料，數量其實遠遠超出周、董二氏所舉。

　　《後漢紀》獨載的史料存在於三十卷的各卷之中，少有一則、多則十數
則，內容包括文書、言論、史事與傳記方面的記載，以下分別說明保存概況。

（一）文書類史料

　　所謂文書類史料包含皇帝的詔令、策命，群臣上疏、奏記、對策，以及
私人往返書信等，凡屬已經用文字表達成書面文獻者即是。中國古代史籍自
記事、記言始，晉乘魯春秋等編年「古史」通行時，記載的焦點就停駐在跟
政事相關的史事。簡言之，一部編年史籍就是一部政治史，後來的《漢紀》、
本文討論的《後漢紀》，甚至到北宋所編纂的《資治通鑑》，都是專注在政治
的周邊，爲「資治」而撰寫，這是中國傳統編年史的核心特徵。

　　因爲以政治爲記載重心，所以史籍中錄存了大量的政治性文書，《後漢紀》
所記載的文書類史料雖然大部分也收錄在范曄的《後漢書》或其他文獻中，
不過卻也有很多是僅見於《後漢紀》的。在皇帝的詔令、策命方面，除了周
天游提出的明、章二帝某些詔文之外，後漢各帝間還有許多，略列表如下（見
表2-3）：

〔註123〕參閱〔清〕毛奇齡，〈樂三堂本序〉，收入〔晉〕袁宏撰、周天游校注，《後漢
　　　　紀校注》，頁896～897。

〔註124〕筆者按：周、董二人所舉的史例皆有失考之處，周氏的問題前文已略爲提註。
　　　　至於董氏所謂《後漢紀》獨載的史例，有李賢注引華嶠《漢後書》、劉昭注引
　　　　《東觀漢記》，隱於史注文獻而董氏未察者，還有別載於陳壽《三國志》，以
　　　　及爲後來《資治通鑑》所收錄，董氏亦未能發現者，參閱註83、94。

表 2-3：《後漢紀》獨存詔令、策命史料表

卷　　數	文　書　名　稱	頁　　數
第五卷	光武帝遣周黨詔	83
第九卷	明帝聽東平王蒼歸藩詔	177
第十卷	明帝敕廣陵王荊詔	184
	章帝日蝕求言詔	198～199
第十一卷	章帝封賈復子邯陰興子員詔	207
	章帝賜賈貴人詔	216
第十二卷	章帝賜罷太尉鄧彪策	232～233
第十四卷	和帝答張酺乞骸骨詔	277
	和帝免太尉張酺策	279
第十七卷	順帝舉賢良詔	337
第十八卷	順帝永建元年冬十月甲辰免租詔	345
	順帝永建三年春正月乙未免漢陽田租詔	346
第二十卷	順烈梁后立質帝詔	385
	順烈梁后立桓帝詔	387
第二十一卷	桓帝封黃瓊邟鄉侯詔	411
	桓帝封張彪鮑吉詔	412
第二十二卷	桓思竇后立靈帝詔	436
第二十五卷	靈帝封楊賜等詔	485～486
	靈帝徵處士荀爽等詔	488～489
	少帝以袁隗爲太傅詔	493～494
第二十六卷	獻帝答王允說孝經六隱詔	505
第二十七卷	獻帝答李傕舉李儒詔	522
	獻帝敕侍中劉艾問尚書作糜賑災詔	529
第二十八卷	獻帝喻郭汜詔	540
	獻帝責張濟私請詔	540
	獻帝報楊定請侍中尹忠爲長史詔	540
	獻帝告張濟詔	544
	獻帝答董承等欲東引詔	544
第三十卷	獻帝布魏太子丕嗣位詔	588
	獻帝禪位魏王詔	588

資料來源：筆者比對《後漢紀》與各後漢史文獻整理而成。頁碼引自張烈點校本《兩漢紀：
　　　　　（下冊）後漢紀》。

以上整理出《後漢紀》獨載的詔令、策命合計三十條，這些史料是瞭解政治權力頂端的皇權，在以上諸事意旨立場上最直接的證據。

　　除了上對下的詔令、策命，由臣下對上敬陳的疏文、奏記、對策等，在各文獻裡也記載甚多，而《後漢紀》所獨存這些臣宦上陳皇帝的文書，周天游已經指出了尚敏陳廣學校疏、魯丕舉賢良方正對策，以及張衡和馬融陽嘉二年（公元 133 年）京師地震對策，董文武又尋得增添馬援保允吾以西疏、耿秉擊匈奴策略疏、張酺薦太子師傅疏，以及朱穆諫梁冀奏記等，雖然如此，仍然有些許不及列出的群臣文書史料，以下也略用表稍作陳列（見表 2-4）：

表 2-4：《後漢紀》獨存群臣上書史料表

卷　　數	文　書　名　稱	頁　　數
第四卷	耿弇請徵還洛陽疏	63
第六卷	馬援破羌以西不可棄疏	106
第十卷	張酺薦太子侍從疏	190
第十一卷	耿恭薦劉復征盧水奏	211
第十二卷	鄭弘疾篤上書	236
第十五卷	尚敏陳興廣學校疏	297～298
第十六卷	魯丕舉賢良方正對策	311～312
第十八卷	梁商辭增國土書	349
	梁商讓屯騎校尉書	349～350
	馬融陽嘉二年舉敦樸對策	355～356
	張衡陽嘉二年京師地震對策	356～357
	李固勸梁商奏記	357
第二十卷	朱穆又勸諫梁冀奏記	389
第二十一卷	有司奏定孝崇皇后喪禮	401
第二十二卷	朱穆請劾馮緄奏	421
	劉淑延熹八年日蝕舉賢良方正對策	425～426
	牢順興黨獄書	430
第二十四卷	陽球劾王甫段熲奏	469
第二十五卷	申屠蟠進外黃令梁配釋旌侯玉奏記	490
第二十六卷	王允復請說孝經六隱奏	505
第二十九卷	孔融請準古王畿制書	564

資料來源：筆者比對《後漢紀》與各後漢史文獻整理而成。頁碼引自張烈點校本《兩漢紀：（下冊）後漢紀》。

以上整理《後漢紀》獨載的疏文、對策、奏記共二十一條，這些文書有助於瞭解撰文人對於諸事的直接意見，可以反應當時的部分觀念，也是間接認識歷史事件與人物性格的管道。

至於私人書信的記載較少，而且內容也多與政事有關，這些書信內容為《後漢紀》單獨存留者如卷十三有樂恢答潁川杜安拒任巴郡太守書為例。

（二）言論類史料

而所謂言論類史料，則是指用口頭言語對談或論述，未直接用文字書寫成書面文獻，是間接記錄語錄在史籍中，例如周天游指出在《後漢紀》卷十八，唯一記載了朱寵與鄭凱討論潁川士人時詳細的對話，董文武也補充了鄧禹為光武帝陳定河西策略、鄭弘對言不答烏孫使、鄭弘言竇憲奸惡、劉珍上言鄧太后宜入宗廟如光烈皇后故事、岑宏議樂成王劉萇罪等言論，都是只有出現在《後漢紀》一書裡。除此以上諸例之外，《後漢紀》還有甚多獨載的言論類史料，略試詳列如下（見表2-5）：

表2-5：《後漢紀》獨存言論類史料表

卷　數	言　論　事　稱	頁　數
第一卷	鄧禹為光武帝陳定河西策略語	14
第三卷	劉恭上壽更始語	41
第四卷	戴兢罵劉永語	56
第七卷	張湛卸左馮翊答新任馮翊語	128
第十一卷	第五倫封上吏民奏記語	215～216
第十二卷	章帝、鄭弘對語舉才設限地域	235
	章帝、鄭弘、竇憲論答烏孫	236
	袁安諫征匈奴語	243
第十三卷	袁安臨終遺令語	258
第十四卷	張酺對答梁、竇氏事	276
	鄧邠、鄧訓對語	283
第十五卷	河清王劉慶將薨嘆語	303
第十六卷	劉珍上言鄧太后宜獻廟	315
	岑宏樂城王劉萇罪議	319～320
第十七卷	王成以劍脅李閏語	336
第十八卷	朱寵、鄭凱論潁川士人對語	347～348
	朱寵遺言	348

卷　　　數	言　　論　　事　　稱	頁　　　數
第十九卷	梁商議馬賢年老薦宋漢征羌語	369
第二十二卷	朱寓爲司隸奏單安徐盛語	429
第二十三卷	郭泰與宋仲言志	449
	符融讚嘆郭泰語	449
	符融、韓卓對語郭泰	449
	石雲考、宋仲論郭泰	452～453
第二十四卷	楊賜對光和三年虎見事	470～471
	張均因光和三年虎見上言	471
	呂強對整內以靜外寇語	474
第二十五卷	楊賜上言願減賜戶以封劉寬張濟	486
	蓋勳警語董卓東來	499
第二十八卷	獻帝責尚書無故欲徵河西太守劉玄語	540
第二十九卷	袁渙、袁徽論時局	554～555
	袁渙謙詞	555
	曹操上言爲荀彧請爵	563

資料來源：筆者比對《後漢紀》與各後漢史文獻整理而成。頁碼引自張烈點校本《兩漢紀：（下冊）後漢紀》。

以上整理出《後漢紀》獨載的言論語錄計三十二條，這些言論語錄有助瞭解後漢人物的想法、性格與行止，對於言論所及的人、事也能夠更深入地展現在文句行間，讓後人研讀時能更爲清楚地認識當時的史貌。

（三）獨載的史事

除了以上文書類與言論類的史料，《後漢紀》裡還有許多史事的記載，也是不見於現今其他文獻之中的，以下表列這些耙梳出來的珍貴史料（見表2-6）：

表2-6：《後漢紀》獨載史事表

卷　　　數	獨　　載　　史　　事	頁　　　數
第二卷	董憲還東海攻利城	23
	武人衛文說韓歆降事	29
第四卷	光武使太中大夫戴就使兗州，就罵劉永殉難事	56
	拒蜀侯國遊先與馬援詣漢事	69
第五卷	建武六年漢軍敗於隴，下隴退守後來歙監領軍	91
	建武六年耿純上書願奮擊公孫述	92

卷　數	獨　載　史　事	頁　數
第六卷	建武七年秋隗囂侵三輔，耿弇遣數百騎與戰，敗績	101
第十二卷	建初八年東平王劉蒼薨，第五倫自請護喪事	228
第十三卷	司隸校尉司空蔡黨竇憲	253
	元興元年四月封鄧禹、馮魴後為列侯	288
第十五卷	鄧騭與同郡袁良事	296
	西域都護李宗（崇）改疏勒為世善、姑墨為積善	300
第十六卷	永初二年封鄧悝、鄧弘、鄧閶事	311
	永初六年五月丁卯封鄧禹、馮異等九人後為列侯	316
	元初二年安帝問任尚破羌計所出	317
第十七卷	延光四年中常侍侯生預孫程等立順帝事	336
第二十卷	本初元年十月梁冀、孫壽及諸子遊獵、縱酒、作倡樂	391
第二十三卷	建寧二年董重為五官中郎將	446
	熹平元年靈帝上原陵，諸侯以下會為禮儀事	456
第二十五卷	徵蓋勳為武都太守事	491
	京兆尹蓋勳備防董卓入京事	499
第二十六卷	初平二年十二月，錄從入關者功，封侯賜爵各有差	513
第二十八卷	興平二年李傕殺撫軍中郎將李蒙	535
	興平二年六月使太官令狐（孫）篤、綏民校尉張裁宣喻十反	539
	興平二年六月郭汜、張濟、李傕交質事	539～540
	興平二年八月張濟諷徵河西太守劉玄，獻帝責問事	540
	興平二年李傕追王師，御史鄧聘即難	544
第二十九卷	建安元年尚書上官洪言還洛之議	552
	建安六年八月辛卯，郗慮、荀彧、鍾繇侍講於內	563
第三十卷	某建議曹操擇師輔保世子，並隨軍征討、以為副貳事	574

資料來源：筆者比對《後漢紀》與各後漢史文獻整理而成。頁碼引自張烈點校本《兩漢紀：
（下冊）後漢紀》。

以上列出《後漢紀》獨載三十事，〔註 125〕這些史事帶有或多或少的意涵，放
入後漢整體文獻史料，可以增補後漢斷代史的片段，從個別事件、事件與當
時時空背景的意義，到整個後漢歷史發展歷程，是研究後漢史極為珍貴的史

〔註 125〕有些史事雖僅見於《後漢紀》中，卻記載有誤，例如建安十年、十一年記載
二次增封曹操，建安二十一年封魏公子六人為列侯等，在時間上都可以辨誤，
此類史料則不列於表內。

料，得幸歷千百年傳抄、轉刻而僅獨存在《後漢紀》一書之中。

（四）傳記類史料

最後，這部編年後漢斷代史還有一些獨載的史料是和歷史人物傳記相關的，是以某後漢歷史人物的事蹟爲核心所記載下來的，卻不另見於今日其他後漢史相關文獻，也將這些史文行蹟表列於下（見表2-7）。

表2-7：《後漢紀》獨載人物行蹟表

卷　　數	人　物　行　蹟	頁　　數
第三卷	竇融少時爲驃騎將軍王舜令史	45
第四卷	馬援三兄長封侯任官	68
第十一卷	桓虞事蹟	216
第十四卷	鄧后聞祖鄧禹從龍事	284
第十五卷	清河王劉慶廢黜後行止	303
第十六卷	安思閻皇后父暢子嗣	317
第十八卷	樊英對待鄰人子事	345～346
	許敬仕宦歷程	348
	順烈梁皇后父商子嗣	349
第十九卷	陳琦事蹟	368
	馬寔仕歷	377
第二十一卷	袁湯事蹟	402
第二十二卷	袁閎不受從叔袁逢、袁隗二公贈遺	420
	夏馥不慕太學門事	431
第二十三卷	孟敏宗人犯法不爲請事	450
	郭泰平時居行	453
第二十五卷	韓融家風	489
第二十七卷	黃琬奏樊稜許相論鬻官	520
	黃琬糾奏下軍校尉鮑鴻	520
第二十八卷	獻帝伏皇后父完子嗣	536

資料來源：筆者比對《後漢紀》與各後漢史文獻整理而成。頁碼引自張烈點校本《兩漢紀：（下冊）後漢紀》。

以上整理出僅見於《後漢紀》的人物傳記相關記載共二十則，一來可以補充紀傳體《後漢書》，再則有助於對相關歷史人物能更深入地認識，瞭解其行蹟在後漢當時所代表的意涵，或者所發生的影響。

第三章 《後漢紀》之編纂

　　袁宏活躍於東晉中葉期間，除了轉任於當時政壇之外，其一生最具代表性的是在當代的文學地位與多面向量產的學術創作。袁宏長時擔任桓溫的幕僚，桓溫「重其文筆，專綜書記」，臨終前猶「脅」袁宏作九錫文，桓溫與袁宏不親睦，[註1] 卻對袁宏掌政治文書「倚重始終不衰」，[註2] 可見袁宏在當代被推爲「一時文宗」非是虛名。《晉書》記載袁宏撰有「詩賦誄表等雜文凡三百首，傳於世」，大概就是集本爲史書書志所列《袁宏集》二十卷，[註3] 可惜此部文學創作已經亡佚，今日僅可見後人輯錄的詩、文二十餘篇。

　　除了多量的文章，袁宏在學術活動上的表現還有註解《周易》、集議《孝經》，[註4] 並且與當時知識份子間常有清談、玄辯的互動。此外，袁宏尤好

〔註1〕參閱《晉書》（北京市：中華書局，1993 年 10 月初版五刷），頁 2391、2011、2365、2398。
〔註2〕參閱張蓓蓓，〈袁宏新論〉，收入氏著《魏晉學術人物新研》（臺北市：大安出版社，2001 年 12 月），頁 165。
〔註3〕參閱《晉書・列傳第六十二文苑・袁宏》，頁 2398～2399；《隋書・志第三十經籍四》（北京市：中華書局，1994 年 10 月初版五刷），頁 1068；《舊唐書・志第二十七經籍下》（北京市：中華書局，1991 年 12 月初版四刷），頁 2065；與《新唐書・志第五十藝文四》（北京市：中華書局，1995 年 3 月初版五刷），頁 1589。
〔註4〕《兩唐書》分別載有「《周易譜》一卷袁宏撰」，與「袁宏《略譜》一卷」，是袁宏釋《周易》的著作，此書未見於《隋書》。另外《隋書》收錄「《集議孝經》一卷晉東陽太守袁敬仲集。」清姚振宗考證：「袁敬仲當爲袁彥伯」；又《晉書》記有「孝武帝嘗講孝經，僕射謝安侍坐，尚書陸納侍講，侍中卞眈執讀，黃門侍郎謝石、吏部郎袁宏執經，胤與丹楊尹王混擿句，時論榮之」事，筆者臆測袁宏當因此事撰《集議孝經》。參閱《舊唐書・志第二十六經籍上》，頁 1969；《新唐書・志第四十七藝文一》，頁 1426；《隋書・志第二十七經籍一》，頁 933；〔清〕姚振宗，《隋書經籍志考證》，收入二十五史刊行委

評史、著史,而且用不同的創作形式表現其讀史心得,有詠史詩、〈三國名臣序贊〉、《名士傳》等分別以詩體、贊體、傳記等形式表現的作品,甚至還撰著此部編年體斷代史——《後漢紀》。

著書立說、成一家言,是古來許多知識份子的共同志願。魏晉南北朝時期,撰著蔚然形成一種風尚,其中史籍性的著作在這三百多年間不但產量遽增,而且發展出多樣類別,史學在這段時期生氣蓬勃;而又因為政治的不穩定、政權多變,使得朝代史在眾多史籍中更突出地受到重視。東晉袁宏撰寫《後漢紀》,就是在這樣的時空背景下產生的一部後漢編年史。

編年體在史籍文獻發展史上,是屬於較早先發展的體裁,甚至到了唐初已經被視為「古史」。可是編年體史籍並非自三代以下一成不變,漢末魏晉的編年體已經有改革性的變化,東晉中葉問世的《後漢紀》也因受染於魏晉史學的變化,而有其特殊的面貌。

本章從漢末魏晉史學發展的角度,檢視在這段「百家爭鳴」背景下所誕生的《後漢紀》,在體裁形式與體例內容如何反應史學發展的特徵,其中保存了多少史學傳統,又摻入了多少新元素,探討《後漢紀》在編纂方法的變與未變、沿革與損益,同時也一併檢討這部後漢史在史籍編纂學上存在的問題。

第一節　二體交游

唐劉知幾撰《史通》,立〈二體〉篇,總結自《左傳》、《史記》以下,中國史學發展中主要的兩種史書體裁。《左傳》與《史記》是揭開「新二體」的源頭,〔註5〕之後班固《漢書》定為斷代,荀悅《漢紀》另作編年,分別成為紀傳與編年二體的首例范式,開啟以下二體爭榮的局面。〔註6〕

不過,被劉知幾同視為「正史」的編年、紀傳二體,其起源既非同時,發展過程也不是兩條並行的平行線,各有其盛衰起伏。時代的特徵影響學術源流與學術發展,二體間的關係也在彼此發展中交互影響。

　　員會編,《二十五史補編》(北京市:中華書局,1998 年 2 月初版七刷),頁
　　5158;以及《晉書・列傳第五十三・車胤》,頁 2177。
〔註 5〕中國史學發展歷程在編年、紀傳二體尚未競榮以前,對於史籍「二體」的認
　　知一指記言、一為記事,直到歷經魏晉南北朝史學發展的變遷,加上劉知幾
　　撰《史通》總結評析,並且定名之,「二體」遂成為編年體與紀傳體的共稱。
〔註 6〕參閱〔唐〕劉知幾撰、〔清〕浦起龍釋,《史通通釋・二體》(臺北市:里仁
　　書局,1993 年 6 月),頁 27～29。

一、編年體的變革

甲骨文裡，中國的先民已經「引曆入事」，把貞卜要事和時間相聯繫記錄下來，這是人對自我行為的標記，將所認知的重要大事「鏤刻在時間上」，這時候的記錄是一種「記」，記錄人們當下所發生的事。往後發展，隨著社會、政治結構的複雜化，先民對於記錄日臻詳細，也日益廣泛。到周代順應封建制度，除了周王室之外，各封建諸侯國皆有負責「記錄」的史官，將各諸侯國所發生的要事，繫於時間記錄下來，這些文獻就是《墨子》中所謂的「百國春秋」，〔註 7〕這些「春秋」是史官所「記錄」下來未經編纂的文獻，以清代章學誠的學術區別稱之為「記注」文獻。

文獻從「記」到開始具有「史」的性質，乃是過去發生的史事開始經過作者的編纂，加諸作者的意識，成為一種「撰述」。〔註 8〕孔子據魯史作史，是將未經編纂的「記注」文獻從「記」帶到「史」的第一人，魯史《春秋》是「記注」，孔子編定的《春秋》則是一種「撰述」，孔子藉由編纂的過程，加諸其個人的歷史意識於新的《春秋》之中，因為是孔子所親自撰述，蘊含孔子深刻的微言大義，《左傳》作者說：

> 《春秋》之稱，微而顯，志而晦，婉而成章，盡而不汙，懲惡而勸
> 善，非聖人誰能修之。〔註 9〕

因為有此所謂「春秋書法」的意蘊，故被後來儒學獨尊的政界與學界視為「經」。可是《春秋》的體貌仍然是沿周代以來「百國春秋」等記注文獻一般，實是一部經過作者積極加諸強烈、明確意識而編纂的史籍。〔註 10〕孔子是在

〔註 7〕 墨子見百國春秋語今本《墨子閒詁》附錄在〈墨子佚文〉，孫詒讓案曰見於《隋書》收錄〈李德林重答魏收書〉與《史通》，蓋唐本《墨子》存有此文，李德林、劉知幾得見而引用，之後散佚。參閱〔周〕墨子、〔清〕孫詒讓撰、孫啟治點校，《墨子閒詁》（北京市：中華書局，2001 年 4 月），頁 656。

〔註 8〕 關於章學誠區別「記注」、「撰述」的論述，可參閱〔清〕章學誠撰、葉瑛校注，《文史通義校注・書教上》（北京市：中華書局，2004 年 9 月初版四刷），頁 30～32；與同書〈書教下〉，頁 49～53。

〔註 9〕 參閱《春秋左傳正義》（北京市：北京大學出版社，1999 年 12 月，十三經注疏本），頁 765。

〔註 10〕 晉杜預比較《紀年》與《春秋》後說：「國史皆承告據實而書時事，仲尼修《春秋》，以義而制異文也。」參閱《春秋左傳正義・後序》，頁 1721。歷來對孔子撰述《春秋》之義討論甚多，近人綜合精闢論著可參閱錢穆，〈孔子與春秋〉，收入氏著《兩漢經學今古文平議》（臺北市：東大圖書有限公司，1983 年 9 月臺三版），頁 235～283。

編纂史事、史文中，另外賦予了史義，事、文、義藉作者所規範的編纂手法合而為一，孟子曰：

> 王者之迹熄而《詩》亡，《詩》亡然後《春秋》作。晉之《乘》，楚之《檮杌》，魯之《春秋》，一也。「其事則齊桓、晉文，其文則史。」
>
> 孔子曰：「其義則丘竊取之矣。」〔註11〕

歷史記載有這個重要元素的加入，「史學」因之誕生。〔註12〕在時間與史事結合之餘，還蘊藏深遠意義在史文之中，歷史不再只是單純的記錄，使過去已經發生的事，與當下存在的人有更深刻的連結。

就史文記載的內容而言，《春秋》形近當時的記注文獻，〔註13〕記錄何年、何時、何月、何日發生了何事，有如一件件史事的標題，最多不過四十七字，最少僅有一字，史文極為簡潔，記載東周前期二百四十二年間史事，僅約用了一萬八千字。〔註14〕雖然博學如太史公馬遷以為：孔子著《春秋》「約其文辭而指博」，不過那恐怕是因為司馬遷出身史官世家，得以博覽群籍，又曾經親身遊歷考察，〔註15〕故對於《春秋》所記載的史事能夠清楚掌握。而似後漢初時，桓譚即有不同於司馬遷的看法，桓譚於《新論》中說：

> 左氏經之與傳，猶衣之表裏，相持而成。經而無傳，使聖人閉門思
>
> 之，十年不能知也。〔註16〕

桓譚認為如果沒有《左氏傳》補充收錄詳盡的史事輔傳《春秋》，僅《春秋》所記載如此簡潔的內容，很多史事是難以明瞭其中始末原由，更無法探知史事被記載下來的深層意義。

〔註11〕參閱《孟子注疏》（北京市：北京大學出版社，1999年12月，十三經注疏本），頁226。

〔註12〕關於《春秋》與中國史學的誕生，杜維運有頗為詳盡的論述，參閱氏著《中國史學史（一）》（臺北市：杜維運，1993年11月），頁84～95。

〔註13〕從今、古本《竹書紀年》的內容視之，其形貌與《春秋》極是神似，晉杜預所見出土文獻，即謂：「大似《春秋》經」，並且推測當時史書形貌當皆是如此。參閱《春秋左傳正義‧後序》，頁1721。

〔註14〕魏晉時張晏等所見《春秋》有「萬八千字」，今本《春秋》僅餘一萬六千五百餘字。參閱《史記‧太史公自序》（北京市：中華書局，1994年6月二版十三刷），頁3298～3299，裴駰集解與司馬貞索隱；與杜維運，《中國史學史（一）》，頁86。

〔註15〕參閱《史記》，頁1943、3293～3296。

〔註16〕《新論》已佚，此文參閱〔宋〕李昉等撰，《太平御覽》（臺北市：臺灣商務印書館，1992年1月初版六刷，影印四部叢刊本），頁2876-1。

　　孔子撰述《春秋》雖已定下編纂義例，然而一部編年史體的完全成熟，則要待有「聖文之羽翮，記籍之冠冕」之稱的《左傳》問世。〔註17〕《左傳》的體例如同《春秋》所定下的範則，紀年起始的時間和《春秋》相同，終訖的時間僅比《春秋》多出十三年，可是《左傳》卻用了十倍於《春秋》的文字記載，將史事來龍始末、人物的辭令應答，用典美博奧的史筆記載下來。杜預分析《左傳》傳「《春秋》經」的關係曰：

　　　　或先經以始事，或後經以終義，或依經以辯理，或錯經以合異。
〔註18〕
這四大類擴充「傳經」的手法，使同為春秋時期二百餘年的史事，擴增為十倍的字數記載。這部內容豐盛的編年體史籍在後來劉知幾的眼中是如此誕生的：

　　　　《左氏》述臧哀伯諫桓納鼎，周內史美其讜言；王子朝告于諸侯，
　　　　閔馬父嘉其辨說。凡如此類，其數實多。斯蓋當時發言，形於翰墨；
　　　　立名不朽，播於他邦。而丘明仍其本語，就加編次。……尋《左氏》
　　　　載諸大夫詞令、行人應答，其文典而美，其語博而奧，述遠古則委
　　　　曲如存，徵近代則循環可覆。必料其功用厚薄，指意深淺，諒非經
　　　　營草創，出自一時，琢磨潤色，獨成一手。斯蓋當時國史已有成文，
　　　　丘明但編而次之，配經稱傳而行也。〔註19〕
《左傳》作者廣徵史料，運用巧思加以編次成籍，豐富了東周春秋時期二百餘年的歷史記載，複雜的史事經過詳盡綜述而歷歷在目，已經完全從《春秋》簡單編目式記載脫離出來，形成完整敘事性的記載。

　　雖然因為有《左傳》，編年體終告成熟，可是編年體成熟後卻中輟發展。〔註20〕田昌五指出編年體發展週阻的原因有三，一是戰爭頻繁、政局混亂、國不保夕，原史官制度被迫廢棄，而且史籍隨戰亂逃亡顛沛而散佚；二是秦帝國刻意焚燬各國史籍，造成古史多亡絕；第三則是新興史體——紀傳體的

〔註17〕參閱〔南朝梁〕劉勰撰、詹鍈義證，《文心雕龍義證・史傳第十六》（上海市：上海古籍出版社，1999年12月初版三刷），頁569。《史通》作「聖人之羽翮，……述者之冠冕」當引用劉勰語而略改，參閱〔唐〕劉知幾撰、〔清〕浦起龍釋，《史通通釋・六家》，頁11。
〔註18〕參閱《春秋左傳正義・春秋左氏傳序》，頁12。
〔註19〕參閱〔唐〕劉知幾撰、〔清〕浦起龍釋，《史通通釋・申左》，頁419～420。
〔註20〕編年體發展中輟可參閱〔唐〕劉知幾撰、〔清〕浦起龍釋，《史通通釋・六家》，頁11。

出現，引領新的著史方向。〔註21〕其中又以紀傳體帶出新的著史途徑，對編年體發展的影響最爲深遠。

司馬遷創紀傳史體並非憑空創獲，而是一位博識的史學家，「通古今之變」過去整體歷史的發展與過往的史學基礎，精心取捨五種體例，體例間主從輔成，會通成能包羅天地寰宇的新史體。〔註22〕此時，過去發展久遠、已然成熟的編年體爲司馬遷轉化成新史體的總綱——本紀，在紀傳體中經過轉化的編年體，不再如過去般總羅諸事，僅錄記政權權力頂端爲核心的相關要事，而且記載簡要，需要再詳記的史事始末則散入其他四個體例之中。就如清代浦起龍說：「紀所詳加者，惟在開創之世及凡詔令之文耳。」〔註23〕他事則不屬於本紀著重之要，本紀的編年革新更突出政權「統」的意義。〔註24〕

因爲紀傳體體例各有獨特的功能，又相總合爲一體，以總成展現整體歷史的體貌，雖說是不世出的大史家精心創獲的一家之言，卻也是歷史發展下順應而出的成果，〔註25〕所以自司馬遷《史記》出，兩漢近四百年間的史籍撰述，幾以紀傳體爲標榜，先有志者前仆後繼續撰「《史記》未完之史」，《史通・古今正史》如是記載：

> 《史記》所書，年止漢武，太初已後，闕而不錄。其後劉向、向子歆及諸好事者，若馮商、衛衡、揚雄、史岑、梁審、肆仁、晉馮、段肅、金丹、馮衍、韋融、蕭奮、劉恂等相次撰續，迄於哀、平間，猶名《史記》。至建武中，司徒掾班彪以爲其言鄙俗，不足以踵前史；又雄、歆褒美僞新，誤後惑衆，不當垂之後代者也。於是採其舊事；旁貫異聞，作《後傳》六十五篇。〔註26〕

〔註21〕 參閱田昌五，《國學舉要：史卷》（武漢市：湖北教育出版社，2002年9月），頁440。

〔註22〕 關於紀傳體體例的源流可參閱王錦貴，《中國紀傳體文獻研究》（北京市：北京大學出版社，1996年8月），頁19～22。

〔註23〕 參閱〔唐〕劉知幾撰、〔清〕浦起龍釋，《史通通釋》，頁8。

〔註24〕 劉知幾曰：「紀之爲體，猶《春秋》之經，繫日月以成歲時，書君上以顯國統。」本紀繼承《春秋》尊王載事的手法，「時」與「君」結合成「統」的概念，本紀總成爲綱，表、志、傳則合輔之爲目。參閱〔唐〕劉知幾撰、〔清〕浦起龍釋，《史通通釋・本紀》，頁37。

〔註25〕 清趙翼讚紀傳體說：「司馬遷參酌古今，發凡起例，創爲全史。」參閱〔清〕趙翼撰、王樹民校證，《廿二史箚記校證（訂補本）》（北京市：中華書局，2001年11月初版二刷），頁3。

〔註26〕 參閱〔唐〕劉知幾撰、〔清〕浦起龍釋，《史通通釋・古今正史》，頁338。

接踵司馬遷，採用紀傳體往下續修漢武帝以後歷史的人，到後漢劉秀取回漢家政權時，據劉知幾所知而錄有十六人之多，〔註27〕可知從漢宣帝時布傳《史記》到後漢初年間，紀傳體快速成爲撰史者仿效的熱門體裁。

緊接著，原來志在踵續《史記》的班彪，其子班固又突破其父班彪的格局，更加強化撰史與當朝政權間的關係，一改漢帝「編於百王之末，廁於秦、項之列」，不以續漢武帝太初以後事自限，認爲紹繼堯運的漢帝國功高厥偉，應當獨成史冊。所以班固將高祖至平帝間十二世編爲帝紀，且將王莽列之傳末，視新莽期間爲篡逆期，正當化劉秀的後漢中興。〔註28〕這樣的歷史詮釋正中統治者之懷，因此，被檢舉私著國史的班固，在其弟班超代爲解釋撰史之意，以及經過漢明帝御覽其作後，不但無殃，還深得漢明帝賞識，賜准班固繼續撰寫《漢書》，另外又命其任蘭臺令史，開始編修當朝國史。後漢中央設館修史，採用與班固自修前朝史相同的史體，有官方採用這種新式史體編修當朝國史的推助力，促使紀傳體的發展在後漢達到第一個顛峰，古體編年在這股紀傳體爲主流的風氣下，此時似乎完全呈現頹勢，乏人問津。

沈寂已久的編年體能夠再次出現，卻要拜正盛行的紀傳體之賜。紀傳體雖然用不同的體例分工，能夠包羅豐富的歷史內容，但是卻不容易閱覽。一件史事會因爲其「屬性」分散在紀、志、傳中，人物傳記又常常年月記載不清或先後混淆，要從中理清史事發展的頭緒往往要大費周章，於是又讓人想起編年體閱覽時的方便。漢末獻帝以班固《漢書》「文繁難省」，遂令荀悅依照《左傳》體裁改寫，荀悅將《漢書》紀、表、志、傳解構重組，略微補改，原本散於《漢書》一百卷、八十多萬字的前漢史事，精簡爲三十卷、約十八萬字的編年《漢紀》。〔註29〕

〔註27〕除劉知幾所列述十六人之外，據李賢注尚可知陽城衡、褚少孫二人，參閱《後漢書》（北京市：中華書局，1995 年 3 月初版七刷），頁 1325。又王利器以爲《史通》衛衡爲陽城衡之誤，此處並存二名備考，參閱〔漢〕應劭撰、王利器校注，《風俗通義校注》（臺北市：明文書局，1988 年 3 月二版），頁 520。

〔註28〕參閱《漢書·敘傳第七十下》（北京市：中華書局，1995 年 3 月初版八刷），頁 4235、4270。

〔註29〕《漢紀》字數荀悅自撰序跋一稱「數十餘萬言」，一數「〔十〕七萬二千四百三十二字」，參閱〔漢〕荀悅撰、張烈點校，《兩漢紀：（上冊）漢紀·漢紀序》（北京市：中華書局，2002 年 6 月），頁 2；以及正文頁 547。然自白壽彝等各學者述及《漢紀》字數皆稱約十八萬字，參閱白壽彝，〈劉向和班固〉，收入氏著《中國史學史論集》（北京市：中華書局，2001 年 10 月初版二刷），頁 127。

　　荀悅自知改寫《漢書》是一造史體復古工程，所用體裁乃是「古之令典」，但是純然的復古已不能滿足時代變遷所需，就如同司馬遷創新史體時，收納過去各種文獻體裁精心轉化以應時空的變遷。此時的編年復古工程也受到當代環境與紀傳體的影響，主要意在改寫《漢書》的荀悅必須處理原本紀傳體表、志、傳中豐富的史料，經過個人的歷史意識與價值取捨的轉化，加入新的編纂手法，將這些分散的史料融合爲時序清楚的記載，「總爲帝紀」以成編年，故稱之爲《漢紀》。〔註30〕

　　不論記注或撰述的歷史文獻，其實都經過「歷史的選擇」。在中國，史源自掌握權力的統治行爲，因此最初所記載的都是政事，之後雖然史的記錄範圍逐漸擴增，但是不管如何擴增，依舊堅守著政治的核心，其他被記載的事，或者不被選擇記載的事，都是以有無「資治」或「鑑戒」的功能爲出發考量。劉知幾開宗明義：「質文遞變，諸史之作，不恆厥體」，〔註31〕即使同爲編年體，從上古至漢末隨著時代變遷，亦難以「恆體」而不變。從「百國春秋」到《春秋》、《左傳》，乃至於漢末的《漢紀》，編年史籍其實是從簡單記注的國別編年史，轉變成具有深刻史意的大一統編年史，中間歷經紀傳體的收納、皇朝化變革的過渡，再轉出爲立意清楚、史法成熟的朝代編年史。

二、兩晉時期二體關係

　　編年體史籍雖然在後漢末年君皇的詔命下重現，編纂者荀悅亦不負使命，展現個人才學改造出一部堪稱佳作的斷代編年史，不過此時紀傳體風潮依舊盛行。從《隋書‧經籍志》史部所記載的文獻可以看出，在漢末以後，《漢書》似乎成爲顯學，注解《漢書》的作品蔚然可觀，例如應劭作《漢書集解》、《漢書集解音義》，服虔有《漢書音訓》，以及韋昭的《漢書音義》等。之後曹魏、孫吳建置史官，又仿後漢以紀傳體修國史，在曹魏有王沈等撰成《魏書》，在孫吳則有韋昭等著成《吳書》。除此之外，亦有再撰前朝史的作品出現，例如謝承撰寫《後漢書》。這些不論是注史、國史或者前朝史繁盛的景況，都反應出漢末以後紀傳體史籍仍然持續盛行。〔註32〕

〔註30〕關於荀悅編纂《漢紀》運用新的方法參閱下節史法體例的論述。
〔註31〕參閱〔唐〕劉知幾撰、〔清〕浦起龍釋，《史通通釋‧六家》，頁1。
〔註32〕參閱《隋書‧志第二十八經籍二》，頁953～955；與〔唐〕劉知幾撰、〔清〕浦起龍釋，《史通通釋‧古今正史》，頁346～347。

　　反觀編年史則似乎僅是荀悅個人曇花一現性的綻放，並沒有編年體著作接續著出現。過去由於劉知幾曾說：

　　荀悅撮其書為編年體，依《左傳》著《漢紀》三十篇。自是每代國史，皆有斯作，起自後漢，至於高齊。〔註33〕

又說：

　　班、荀二體，角力爭先。〔註34〕

後人多自此以為，自從荀悅撰成《漢紀》以後，沈寂已久的編年體便得以復興。而事實上，若從目錄文獻的載錄中觀察，可察覺事實並非如此，自《漢紀》成書於漢建安初年，到西晉太康初年近八十年期間，仍然是紀傳體獨盛的景況，編年體史籍再興，當是西晉以後的事。〔註35〕

　　雖然荀悅所創的斷代編年史影響編年體復興約再待八十年以後，可是卻有另外一道來自經學——《左傳》學的影響已經展開。原本在前漢時期不被學界重視的《左傳》，自劉歆、尹咸與賈徽、賈逵父子相繼投入研究始，逐漸為人所注意。劉歆是首位以《左傳》解《春秋》經的學者，賈徽從學於劉歆，已撰有《左氏條例》，賈逵更得明、章二帝的賞識，撰著《春秋左氏解詁》等著作，打開了往後的《左傳》學。以下陸續有學者接踵投入《左傳》的研究，並有著作。例如漢末的服虔、穎容、謝該，三國時有王肅、董遇、王朗、嵇康等眾人相繼撰著研究《左傳》，〔註36〕這股研究《左傳》的風氣延續到西晉初年，又投入了重大的變因。

　　杜預率軍滅吳，為司馬炎統一政權之後，卸甲專心著述立言，集中致力於《春秋》與《左傳》的研究。〔註37〕雖然杜預仍以經、傳分稱《春秋》與《左傳》，可是研究的見解與角度已經突破兩漢經學的框架，理性地深入探討《春秋》

〔註33〕參閱〔唐〕劉知幾撰、〔清〕浦起龍釋，《史通通釋‧六家》，頁11。

〔註34〕參閱〔唐〕劉知幾撰、〔清〕浦起龍釋，《史通通釋‧二體》，頁29。

〔註35〕荀悅《漢紀》與編年體復興的關係，雷家驥與曾慶生分別有深刻的論述，可一併參閱雷家驥，《中古史學觀念史》（臺北市：臺灣學生書局，1990年10月），頁109、548～549；與曾慶生，〈荀悅《漢紀》之研究〉（臺中市：國立中興大學歷史學系碩士班，1998年6月），頁10～14。

〔註36〕以上前漢末年以降《左傳》學的發展，合參《漢書‧楚元王傳第六》，頁1967～1971；《後漢書》，頁1234～1239、2583～2584；以及《隋書‧志第二十七經籍一》，頁918～929。

〔註37〕《晉書》記載杜預「博學多通，明於興廢之道，常言：『德不可以企及，立功立言可庶幾也。』」立功是滅吳統一西晉政權，立言則是鑽研《左傳》著述立說，自謂有「《左傳》癖」。參閱《晉書‧列傳第四‧杜預》，頁1025～1032。

與《三傳》內容的意義與合理性，反對兩漢崇經尊孔的論述，認爲孔子開宗明義以周正朔繫年，無可置疑目的是在推尊周王室，不可能像《公羊傳》學家們所說的，孔子自衛國返魯後私撰《春秋》，肆自爲素王、黜周而王魯，反倒是《公羊傳》的斷限正可以糾正《左傳》解經斷限的不合理，相互比對可以推論孔子是感「獲麟」才著手修《春秋》，所感之處故也是止筆之處，《春秋》不可能終於孔子卒沒。杜預研究《左傳》有非常強烈求實的態度，他說：

> 預今所以爲異，專修丘明之傳以釋經。經之條貫，必出於傳。傳之義例，總歸諸凡。推變例以正褒貶，簡二傳而去異端，蓋丘明之志也。其有疑錯，則備論而闕之，以俟後賢。〔註38〕

《左傳》傳《春秋》之義例，記載豐富的史事，故最能接近《春秋》，杜預擇採史文明確的依據，摒棄失據性的申論微言，爲《春秋》、《左傳》傳注一部善注。

在杜預完成《春秋左氏經傳集解》的同時，發生一件震撼當時的地下文物出土。晉武帝咸寧、太康年間，汲郡汲縣挖掘出大批文物，得東周戰國時代的古書十餘萬言，其中有魏國史書《紀年》十三卷，《紀年》的記載起自三代，終至戰國末期魏國事。〔註39〕官方特別愼重這批出土文獻，除了善加珍藏之外，還安排荀勖、和嶠、束晳等學者校對、考辨，另外用當時通行的隸文抄寫。杜預看過後，辨識《紀年》和《春秋》的體貌極爲相似，認爲這就是「古者國史策書」常用的體裁樣式。《紀年》的出土興起一股研究古史的熱潮，與正值興盛的《左傳》學匯流，杜預還因此在已完成的《春秋左氏經傳集解》後，特別補撰〈後序〉分析《紀年》。

地下文獻《紀年》的出土與《左傳》學匯流，是促使古史體裁再興最主要的驅動力，於是開始有人以編年體裁撰寫史籍，如張璠撰前朝史《後漢紀》、陸機撰當朝史《晉紀》等。〔註40〕晉政權東移後，官方重置史官修撰國史，王導看重干寶的史才，上疏命干寶領修國史。干寶率領一批史臣首先必須議定撰修國史的體裁。據《史通》記載，干寶曾在此時撰寫〈史議〉一篇，大

〔註38〕參閱《春秋左傳正義·春秋左氏傳序》，頁22～31。

〔註39〕汲冢出土《紀年》斷限有魏襄王二十年、魏哀王二十年，與魏安釐王二十年三種記載，由於出土《紀年》早已亡佚，難以區辨孰是。

〔註40〕雷家驥以爲陸機所作《晉紀》，當是《兩唐書》所錄《晉帝紀》爲是，陸機意在撰帝王之傳，從紀傳體例，名之爲紀，並非意識性地以編年體撰著。參閱雷家驥，《中古史學觀念史》，頁549～550。筆者此處正文採《隋書》、《兩唐書》列於古史編年之意。

力推崇《左傳》之長，[註41]最後似乎在干寶的力薦之下，採用編年體修纂
國史，撰成《晉紀》二十三卷。[註42]由於干寶挾國家修史領修人之勢，議
史體、定凡例，[註43]力倡編年體之長，並獲得中央政府的支持，爲編年體
披開復興大道，往後許多有志著史者陸續躡隨其蹤，眞正進入劉知幾所說的
編年、紀傳「二家，各相矜尙」的局面。

　　在東晉百年間，鍾情「史、漢包舉，務存恢博」特徵的撰史者，便以紀
傳體裁著作，而喜好史文簡約，「理盡一言，語無重出」者，則採編年體纂修，
略整理正史書志中東晉二體史籍著作如下（見表3-1）：

表3-1：東晉時期二體史籍著作表

	編　年　體　史　籍	紀　傳　體　史　籍
通　　史	孔衍《漢魏春秋》九卷（隋志） 習鑿齒《漢晉春秋》四十七卷（隋志）	
後漢史	袁宏《後漢紀》三十卷（隋志）	謝沈《後漢書》一百二十二卷（隋志） 張瑩《後漢南記》五十五卷（隋志） 袁山松《後漢書》一百卷（隋志）
三國史	環濟《吳紀》九卷[註44]（兩唐書志） 孫盛《魏氏春秋》二十卷（隋志）	
晉　　史	干寶《晉紀》二十三卷（隋志） 曹嘉之《晉紀》十卷（隋志） 孫盛《晉陽秋》三十二卷（隋志） 鄧粲《晉紀》十一卷（隋志） 劉謙之《晉紀》二十三卷（隋志） 王韶之《晉紀》十卷（隋志） 徐廣《晉紀》四十五卷（隋志）	王隱《晉書》九十三卷（隋志） 虞預《晉書》四十四卷（隋志） 朱鳳《晉書》十四卷（隋志） 謝沈《晉書》三十餘卷（晉書本傳）

〔註41〕　參閱〔唐〕劉知幾撰、〔清〕浦起龍釋，《史通通釋》，頁28、35、263。
〔註42〕　《晉紀》已亡佚，卷數各文獻記載不一，《隋書》作二十三卷，《晉書》干寶
　　　　　本傳作二十卷，《兩唐書》皆記作二十二卷。參閱《隋書·志第二十八經籍二》，
　　　　　頁958；《晉書·列傳第五十二·干寶》，頁2150；以及《舊唐書·志第二十
　　　　　六經籍上》，頁1991；與《新唐書·志第四十八藝文二》，頁1459。又《新唐
　　　　　書》正史類獨載干寶另有《晉書》二十二卷，當是史臣整理文獻目錄時混淆
　　　　　《晉紀》而誤。
〔註43〕　劉知幾謂干寶據《左傳》重定凡例後，鄧粲、孫盛等編年史家紛紛跟隨。參
　　　　　閱〔唐〕劉知幾撰、〔清〕浦起龍釋，《史通通釋·序例》，頁88。
〔註44〕　環濟《吳紀》，《隋書》列於正史類、九卷，《兩唐書》卻皆列在編年類、十卷，
　　　　　以書名推論，恐是唐初史臣誤編，《兩唐書》史臣更正之，而卷數筆者此處則
　　　　　採唐初史臣所見本。參閱《隋書·志第二十八經籍二》，頁955；《舊唐書·志
　　　　　第二十六經籍上》，頁1991；與《新唐書·志第四十八藝文二》，頁1459。

資料來源：筆者據《隋書・志第二十八經籍二》、《舊唐書・志第二十六經籍上》、《新唐書・志第二十八藝文二》，與《晉書・列傳第五十二謝沈》整理。

由上表東晉時期各家史籍撰著可以看出編年體在東晉復興的盛況，作品包含通代各朝，又以當朝晉史撰述尤盛，與紀傳體相互競榮，在數量上甚至有凌越紀傳體之勢。而促使編年體如此盛行的因素，其遠因背景是從新莽之際起逐漸發展的《左傳》學，到了魏晉間已形成熱門之學，又西晉初年巧遇地下出土上古編年史籍《紀年》，《紀年》與《左傳》編年古體記史的方式遂引起時人的研究與模仿。而真正開始大力推動這股熱潮的是干寶所率領的官方大纛，所推崇的是「述者之冠冕」的《左傳》，此後編年史家言必稱《左傳》，撰寫斷代編年者，在體式上則皆仿荀悅無意立下的新式典範——《漢紀》。

三、《後漢紀》與「新式編年體」

荀悅據《漢書》、仿《左傳》，加上個人意識的灌注，改造成一部斷代編年史——《漢紀》，這部編年史轉化了《漢書》紀傳體的諸多特徵，納入編年記載之中，超越《春秋》、《左傳》僅是記事的範疇，收納許多詔令、疏文、文論、言論等記言性的記載，還有傳記式的人物行蹟，也因為紀傳體的書志，記錄了典章制度。這種斷代新式的編年體，擴大了編年史記載的範圍，在斷代史撰述盛行的東晉，廣為編年史家競相仿效。

袁宏撰《後漢紀》時，即對荀悅極是稱許，整部《後漢紀》的體貌與荀悅的《漢紀》非常神似。《史通・古今正史》記載：

> 晉東陽太守袁宏抄撮《漢氏後書》，依荀悅體，著《後漢紀》三十篇。
> 〔註45〕

或者劉知幾僅執意於《後漢紀》與《漢紀》同是「斷代編年」一點上，其實在實質內容上，兩部編年漢史亦有相當高的編纂相似性，王鳴盛比較過《兩漢紀》後即說：

> 晉東陽太守袁宏《後漢紀》三十卷，其著述體例及論斷全仿荀悅《前漢紀》為之。〔註46〕

王鳴盛的論斷實是不差，從《後漢紀》編纂的內容可以看出，袁宏當時決意

〔註45〕參閱〔唐〕劉知幾撰、〔清〕浦起龍釋，《史通通釋・古今正史》，頁 343。
〔註46〕參閱〔清〕王鳴盛，《十七史商榷》（上海市：上海書店出版社，2005 年 12 月），頁 274。

新撰後漢史時，擇取模擬荀悅的新式編年體。

（一）仿《漢紀》

袁宏將《後漢紀》編爲三十卷，採三十卷成書乃是模仿荀悅的《漢紀》，而荀悅以三十卷本撰寫《漢紀》，則是源自兩漢時期一個普遍的「三十輻共一轂」觀念。《周禮・冬官・輈人》記載：

> 軫之方也，以象地也。蓋之圜也，以象天也。輪輻三十，以象日月
>
> 也。蓋弓二十有八，以象星也。〔註47〕

古人造物以象自然，車輪輻三十以象日月的運行，三十日爲一月週期，車輪輻以爲運行不息。《老子》中亦曰：

> 三十輻共一轂，當其无有，車之用。〔註48〕

《大戴禮記》指出車爲「古之路車」，路車則是君所乘坐車輛的專稱，〔註49〕漢人進而將「三十」象徵爲佐君運國之數，太史公司馬遷因此數作〈三十世家〉，《史記・太史公自序》中說明道：

> 二十八宿環北辰，三十輻共一轂，運行無窮，輔拂股肱之臣配焉，
>
> 忠信行道，以奉主上，作三十世家。〔註50〕

以世家三十之數股肱君王統天下，符應「三十輻共一轂」而歷史亙古不絕。荀悅所改雖是《漢書》，猶參照《史記》爲斟酌，甚至多處捨《漢書》、採《史記》的記載。〔註51〕志在扶漢的荀悅運用了「三十輻共一轂」的觀念，模仿司馬遷編纂〈三十世家〉的用意，寄意於漢帝統年爲三十卷，象徵漢祚亦運行無窮。

袁宏撰《後漢紀》志在宣揚「名教之本、帝王高義」，荀悅的扶漢意識，以及「三十輻共一轂」的崇君觀，自然與袁宏撰史的意圖順理成章契合，《後漢紀》遂仿《漢紀》成三十卷本。

〔註47〕 參閱《周禮注疏》（北京市：北京大學出版社，1999 年 12 月，十三經注疏本），頁 1094。

〔註48〕 參閱〔周〕老子撰、朱謙之校釋，《老子校釋》（北京市：中華書局，2006 年 2 月初版六刷），頁 43。

〔註49〕 參閱〔漢〕戴德傳、〔清〕王聘珍解詁，《大戴禮記解詁》卷三（臺北市：世界書局，1974 年 5 月三版，光緒十三年十二月廣雅書局刻本），頁 10a。

〔註50〕 參閱《史記・太史公自序》，頁 3319。筆者按：《新書》與《淮南子》亦有提述「三十輻」的內容，可知「三十輻共一轂」在漢代是一個普遍的概念。

〔註51〕 參閱鄔賢俊，〈漢紀（評介）〉，收入倉修良主編《中國史學名著評介：第一卷》（濟南市：山東教育出版社，1995 年 7 月初版二刷），頁 180～181。

四庫史臣提要評述《後漢紀》時說：

> 其體例雖仿荀悅書，而悅書因班固舊文翦裁聯絡，此書則抉擇去取
> 自出鑒裁，抑又難於悅矣。〔註52〕

意思是說荀悅撰寫《漢紀》只是重新組合編排《漢書》的內容，而袁宏著《後漢紀》則是採集眾多史料，鑒別取捨撰述成書，《後漢紀》撰寫的歷程要比《漢紀》困難得多。這樣的評論大致上是符合二史成書的過程與特色，可是卻也不盡然全是。

袁宏修撰《後漢紀》時雖然參閱了數百卷相關史料，可是這些史料仍有主從之分，其中袁宏最主要的據本仍是《東觀漢記》，再參照其他各家後漢史與相關文獻，因此在《後漢紀》中，袁宏亦模仿荀悅，若徵引《東觀漢記》書志則記之「本志」，轉載傳文則稱「本傳」，既以「本」稱之，應該是如同荀悅「據本」《漢書》，雖然猶廣徵各家史料以避當朝修史的隱諱不實，但是袁宏仍是以《東觀漢記》為撰史時最主要的憑據，對於《東觀漢記》的記載有疑慮或不足之處，便鑒別取材於他家諸史文獻，故《後漢紀》與《漢紀》一樣，實是「據本」紀傳體漢史撰寫而成的。

（二）仿紀傳體

袁宏既然據本紀傳體後漢史撰寫成《後漢紀》，自然不免受到紀傳體裁的影響，除了與荀悅一樣轉化紀傳體裁的特色，運用新的編纂方法，擴大《後漢紀》記載的內容。此外，《後漢紀》模仿紀傳體最為突出的是人物傳記的記載。

原本主在記事的古編年體，繫時之下記載著繁複的史事，紀傳體則將繁複的史事散事於傳，本紀編年僅記載簡單要事，就如劉知幾所分析：「有大事可書者，則見之於年月；其書事委曲，付之列傳。」〔註53〕史事詳細的內容經過紀傳史家精心的配置，分散在與史事相關的適當書志與傳記裡。荀悅改《漢書》為編年，雖然反過來羅傳入紀，可是並沒有特別突出刻畫人物，《漢紀》的人物是陪襯於重要史事中展現價值的。袁宏則以為歷史人物行蹟有其主體的重要意義，所以不但記載了大量的人物傳記，還模仿了紀傳體對人物記載的方法。

〔註52〕參閱〔清〕永瑢、紀昀等撰，《武英殿本四庫全書總目提要‧後漢紀三十卷》
（臺北市：臺灣商務印書館，1983 年 10 月），頁 2-53。

〔註53〕參閱〔唐〕劉知幾撰、〔清〕浦起龍釋，《史通通釋‧本紀》，頁 38。

　　《後漢紀》除卻帝后事蹟之外，史文前後提及的人物傳記合計共二百零
四人，只是經過作者袁宏對人物行蹟史義的鑒裁，每人所佔的篇幅不一，少
者僅有一句，多則千言。袁宏大量收錄人物傳以「觀其名迹，想見其人」，而
且模仿運用紀傳體列傳的編纂方法，「言行趣舍，各以類書」，除了個人專傳
以外，袁宏運用了合傳、類傳與附傳的編纂手法，凸顯出人物的行蹟特色。

　　合傳是將數位人品、性格或行事具有相似性的人物歸在同傳，《後漢紀》
則是將有這樣相類屬性的人物並列載述在編年的內容裡，《後漢紀》記載的合
傳如下表所列（見表 3-2）：

表 3-2：《後漢紀》合傳表

卷　　數	人　　物	合　傳　屬　類	頁　　數
第　一　卷	馮異、銚期、王霸、傅俊、馬成	更始元年即從光武略潁川功臣	7～8
	隗囂、公孫述、李憲、張步、劉芳、董憲、秦豐	新莽末割據勢力	10～12
	堅鐔、祭遵、臧宮	更始元年即爲光武大司馬掾吏功臣	12
	鄧禹、耿純、朱祐、賈復、陳俊、耿弇	從世祖開國功臣	13～16
第　二　卷	任光、李忠、邳彤	守地迎光武功臣	21
第　四　卷	劉嘉、來歙	降光武宗親	57
第　六　卷	鮑永、宣秉、王良	正直之士	109～110
第　九　卷	劉平、趙孝	孝悌義之士	171～172
第十七卷	馮良、周燮	隱逸處士	328
第十八卷	朱寵、許敬	正直三公	347～348
第二十一卷	杜喬、李固	不附梁氏遭禍二太尉	396
第二十三卷	郭泰、仇香、黃憲、陳寔	德行表率	449～455
第二十五卷	韓融、李楷〔註54〕	處士	489
第二十七卷	王允、黃琬	扶漢殉命三公	519～520

資料來源：筆者參閱《後漢紀》記載各人物傳記整理而成。頁碼引自張烈點校本《兩漢紀：
　　　　　（下冊）後漢紀》（北京市：中華書局，2002 年 6 月）。

〔註54〕李楷，范曄《後漢書》作「張楷」，有傳。參閱《後漢書・鄭范陳賈張列傳第
　　　　二十六》，頁 1242～1243。

袁宏所列合傳大致可分為兩部，前部皆在〈光武皇帝紀〉，所列人物皆與光武後漢中興相關，不是從龍群臣，便是敵對的各方角逐勢力。後部則意在彰顯人物可為稱道的正面行蹟，將相近及相似的人物行蹟並傳陳述，以增強宣揚的效果。

　　類傳其實與合傳類似，同一類傳裡的人物有性格或行事的共同性，只是類傳的這種共同性更為具體，也更為聚焦，因此史家便給予一個最能體現這些人物共同特徵的專稱，統稱類傳裡的人物，而不以人物的名稱作傳名。袁宏沒有像紀傳體一樣，標記類傳的傳名，而是將類傳的特徵隱於行文之中，《後漢紀》裡記載的類傳有（見表 3-3）：

表 3-3：《後漢紀》類傳表

卷　　數	人　　　　　物	類　傳　屬　類	頁　　數
第五卷	王丹、嚴光、周黨	逸民列傳	82～84
第十一卷	江革、毛義、薛苞	孝義列傳	207～209
第十九卷	任峻、蘇章、陳琦、第五訪	良二千石列傳	368
第二十二卷	徐穉、姜肱、袁閎、韋著、李曇	處士列傳	419～420
	李膺、朱寓、范滂、張儉、賈馥	黨錮列傳	428～432

資料來源：筆者參閱《後漢紀》記載各人物傳記整理而成。頁碼引自張烈點校本《兩漢紀：（下冊）後漢紀》。

《後漢紀》為表彰人物行狀收錄類傳，要比為反應歷史環境特徵來得強烈，這與紀傳體廣錄類傳的用意上，有很大的差異性。例如《史記》有〈刺客列傳〉、〈酷吏列傳〉，《漢書》有〈酷吏傳〉、〈佞幸傳〉，甚至後來同為記載後漢史的范曄《後漢書》則有〈酷吏列傳〉、〈宦者列傳〉，等等反應當時特殊時空背景的類傳，這類類傳所呈現的是負面范式，或者不符合義教宣導的標準，於是不被列傳著重在人物正面言行事蹟的袁宏所收錄為類。

　　有些歷史人物有被記載的價值，但是可能一生事蹟值得被記載的篇幅不多，或者作為是屬於從屬的角色，這時候不合適為這樣的人物立專傳，而將之附記在適當的他傳中即可。這種附傳最常見、也最典型的是家族傳，通常以家族中生平行蹟最為顯要一人為主傳，其他次要者附之。袁宏也仿效這類紀傳體傳記的記載，在《後漢紀》收錄了諸多附傳（見表 3-4）：

表3-4：《後漢紀》附傳表

卷　　數	人　　物	附　傳　屬　類	頁　　數
第五卷	王霸、逢萌	附逸民列傳	84
第七卷	陰識、陰興	外戚陰氏家傳	126～127
	樊重、樊宏	外戚樊氏家傳	128～129
第八卷	張純、張奮	司空張純家傳	154～155
第九卷	桓榮、桓郁	博士桓榮家傳	168
第十五卷	陳寵、陳忠	司空陳寵家傳	296～297
第二十一卷	吳祐	附李固傳	397
第二十三卷	宋仲、韓卓、仇香、茅容、魏昭、孟敏、黃憲、左原、黃允、賈淑	附郭泰傳	449～452
	陳寔、陳紀、陳淑	太丘長陳寔家傳	454～455

資料來源：筆者參閱《後漢紀》記載各人物傳記整理而成。頁碼引自張烈點校本《兩漢紀：（下冊）後漢紀》。

袁宏大部分也是用附傳來記載家族傳，可是袁宏所記載的附傳中，最特別的是〈郭泰傳〉下的附傳，一來記錄了附傳眾人的行蹟，同時又藉附傳眾人事蹟來凸顯郭泰睿智識人、善於拔士，後來范曄撰〈郭泰傳〉也用相同的手法將眾人附傳於〈郭泰傳〉下。往前追溯，從今日輯本三國謝承《後漢書‧郭泰傳》的殘闕史文，依稀可以拼湊看出謝承撰寫〈郭泰傳〉時已然用了這樣的撰寫方法，袁宏、范曄皆是仿前人書而來。〔註55〕

除了人物傳記，袁宏也和荀悅一樣記載了西域傳，袁宏巧置西域諸國列傳於卷十五〈孝殤皇帝紀〉的後半部，使第十五卷免於因為殤帝在位不足年，以致篇幅過於短少。袁宏在編年體《後漢紀》中列敘如此多的傳記，整部後漢史已非單純的繫事編年，除了是模仿荀悅《漢紀》的新式編年體編纂，袁宏如此突出人物傳記的記載，穿插大量篇幅在編年體裁裡，《後漢紀》已然又是一部大量吸納紀傳體素材的編年變體史著。

第二節　史法體例

> 史之有例，猶國之有法。……史無例，則是非莫準。〔註56〕

〔註55〕參閱《後漢書‧郭符許列傳第五十八》，頁2225～2232；以及周天游輯注，《八家後漢書輯注》（上海市：上海古籍出版社，1986年12月），頁135～138。
〔註56〕參閱〔唐〕劉知幾撰、〔清〕浦起龍釋，《史通通釋‧序例》，頁88。

這是中國傳統史學發展成獨立體系後，史家在史學方法上分析出的結論。在之前，史學雖然發展甚早，但是先後與經學、文學難分，《漢書‧藝文志》、《文選》和《文心雕龍》等學術分析與分類文獻，都可以看到史學與經學、文學相雜，史籍撰述長期深受經學與文學的影響。因此，在史學尚未獨立自成學門體系前，史學方法雖有發展，但是一直隨著時代與其他學術的影響變化，以致未臻成熟為一套完整體系。

史學方法未成熟，如果不是專業的史學家，纂修史籍只有模擬前人的撰述，對於史法體例的規則與用意便難以深刻體會。史籍編撰者對史法體例缺乏深刻認識，編纂時無法處處意識遵從史法體例的意義，遂不能貫徹一部史籍的章法。這樣的史籍，輕者內容混亂，嚴重者失義，所呈現出的是作者史學涵養不足的瑕疵史著。這在不問個人學識才能、流行私家修史的魏晉南北朝，較為容易產生這樣的史籍。

本節檢視袁宏編纂《後漢紀》的史法體例，從編年體體裁的規則、體例的問題，到行文編排方法，詳細探討《後漢紀》史籍編纂法則的問題。

一、體裁規則

袁宏閱讀諸家紀傳體後漢史後，覺得「煩穢雜亂」，沒有一部後漢史讓他感到滿意，所以決定自己編修一部後漢史，並且推崇《左傳》、模仿《漢紀》，捨紀傳、從編年，撰述編年體《後漢紀》。

編年史自孔子修《春秋》就已經立下編年體裁的范式，杜預撰寫《春秋左氏經傳集解》時，將這個編年體裁的基本規則在〈序〉中清楚地說明出來：

> 記事者，以事繫日，以日繫月，以月繫時，以時繫年，所以紀遠近、別同異也。〔註57〕

編年史籍自古的發展是因君統而生，政統下為時間具體化的最大單位——年，年分四時，每季各含三月，月下繫干支日，再將欲記載的史事繫於這樣有層次的時間之下，這就是編年體裁史法的基本法則。這種史籍體裁記載歷

〔註57〕參閱《春秋左傳正義‧春秋左氏傳序》，頁 3。杜預認為在孔子之前的編年古史，就已經具有這樣的史法規則，筆者查閱《今本竹書紀年》，雖然有符合此編年體法則的記載，可是並沒有嚴謹貫徹，僅是零星可見，此編年法則恐當是訂定自《春秋》經。參閱王國維，《今本竹書紀年疏證》，收入方詩銘、王修齡，《古本竹書紀年輯證（修訂本）》（上海市：上海古籍出版社，2005 年10 月），頁 220～289。

史，所呈現出來的是：

> 繫日月而爲次，列時歲以相續，中國外夷，同年共世，莫不備載其
> 事，形於目前。理盡一言，語無重出。〔註58〕

以時間爲軸心，寰宇間同時發生的大事，繫在同一時間單位下，一目了然。
因此，清楚的繫時方法，是編年史體最重要的法則。

選擇模仿編年體撰史，《後漢紀》理應遵從編年體明確記載時間的原則，
而且是一套貫徹全書的繫時規範。可是檢視《後漢紀》全文，發現《後漢紀》
在繫時規則上有諸多疏誤。

（一）年號不分記

一部編年史繫年的背後意喻著政治君統正當性，因此，繫年之前，必先
定君統正朔，如孔子所修《春秋》，君統是魯國國君，而奉周天子曆法爲正朔，
所以開卷便記：

> 元年，春，王正月。〔註59〕

元年是魯隱公元年，以示政統；王正月，表示奉周王所用曆法爲正朔。到了
漢代，已經強化中央政權，政統與正朔合一，政統爲漢天子，正朔是漢天子
在位時的紀年曆法。又漢代開始使用年號，《後漢紀》自然用漢天子年號繫年，
以表示後漢政統與正朔。

《後漢紀》的繫年法則與《漢書》帝紀，以及《漢紀》繫年同出一轍，
漢帝所用年號，僅在年號元年記出，以下則只記二年、三年、……不再贅記
年號。因此，當漢帝更換年號那年，即使是在年中任何時日更換年號，也只
繫新的年號。例如漢章帝建初九年（公元 84 年）八月癸酉，詔更年號爲元
和元年，此年繫年便不記建初九年，而是自歲始便記以「元和元年春正月」。
〔註60〕這個原則，《後漢紀》中有幾處疏誤。

漢靈帝建寧五年（公元 172 年）五月己巳，改元爲熹平，〔註61〕理當歲
始就該以熹平元年記，可是《後漢紀》此年歲始卻繫「五年春正月，車駕上
原陵」，而在三月又記載：

〔註58〕 參閱〔唐〕劉知幾撰、〔清〕浦起龍釋，《史通通釋・二體》，頁 27。

〔註59〕 參閱《春秋公羊傳注疏》（北京市：北京大學出版社，1999 年 12 月，十三經
注疏本），頁 5。

〔註60〕 參閱《後漢書・肅宗孝章帝紀第三》，頁 145～147；以及〔晉〕袁宏撰、張烈
點校，《兩漢紀：（下冊）後漢紀》，頁 232。

〔註61〕 參閱《後漢書・孝靈帝紀第八》，頁 333。

（僖）〔熹〕平元年春三月壬戌，太傅胡廣薨，贈安鄉侯印綬，諡
日文侯。〔註62〕

同一年用了新舊兩個年號，尤其又重出春季歲時，若未經查考，就很容易誤
以爲是分別記載兩年史事。〔註63〕

另外，《後漢紀》年號僅記出於元年，即使同一年號跨卷也不再記出，可
是袁宏卻在卷二十四、卷二十五連續破例，分別在二卷卷首繫年記出：

（嘉）〔熹〕平四年春三月，五經文字刻石立于太學之前。〔註64〕

與

中（和）〔平〕二年春二月丁卯，故太尉劉寬薨，贈車騎將軍，諡
日（郡）〔昭〕烈侯。〔註65〕

雖然不至於對讀史認知產生不良影響，可是史例貴在終始貫徹，不經意的破
例終究可惜。

（二）繫時不重出

編年逐時記事，史事的擇取端視作者史識的裁量，有時作者會認爲無一
事值得記載，這時候繫時與否就成爲史例問題。孔子作《春秋》已訂出十分
嚴謹的繫時凡例，除了「以月繫時，以時繫年」，每年之下必出四時，如果某
季孔子認爲無事可記，也會以該季節孟月繫出。例如魯隱公六年（公元前717
年）、九年（公元前714年）的秋季，與魯桓公元年（公元前711年）的冬季，
僅記載「秋，七月」與「冬，十月」，以下並無繫事。〔註66〕

不過四時盡出的法則並沒有被後來史籍繼續沿用，或許是因爲在一季中無
記事頗爲頻繁，這樣繫時顯得累贅，後來史籍便略過往下記載。可是如果整年
都無事可記，「年」則是不得省略。繫年不斷，是編年重要的法則，無事可記，
作者會在繫年之下註明「無事」。這在《史記》帝紀已有史例，司馬遷在〈秦始
皇本紀〉秦始皇三十年（公元前217年）時只記載「三十年，無事」，又〈呂太

〔註62〕 參閱〔晉〕袁宏撰、張烈點校，《兩漢紀：（下冊）後漢紀》，頁456。
〔註63〕 筆者按：《後漢紀》此年歲初用「建寧」年號記載「五年春正月，車駕上原陵」，
　　　　可能是袁宏參引謝承《後漢書》，甚至源自《東觀漢記》的書志，襲文而疏忽。
　　　　南朝梁劉昭注引謝承《後漢書》即記載「建寧五年正月，車駕上原陵」。參閱
　　　　《後漢書》，頁3103。
〔註64〕 參閱〔晉〕袁宏撰、張烈點校，《兩漢紀：（下冊）後漢紀》，頁463。
〔註65〕 參閱〔晉〕袁宏撰、張烈點校，《兩漢紀：（下冊）後漢紀》，頁483。
〔註66〕 參閱《春秋左傳正義》，頁101、116、132。

后本紀〉呂后稱制三年（公元前 185 年）亦同。〔註67〕《後漢紀》漢順帝永建六年（公元 131 年）也無記事，僅記載了「六年，無事」四個字，〔註68〕這都是遵守編年不可中斷繫年法則的緣故。

　　年以下載事，有事則記、無事則闕，因此原本《春秋》四時必載就演變成四時標記於記事首月，一季三月無事則闕之不記，而且季、月、日不重出標記。不過，《後漢紀》在繫時、日時，也發生了許多或闕誤、或衍誤，其中又以闕繫四時季節最多，例如卷一記載：

　　　　更始元年正月，斬阜、賜，死者萬餘人。〔註69〕

即闕繫「春」，應該記「更始元年春正月」爲是。又例如卷六建武十一年（公元 35 年）六月記載：

　　　　六月，來歙、蓋延入武都，攻述將王元，破之。〔註70〕

《後漢紀》建武十一年沒有記載四、五月事，繫閏月後即記載六月事，〔註71〕也就是此年夏季記事首月，所以應該繫「夏六月」方是。《後漢紀》這樣的闕誤甚多，其中不知何故，又以第二十一卷最爲嚴重，筆者略將整部《後漢紀》這樣的闕誤增補列表如下（見表 3-5）：

表 3-5：《後漢紀》闕繫四時表

卷　　數	增　補　四　時　史　文	頁　　數
第一卷	更始元年〔春〕正月	6
第六卷	（建武十一年）〔夏〕六月	109
第七卷	（建武十四年）〔秋〕九月	121
	（建武十五年）〔夏〕四月戊申	123
	（建武十九年）（十）〔夏六〕月戊申〔註72〕	131
	（建武二十年）〔冬〕十月	134
第九卷	永平元年〔夏〕四月癸卯	163
	（永平四年）〔冬〕十月乙卯	176
第十一卷	（建初六年）〔夏〕六月丙辰	218

〔註67〕參閱《史記》，頁 251、402。
〔註68〕參閱〔晉〕袁宏撰、張烈點校，《兩漢紀：（下冊）後漢紀》，頁 349。
〔註69〕參閱〔晉〕袁宏撰、張烈點校，《兩漢紀：（下冊）後漢紀》，頁 6。
〔註70〕參閱〔晉〕袁宏撰、張烈點校，《兩漢紀：（下冊）後漢紀》，頁 109。
〔註71〕筆者按：建武十一年閏三月。
〔註72〕《後漢紀》此處誤記「夏六月戊申」爲「十月戊申」。

卷　　數	增　補　四　時　史　文	頁　　數
第十二卷	（元和二年）〔夏〕五月丙戌	234
	（元和）三年（三）〔夏四〕月丙寅〔註73〕	235
第十三卷	（永元六年）〔夏〕六月初伏日	264
	（永元八年）〔秋〕八月辛酉	266
第十四卷	（永元）十六年〔春〕二月	286
	（元興元年）〔冬〕十二月辛未	288
第十六卷	（永初元年）〔冬〕十月	310
	（元初元年）〔秋〕九月辛未	316
	（元初六年）〔秋〕七月	319
	（永寧元年）〔冬〕十一月	320
第十七卷	（建光元年）〔夏〕五月庚申	326
第十八卷	（永建三年）〔冬〕十二月（乙）〔己〕亥	346
	（永建四年）〔夏〕五月	346
	（陽嘉二年）〔秋〕八月己巳	357
	（陽嘉四年）〔秋〕閏月丁亥〔朔〕	359
	（陽嘉四年）〔冬〕十二月甲寅〔晦〕	359
	（永和三年）〔冬〕十二月戊申	361
第十九卷	（永和五年）〔冬〕十一月〔註74〕	372
第二十卷	（本初元年）〔冬〕十月	391
第二十一卷	（建和元年）〔冬〕十月	397
	（建和）二年〔春〕正月甲子	398
	（建和二年）〔夏〕四月丙子	398
	（建和二年）〔秋〕七月	398
	（建和二年）〔冬〕十月	398
	（建和）三年〔春〕二月己丑	398
	（建和三年）〔夏〕四月丁卯晦	398
	（建和三年）〔冬〕十月	398
	和平元年〔春〕正月甲子	398
	元嘉元年〔春〕正月癸酉	399

〔註73〕《後漢紀》此處「三月丙寅」誤，元和三年三月無丙寅日，當是「夏四月丙寅」。參閱《後漢書・肅宗孝章帝紀第三》，頁156。

〔註74〕《後漢紀》永和五年冬十一月史事編次錯誤，原編次於頁370，筆者逕改史文應置位置之頁數。

卷　數	增　補　四　時　史　文	頁　數
	（元嘉元年）〔夏〕四月己丑	399
	（和平元年）〔冬〕十月	399
	（和平）二年〔春〕正月丙辰	401
	（和平二年）〔夏〕四月甲寅	401
	（和平二年）〔秋〕八月	401
	（和平二年）〔冬〕十月乙亥	401
	永興元年〔夏〕五月丙申	401
	（永興元年）〔冬〕十一月丁丑	401
	（永興）二年〔春〕正月甲午	402
	（永興二年）〔夏〕六月乙丑	403
	（永興二年）〔秋〕九月丁卯朔	403
	（元）〔永〕壽元年〔春〕正月戊申	403
	（永壽元年）〔夏〕六月	404
	（永壽二年）〔秋〕七月	404
	（永壽二年）〔冬〕十月	404
	（永壽三年）〔夏〕六月	404
	（延熹）二年〔春〕三月甲午	408
	（延熹二年）〔夏〕六月	408
	（延熹二年）〔秋〕七月	408
	（延熹二年）〔冬〕十月	411
	（延熹）三年〔春〕正月丙（甲）〔申〕	412
	（延熹三年）〔夏〕五月甲戌	412
	（延熹三年）〔秋〕九月	412
	（延熹三年）〔冬〕十二月	412
第二十二卷	（延熹五年）〔冬〕十一月	421
	（延熹六年）〔冬〕十月	422
	（延熹八年）〔秋〕九月	426
	（延熹九年）〔秋〕九月	430
第二十三卷	（建寧元年）〔秋〕八月	442
	（建寧元年）〔冬〕十月甲辰晦	445～446
	（建寧二年）〔秋〕九月	447
	（熹平元年）〔秋〕七月甲寅	459

卷　　數	增　補　四　時　史　文		頁　　數
第二十四卷	（熹平六年）	〔秋〕八月	465
第二十五卷	（中平五年）	〔冬〕十月甲子	491
第二十六卷	（初平二年）	〔冬〕十二月	513
第二十七卷	（初平四年）	〔秋〕七月甲午	524
第二十九卷	（建安三年）	〔夏〕五月	556
	（建安四年）	〔夏〕六月	558
	（建安五年）	〔冬〕十一月甲子	562
	（建安六年）	〔夏〕四月	563
	（建安六年）	〔秋〕八月辛卯	563
	（建安七年）	〔秋〕九月	563
	（建安九年）	〔冬〕十月	565
	（建安十年）	〔秋〕八月	565
	（建安）十一年	〔春〕正月	567
第三十卷	（建安十四年）	〔秋〕七月	580

資料來源：筆者整理《後漢紀》史文而成。頁碼引自張烈點校本《兩漢紀：（下冊）後漢紀》。

　　上表所列是應該繫出四時而闕誤者，相反，《後漢紀》還有重出季節的衍誤，例如永平十四年（公元 71 年）記載夏四月事，而下文又繫出「夏五月」，重出夏時。〔註75〕又如元初二年（公元 115 年）既繫「冬十月」、又繫「冬十一月」，重出冬時等等。〔註76〕編年體繫時不僅四時不應重出，年、月、日亦是如此，若有需要則以是歲、是春、是夏、是秋、是冬、是月、是日記之，這在《後漢紀》中因為記事編排的需要，時常得見，可是依舊不免有疏忽之處，例如建安四年（公元 199 年）重出三月，建康元年（公元 144 年）九月重出丙午日等。〔註77〕

　　編年體繫時還有一個常例，當史事所繫日恰好是朔、晦日，則會在干支日後標記朔、晦，以表月之終始。《後漢紀》朔、晦日亦時記、時未記，例如陽嘉四年（公元 135 年）閏月丁亥日是朔日，十二月甲寅日是晦日，〔註78〕

〔註75〕參閱〔晉〕袁宏撰、張烈點校，《兩漢紀：（下冊）後漢紀》，頁 188～190。
〔註76〕參閱〔晉〕袁宏撰、張烈點校，《兩漢紀：（下冊）後漢紀》，頁 317～318。
〔註77〕參閱〔晉〕袁宏撰、張烈點校，《兩漢紀：（下冊）後漢紀》，頁 558、378。
〔註78〕參閱〔晉〕袁宏撰、張烈點校，《兩漢紀：（下冊）後漢紀》，頁 359。

《後漢紀》皆未記出，沒有貫徹整部《後漢紀》編年繫時法則。

二、體例問題

《後漢紀》這部「新式編年體」史書有一些體例上的變革，體例的改造或新元素的加入，都對這部編年斷代史產生了一些影響。

（一）傳記與載言

前述《後漢紀》收錄了大量的人物傳記，而且還仿用紀傳體的合傳、類傳、附傳等方法，將後漢歷史人物「言行趣舍，各以類書」，以期能「觀其名迹，想見其人」。可是《後漢紀》大篇幅的人物傳記，也附帶產生一些史籍體例問題。〈光武皇帝紀〉中，以合傳方式列敘許多從龍功臣，其中卷一末合鄧禹、耿純、朱祐、賈復、陳俊、耿弇等諸位開國功臣為傳，可是在陳俊、耿弇傳間，又有記載王昌傳，王昌是在莽亡動亂之際，詐稱漢成帝子而稱帝者，與鄧禹等人並不同屬類，將王昌與鄧禹等後漢復興功臣並傳，實是亂了合傳體例。〔註79〕

除此之外，人物「各以類書」的運用，也破壞了一部編年史的編年時序。編年史原本是順著時間記載史事，袁宏在編年記事中間安插大篇幅的合傳或類傳，跳脫編年繫時，記載眾人物的生平事蹟，而人物之間又往往時空交錯，如此則打斷了原本編年敘事的時間脈絡，這個體例問題在附傳中的家傳最為明顯。例如卷八記載光武帝中元元年（公元56年）「三月丙辰，司空張純薨」，以下轉載張純家族事蹟，上述至漢成帝時候事，記敘完張純事蹟，又往下敘述其子張奮事，預敘至漢和帝永元六年（公元94年）張奮任職司空。〔註80〕原本編年繫事至光武帝中元元年，卻因為記載家傳，打破了編年體的時間序。

又如卷二十三合傳郭泰、仇香、黃憲、陳寔等德行能為表率的人物時，順便記載陳寔家傳，包括了陳寔、陳紀、陳淑〔註81〕、陳群等祖孫三代，原本編年至漢靈帝建寧二年（公元169年）處，卻錄載了往後陳群與魏文帝曹丕的對話，不但時間上相距數十年，也逾越了《後漢紀》的編次斷限。〔註82〕

〔註79〕 參閱〔晉〕袁宏撰、張烈點校，《兩漢紀：（下冊）後漢紀》，頁13～16。
〔註80〕 參閱〔晉〕袁宏撰、張烈點校，《兩漢紀：（下冊）後漢紀》，頁154～155、264。
〔註81〕 筆者按：陳壽《三國志》、范曄《後漢書》與裴松之注陳淑皆作陳諶。參閱《三國志·桓二陳徐衛盧傳第二十二》（北京市：中華書局，1995年6月初版十三刷），頁633～634；與《後漢書·荀韓鍾陳列傳第五十二》，頁2065～2069。
〔註82〕 參閱〔晉〕袁宏撰、張烈點校，《兩漢紀：（下冊）後漢紀》，頁454～455。

記載大量人物傳記之餘，《後漢紀》還收錄了許多人物的言論與文論。若依照劉知幾〈載言〉的觀點審視，《後漢紀》中諸多長篇的言論或文論，並不似《左傳》「言事相兼，煩省合理」，反而比較接近《漢書》「隔以大篇」的特徵。例如卷五收錄班彪〈王命論〉一千餘字，卷二十九收錄荀悅《申鑒》節文約一千字，都是個人撰著的長篇文論。又如卷十八中連載李固、馬融、張衡三人策論，合計亦約二千字等等，〔註83〕這些言論或文論隔佔不小的篇幅，將編年記事的史文隔越開來，這對一部編年史載事所產生的影響，與置入大篇幅的人物類傳相似。

（二）稱謂與職稱

稱謂在中國文化裡自古即具有深義，人與人之間的尊卑親疏關係，都可以用細膩化的稱謂明白表現。而當史學開始發展就帶有褒貶功能，史家便運用「人為加工」手法，將褒揚與貶抑之意隱入細膩化的稱謂中。浦起龍說：「諱名、書名，尊卑分定，作文作史，寬嚴法殊」，〔註84〕撰史隻字從嚴，尤其稱謂在史籍中不但具有歷史客觀事實上的意涵，從中國傳統史學的角度還帶有史家主觀評判的史意，因此，對人物稱謂的落筆應該要字字斟酌。

《後漢紀》稱謂的問題可分成代稱與名稱討論，代稱是以尊稱、謚號、廟號、爵位等代替人物姓名的稱謂。《後漢紀》從光武帝劉秀起兵反莽記載起，自更始元年（公元 23 年）開始編年，承認至建武元年（公元 25 年）六月稱帝間，更始皇帝曆數的正統性。光武帝劉秀在這二年有餘是處於四處征戰的崛起期，在這段期間，《後漢紀》對劉秀稱謂多半以廟號「世祖」行文。可是卷一記載賈復素有大志，劉嘉建議賈復前往河北追隨當時任更始帝大司馬的劉秀，下文卻記載「去見上，上復奇之」。以「上」稱君，在史籍中是專稱入統大位稱帝者，此時劉秀尚未稱帝，而且尚為人臣，以「上」記載劉秀有失史法。在劉秀尚未稱帝便以「上」為稱謂稱之，在此例前還有劉秀見祭遵、鄧禹時，卷三劉秀受封蕭王後時亦有。〔註85〕

《後漢紀》原本以「世祖」為稱謂行文，到卷二更始二年（公元 24 年）起

〔註83〕 參閱〔晉〕袁宏撰、張烈點校，《兩漢紀：（下冊）後漢紀》，頁 87～89、565～566、354～357。

〔註84〕 參閱〔唐〕劉知幾撰、〔清〕浦起龍釋，《史通通釋》，頁 110，浦氏釋文。

〔註85〕 參閱〔晉〕袁宏撰、張烈點校，《兩漢紀：（下冊）後漢紀》，頁 15、12、14、36、37。

始，卻轉而以「公」爲稱謂，以下行文或稱世祖、或稱公。由此可以推斷，袁宏在劉秀稱帝前，對劉秀的稱謂並沒有清楚意識遵循一個固定的史法凡例，除了以廟號通行外，或隨己意稱「上」，或隨劉秀之職稱「公」，稱謂失法。

《後漢紀》卷十明帝永平十三年（公元 70 年）下記載：

> 初，郭后生東海恭王彊、沛獻王輔、濟南王安康〔註86〕、阜陵質王延、中山簡王焉；陰后生明帝、東平獻王蒼、臨淮王衡、廣陵思王荊、琅邪孝王京；許姬生楚王英，號楚太后，世祖無寵。〔註87〕

這是袁宏在記載永平十三年十二月楚王劉英謀反時，順便列載光武十王。然而永平十三年此時，光武十王中多有尚存活者，例如沛王劉輔、濟南王劉康、阜陵王劉延、中山王劉焉、東平王劉蒼、琅邪王劉京等皆是，〔註88〕袁宏卻以爵諡號列稱諸王，不僅頗爲突兀，而且不察者容易誤以爲永平十三年年終時，諸王皆已不存。這其中緣故恐怕是袁宏徵引他本紀傳體史文時，未經致意依樣置入編年史文會有這般唐突謬誤。

至於人物名稱，史籍記載本有法則，當人物首次被列載時，應該姓、名俱全，下文再提及時，方可省略姓氏。《後漢紀》卷十四記載擢樊調爲羽林佐監，這是《後漢紀》唯一記載樊調之處，卻未記其姓氏，袁宏是在梁憑事下，順便記載「擢奬憑夫調爲羽林佐監」，卻忽略了未將樊調名稱完整記出，會造成文意含糊不清。〔註89〕相同的例子，在卷二十八獻帝興平二年（公元 195 年）八月記載：

> 丙子，〔註90〕郭氾等令車駕幸郿。侍中（科）〔种〕輯、城門校尉

〔註86〕筆者按：「濟南王安康」，《後漢書》作「濟南安王康」，《北堂書鈔》引《東觀漢記》亦記作「安王康」，意是濟南王劉康，安爲諡號，《後漢書》當是。參閱《後漢書・光武十王列傳第三十二》，頁 1423、1431；以及〔隋〕虞世南撰、〔清〕孔廣陶校註，《北堂書鈔（上）》（影印南海孔氏三十有三萬卷堂本），收入《續修四庫全書》1212 冊（上海市：上海古籍出版社，2002 年 3 月），頁 339-2。

〔註87〕參閱〔晉〕袁宏撰、張烈點校，《兩漢紀：（下冊）後漢紀》，頁 186。

〔註88〕參閱《後漢書・光武十王列傳第三十二》，頁 1423～1452。

〔註89〕梁憑是梁竦長女、章帝梁皇后姊，惟司馬彪、范曄皆記作「梁嫕」，《通鑑》史臣所見《後漢紀》與黃姬水刻本皆記作「梁憑」，南監本以下作「梁嫕」當是據《後漢書》改。參閱〔晉〕袁宏撰、張烈點校，《兩漢紀：（下冊）後漢紀》，頁 276～277；《後漢書・梁統列傳第二十四》，頁 1172；與〔宋〕李昉等撰，《太平御覽》，頁 795-2。以及〔宋〕司馬光等編著、〔元〕胡三省音注，《資治通鑑》（北京市：中華書局，1995 年 7 月初版九刷），頁 1546，胡注引《考異》文。

〔註90〕筆者按：興平二年八月無丙子日。

　　眾在汜營，密告後將軍楊定、安集將軍董承、興義將軍楊奉令會新

　豐，定等欲將乘輿還洛陽。郭汜自知謀洩，乃棄軍入南山。〔註91〕

此處「城門校尉眾」不似前述樊調有其他文獻得以比對求得姓氏，惟《資治
通鑑》亦記載這段史事，可是事件中告密者只有侍中种輯。筆者據《通鑑》
史臣不察興平二年八月無丙子日推測，《通鑑》當是據本《後漢紀》記載這
段史事，因為「城門校尉眾」不詳，故《通鑑》史臣將之省除。〔註92〕因此，
《後漢紀》雖然比其他文獻詳盡地記載「城門校尉」參與此事，卻因為記載
名稱不全，又查無佐證，而不知其為何人。

　　古人多有字、號、別號等別稱，除了傳統古史有避諱因素，否則史籍記
載人名也應該避免以字、號行文，而以通行本名記載為正，記載同一人名稱
也應該始終一貫，才不致於混淆。莽末豪傑並起，盧芳詐稱漢武帝後裔，偽
更姓劉，若視之為偽政權勢力，如范曄《後漢書》則復其姓，一貫以盧芳記
其名。可是在袁宏的《後漢紀》裡有時記以劉芳，有時記以盧芳，從卷一到
卷七劉芳、盧芳錯出，不察者會誤以為是分別二人。〔註93〕

　　劉知幾在《史通‧邑里》中說道：「國有弛張，鄉有併省，隨時而載，用
明審實。」國家的行政區劃不時變動，記載人物地域出身應該隨行政地理的
變遷，原委詳明記載。這種記載人物邑里的法則，一樣適用在記載人物職稱
上。職官會隨著行政區劃或官制的變遷而改變，記載人物的職稱也應該據時
空實情記載，否則容易混淆失真。

　　王莽全面性復古更化，不但更改行政地域名稱，也更改職官名稱。漢中
興後，又恢復為漢制，因此，新莽時期的地方職官與前後兩漢大異。《後漢紀》
卷初莽末紛擾時期，甚至後漢初年，許多人物曾歷莽朝官職，依理應當據新
莽官制實載，例如卷二邳彤傳記載：

　　　邳彤字偉君，信都人，王莽時分鉅鹿為和成郡，以彤為郡卒正。

　　　〔註94〕

王莽時將原來漢郡行政首長的太守改為卒正、連率、大尹等稱，〔註95〕如此
記載便符合官制職稱的實際變革。可是袁宏往往習慣擅以漢制職稱替代，例

〔註91〕參閱〔晉〕袁宏撰、張烈點校，《兩漢紀：(下冊) 後漢紀》，頁 540～541。
〔註92〕參閱〔宋〕司馬光等編著、〔元〕胡三省音注，《資治通鑑》，頁 1965。
〔註93〕參閱〔晉〕袁宏撰、張烈點校，《兩漢紀：(下冊) 後漢紀》，頁 10～125。
〔註94〕參閱〔晉〕袁宏撰、張烈點校，《兩漢紀：(下冊) 後漢紀》，頁 21。
〔註95〕參閱《漢書‧王莽傳第六十九中》，頁 4136。

如在邳彤之前記載李忠任王莽官職：

　　　李忠字仲卿，東萊人，以好禮稱。王莽時爲信都都尉。〔註96〕

范曄《後漢書》李忠本傳記載：「王莽時爲新博屬長」，其下李賢有注：「王莽改信都國曰新博，都尉曰屬長也。」〔註97〕也就是新博屬長與信都都尉其實是同一職務，范曄是依照歷史官制實際的變革記載，袁宏則是逕自轉換成漢制職稱。

　　在卷五有另一則與李忠相同的例子，王莽命任侯霸爲淮平大尹，袁宏又逕將莽制的淮平大尹改爲漢制的臨淮太守。〔註98〕還有前一章曾提述王莽分別任原涉爲鎮戎大尹、馬援爲新成大尹，袁宏用漢官職稱誤載，又是一例。〔註99〕

三、編纂方法

　　《左傳》豐富的史文，已經大大脫離早先簡單的記注形式，並且又進一步擴充編纂方法。編年體繫事於時的特徵，使得許多歷時較長的史事，在記載時被破碎切割，《左傳》中已見追敘法彌補這個體裁記事的缺憾。《春秋》卷初記載魯隱公元年（公元前722年）夏五月，鄭伯兄弟鬩牆征戰事，《左傳》爲了說明事情的原委，從「初，鄭武公娶於申，曰武姜……」追敘起。〔註100〕當史事的精要處在事件的結果，卻又必須將原因始末描述清楚，才能顯現歷史事件的完整意義時，將事件繫在結果發生的時間之下，再用「初……」追敘始末，這是《左傳》作者爲編年記事侷限所開創的編纂法，不但史事避免被切割成個個不重要的片段，也方便讀者瞭解整件史事的全貌。

　　此外，在晉公子重耳即將登上國際政治舞台前，《左傳》在魯僖公二十三年（公元前637年）最後，追敘重耳自公元前六五五年開始流亡於各國的歷程，爲公元前六三六年以後的秦、晉、楚關係佈下前局，〔註101〕這是《左傳》使用追敘法的另外一種技巧。

　　之後荀悅奉命模仿《左傳》體裁改造《漢書》，最主要的用意是爲了讓世

〔註96〕參閱〔晉〕袁宏撰、張烈點校，《兩漢紀：（下冊）後漢紀》，頁21。
〔註97〕參閱《後漢書·任李萬邳劉耿列傳第十一》，頁754～755。
〔註98〕參閱〔晉〕袁宏撰、張烈點校，《兩漢紀：（下冊）後漢紀》，頁81；《後漢書·伏侯宋蔡馮趙牟韋列傳第十六》，頁901；與《漢書·地理志第八上》，頁1589。
〔註99〕參閱〔晉〕袁宏撰、張烈點校，《兩漢紀：（下冊）後漢紀》，頁68。
〔註100〕參閱《春秋左傳正義》，頁43、50～54。
〔註101〕參閱《春秋左傳正義》，頁409～470。

人讀者「易習」，這是因為相信讀史可以致用，史籍方便閱讀、為人所用，方能「以監厥後」。因此，荀悅必須凸顯史籍「易習」的便利性，《漢紀》除了繼續仿效《左傳》追敘編纂法的技巧，另外又創獲「通比其事，列繫年月」的編纂方法。〔註102〕當史事或人物有相關、或類同的其他人、事時，荀悅將這些相關或類同的人、事並敘以為類比。例如在《漢紀》卷十二漢武帝元朔六年（公元前123年）記載張騫封博望侯，以下先敘述張騫通西域的經歷，之後再類敘西域諸國景況。〔註103〕荀悅這種類比敘述法也是突破編年記事侷限的一種編纂技巧。

兩晉時期編年體之所以復興，除了前節論述之外，還有一項重要因素是對史鑒的熱中。荀悅在《漢紀》明白說道：

> 凡《漢紀》有法式焉，有監戒焉；……可以興，可以治；……懲惡而勸善，獎成而懼敗。〔註104〕

又說：

> 夫立典有五志焉：一曰達道義，二曰彰法式，三曰通古今，四曰著功勳，五曰表賢能。於是天人之際、事物之宜，粲然顯著，罔不（能）備矣。世濟其軌，不殞其業，損益盈虛，與時消息，雖臧否不同，其揆一也。〔註105〕

開宗明義著史是為時政與後人提供法式、鑒戒，如此將撰史的目的詳細說明，以及闡明史鑒功能者，荀悅是史家的第一人。〔註106〕因此，當兩晉興起史鑒風氣時，具有體裁易習與強烈史鑒意識特徵的《漢紀》，自然成為首要的模仿對象。

袁宏就是看中《漢紀》的這個特徵，因此其《後漢紀》的形貌與《漢紀》極為神似，編纂手法幾仿荀悅，亦有追敘、有類敘，然而除了模仿之外，袁宏猶別有其識見。《後漢紀》特重人物「言行趣舍」，其巧思變化也就用心在此。《後漢紀》為了配合編年體時序性的架構，人物傳絕大部分是採用追敘法，通常在人物最後一次記載時，再追敘其傳，等於是為歷史人物作一總結性的

〔註102〕參閱〔漢〕荀悅撰、張烈點校，《兩漢紀：（上冊）漢紀‧漢紀序》，頁1。張烈校改史文「通比其事，（例）〔列〕繫年月」，筆者逕引校改後史文。

〔註103〕參閱〔漢〕荀悅撰、張烈點校，《兩漢紀：（上冊）漢紀》，頁201～204。

〔註104〕參閱〔漢〕荀悅撰、張烈點校，《兩漢紀：（上冊）漢紀‧漢紀序》，頁2。

〔註105〕參閱〔漢〕荀悅撰、張烈點校，《兩漢紀：（上冊）漢紀》，頁1。

〔註106〕參閱薛明揚，〈漢紀（題要）〉，收入姜義華主編《中國學術名著題要：歷史卷》（上海市：復旦大學出版社，1995年6月初版二刷），頁122。

記錄。當類傳與這種主要慣例衝突時，袁宏便作了調整。例如《後漢紀》第十九卷為良二千石立傳，提及先有任峻、蘇章，後有陳琦、吳祐、第五訪等五位，卻獨缺載吳祐事蹟，這是因為《後漢紀》在之後卷二十一又有記載吳祐挺身爭救故太尉李固事，袁宏選擇將吳祐事蹟附傳於李固，十九卷的良二千石列傳於是先題而不載。〔註107〕

編年史體有「理盡一言，語無重出」特色，袁宏對吳祐傳的調整也是避免「一人兩傳」，不過，《後漢紀》中也有例外。卷二十一延熹二年（公元159年）記載度遼將軍李膺擊破入寇鮮卑，以下接敘李膺的仕宦歷程，與經略邊塞的種種功績，暫歇筆於內遷河南尹、司隸校尉，以天下風教是非為己任，中間隔敘他事，到下一卷編黨錮列傳，再列負責京師司法、疾惡如仇的李膺為傳首。前卷所述著重於李膺武功，後卷則致意於李膺在黨錮人士中的首領地位。〔註108〕

類似的將人物分傳，在第二十三卷袁宏又有一特別的編纂手法，仇香、黃憲二人既附傳於郭泰，又與郭泰合傳。附傳於郭泰，是藉眾人與郭泰互動事蹟，凸顯郭泰識人；與郭泰合傳，則是二人與郭泰一般，行蹟堪為德行表率。〔註109〕

前文討論體例問題曾提到《後漢紀》人物合、類、附傳破壞編年時序，其中還有一項重要的原因是袁宏調和編年與傳記，使用預敘編纂法。編年體「理盡一言，語無重出」，史事脈絡清楚，容易研讀，這是強調史籍積極功能性的編年史家所著重的優點，袁宏因為青睞編年史這項優點，所以重撰後漢史。又為了讓人物的行蹟能清楚呈現，袁宏用預敘法將年代橫越的合、類、附傳人物一起並敘，前述陳寔等諸氏家傳是最清楚的例子。

袁宏用預敘法不僅在合、類、附傳可見，在個人傳記與史事中亦有。例如在〈光武皇帝紀〉卷六、卷七敘述張堪、伏恭、陰豐等人時，都預敘之後明帝時才發生的事。又卷十六述杜根傳，鄧太后未崩而先敘；〈孝殤皇帝紀〉列敘西域諸國傳，也預敘安帝、桓帝時發生的事。〔註110〕預敘編纂法在《後

〔註107〕參閱〔晉〕袁宏撰、張烈點校，《兩漢紀：（下冊）後漢紀》，頁368、397。

〔註108〕參閱〔晉〕袁宏撰、張烈點校，《兩漢紀：（下冊）後漢紀》，頁 408、428～429。

〔註109〕參閱〔晉〕袁宏撰、張烈點校，《兩漢紀：（下冊）後漢紀》，頁 449～451、453～454。

〔註110〕參閱〔晉〕袁宏撰、張烈點校，《兩漢紀：（下冊）後漢紀》，頁 112、121、

漢紀》中時常可見，以上僅略舉數事，這是袁宏在多記人物下，避免人物事蹟分散所因應的編纂方法，惟此法與編年體順時繫事特徵相突。

最後還有在編撰史文上，編年史家多以《左傳》為宗，效法記載言簡而要，於是往往有省文的特徵。袁宏撰寫《後漢紀》用詞遣句亦崇簡要，可是偶有不慎便省文過當，以致發生史事記載不全、史事不明、史事突兀的現象。例如延光元年（公元 122 年）秋七月癸卯日下，袁宏繫「京師地震」，可是〈續漢書志〉與范曄的《後漢書》除了京師之外，同時還有「郡國十三」同時也感受地震，〔註111〕《後漢紀》過於省文以致史事不全。另外，同卷延光三年（公元 124 年）中記載：

> 太子嘗有疾，避于野王君王聖第，太子乳母王男、廚監邴古與中常
> 侍江京、樊豐及聖、永等爭言相是非，遂誣譖男等，皆幽死獄，父
> 母妻子（徒）〔徙〕日南。太子思戀男等，數為歎息。聖、永懼有
> 後患，乃與京、豐共譖（構）〔搆〕太子。〔註112〕

這段史文中的「永」令人難以明白其身分，因為袁宏忽略了交代此人為野王君王聖之女，與其母王聖同謀等等，以致史事略為不明。

《後漢紀》中三公的任免多有省略，多半無礙於史事，可是質帝永憙元年（公元 145 年）記載：

> 秋九月，庚戌，太傅趙（岐）〔峻〕薨。〔註113〕

可是前文述及趙峻時猶是太尉職，何以為太傅薨？原來前年八月丁丑日太尉趙峻已轉任太傅，太尉職由原大司農李固升任，〔註114〕袁宏缺載這段職位替代、省文太過，讀起史文便感到突兀。以上都是《後漢紀》習於省文，加上因為疏忽所衍生出的問題。

第三節　盛興的史論風氣

歷來談袁宏《後漢紀》者，鮮少不論及袁宏史論，除了史籍中的史論，

127、311、302。
〔註111〕參閱〔晉〕袁宏撰、張烈點校，《兩漢紀：（下冊）後漢紀》，頁 330。以及《後漢書》，頁 3329、235。
〔註112〕參閱〔晉〕袁宏撰、張烈點校，《兩漢紀：（下冊）後漢紀》，頁 334～335。
〔註113〕參閱〔晉〕袁宏撰、張烈點校，《兩漢紀：（下冊）後漢紀》，頁 385。
〔註114〕參閱〔晉〕袁宏撰、張烈點校，《兩漢紀：（下冊）後漢紀》，頁 376～385；與《後漢書·孝順孝質孝沖帝紀第六》，頁 275。

是研究傳統中國史學時與史家思想直接接軌的管道，另一重要的原因是在《後漢紀》一書中，史論所佔的篇幅比例特別突出。周天游校注《後漢紀》時統計書中史論，說其約「占全書篇幅的十二分之一，爲歷來史書所僅見」。〔註115〕斷代史本來主要是爲記載朝代史事，可是袁宏撰寫一部編年斷代史，隨處可見史事記載以外的評論，歷史評論佔全書十二分之一的份量，這在史籍編纂發展史上有其意義。

經過七國、秦楚之際戰亂，對歷史的反省與評論，除了歷史文獻早在私學化過程已經出現史論，歷史評論在前漢初葉更蔚然成風，賈誼、賈山等都曾撰寫文論體的史論，〔註116〕稍早的陸賈所撰著的《新語》，更是一部充滿史論性質的子書。〔註117〕歷史評論在漢初至少已經有附於史籍、單篇文論，以及專著等三種類型，並且皆往下持續擴大發展。《後漢紀》的史論是作者袁宏撰述時將歷史評論附之其中，因此本節筆者主要著重於此一類型史論的討論。

一、兩晉前史籍史論發展

史家在史著中加入評論，是從孔子私著《春秋》始。《公羊傳》魯宣公十八年（公元前591年）釋《春秋》：

> 秋，七月，……甲戌，楚子旅卒。何以不書葬？吳、楚之君不書葬，辟其號也。〔註118〕

楚國國君稱王，孔子不實稱其號、卒不書其葬。司馬遷從董仲舒習《公羊》，進一步解釋孔子之意：

> 子曰：「弗乎弗乎，君子病沒世而名不稱焉。吾道不行矣，吾何以自見於後世哉？」乃因史記作《春秋》，上至隱公，下訖哀公十四年，

〔註115〕 參閱〔晉〕袁宏撰、周天游校注，《後漢紀校注‧前言》（天津市：天津古籍出版社，1987年12月），頁8。《後漢紀》的史論佔有大篇幅比例誠是事實，可是筆者以爲周氏說「爲歷來史書所僅見」則需再商榷，筆者略述論於下文。

〔註116〕 賈誼撰〈過秦〉，參閱《史記‧秦始皇本紀第六》，頁276～284；與〔漢〕賈誼撰，閻振益、鍾夏校注，《新書校注》（北京市：中華書局，2000年7月），頁1～25。賈山撰〈至言〉，參閱《漢書‧賈鄒枚路傳第二十一》，頁2327～2336。

〔註117〕 陸賈撰《新語》一書，多用歷史評論說明篇章所要闡述的主題概念。參閱〔漢〕陸賈撰、王利器校注，《新語校注》（北京市：中華書局，1997年10月初版三刷）。

〔註118〕 參閱《春秋公羊傳注疏》，頁365～366。

十二公。據魯，親周，故殷，運之三代。約其文辭而指博。故吳楚之君自稱王，而《春秋》貶之曰「子」；踐土之會實召周天子，而《春秋》諱之曰「天王狩於河陽」：推此類以繩當世。貶損之義，後有王者舉而開之。《春秋》之義行，則天下亂臣賊子懼焉。〔註119〕

孔子將個人的夷夏觀、君臣觀，藉撰寫東周春秋的歷史，寓褒貶在書法行間，抒寄個人史意，開史家評論歷史之濫觴。

歷史評論具體化於《左傳》，作者對於所記載的史事若有申論之意，便假「君子」之名述論史外餘音。〔註120〕例如對於潁考叔巧勸鄭莊公母子復和之事，《左傳》作者加以稱讚說：

君子曰：「潁考叔，純孝也。愛其母，施及莊公。《詩》曰：『孝子不匱，永錫爾類。』其是之謂乎！」〔註121〕

而對於周、鄭君臣失信交質事，作者則嗤論其荒謬曰：

君子曰：「信不由中，質無益也。明恕而行，要之以禮，雖無有質，誰能間之？苟有明信，澗谿沼沚之毛，蘋蘩蘊藻之菜，筐筥錡釜之器，潢汙行潦之水，可薦於鬼神，可羞於王公。而況君子結二國之信，行之以禮，又焉用質？〈風〉有〈采蘩〉、〈采蘋〉，〈雅〉有〈行葦〉、〈泂酌〉，昭忠信也。」〔註122〕

《左傳》這種「君子曰」的評論，隨事而論，附於事後，除了多引他書佐論，並無定則，可是卻已經創立了歷史評論的最初形式。從此，中國史學中的歷史鑒戒與褒貶功能，便藉史家史論之筆積極伸張。

《史記》首先將史論范式化，司馬遷仿《左傳》「君子曰」稱論形式，以自職「太史公曰」題引史論，除了〈太史公自序〉本身就是一長篇的「太史公曰」，以及今本的〈漢興以來將相名臣年表〉沒有「太史公曰」外，〔註123〕其餘各篇皆有「太史公」題論，或置在篇首、或論於篇末。雖然劉知幾認為

〔註119〕參閱《史記・孔子世家第十七》，頁1943。

〔註120〕《左傳》假君子之名發論，有「君子曰」、「君子謂」、「君子是以」、「君子以」等等。

〔註121〕參閱《春秋左傳正義》，頁56。

〔註122〕參閱《春秋左傳正義》，頁75～76。

〔註123〕〈漢興以來將相名臣年表〉何以獨缺「太史公曰」，歷來考論此篇的學者有諸多相關見解，可參閱趙國璽，〈《史記・漢興以來將相名臣年表》倒文考論〉，收入《社會科學輯刊》2004年第2期（總第151期）（瀋陽市：遼寧省社會科學院，2004年4月），頁97～100。

將史論這樣制式規範，使史家安置史論喪失彈性，非必要評論之處仍「強生其文」，有史論累贅的弊病，〔註124〕可是踵繼《史記》的歷代紀傳史家似乎並不如此以爲。

班固撰《漢書》仿《史記》所制訂的凡例作史論，只是表、志、類傳等篇前序論不再題語，直接通論說明。帝紀與列傳篇末則創名改題「贊曰」替代「太史公曰」。惟書志〈食貨〉、〈郊祀〉、〈溝洫〉篇前有序、篇後有贊；〈循吏〉、〈貨殖〉、〈游俠〉類傳三篇有序無贊；〈韋賢〉、〈翟方進〉、〈元后〉三篇列傳以「司徒掾班彪曰」代「贊曰」，等等諸篇爲特例。不僅《漢書》史論編纂有特例，即使是制例的司馬遷，在編纂《史記》時已多有變例，〔註125〕可見馬、班對於編纂史論是有其主觀見解，並不全然如《史通》所評：「必理有非要，則強生其文」。

荀悅改造《漢書》「總爲帝紀」，每帝紀卷終保留《漢書》帝紀贊論，並有增補。除了保存紀傳體史論范式之外，荀悅復仿《左傳》史論，隨事而發，題之「荀悅曰」。《漢紀》全書純屬作者荀悅個人發論的「荀悅曰」共有三十八處，荀悅擇事申論，三十卷《漢紀》中或一卷一至數則、或全卷皆無，並無定例，字句篇幅也沒有定數。荀悅是帶著個人清楚的史意與政治理論改寫前漢史，將個人對歷史的評論，發揮在承紀傳體的「讚曰」與仿《左傳》的「荀悅曰」。此外，荀悅對史籍史論又有新創獲，《漢紀》書前有序，末卷卷終又有後序，是改寫前漢史的引論與結論，整體論說個人撰史的天人史觀與歷史評論。

《左傳》、《漢紀》與《史記》、《漢書》分出二體史論的兩條系統，編年記事隨事發論，紀傳序贊有其定例。魏晉撰史幾乎皆有論，紀傳如謝承《後漢書》詮、陳壽《三國志》評、王隱《晉書》議……編年史則有孫盛、干寶、習鑿齒、袁宏等等。〔註126〕尤其兩晉時期，史論隨撰史風行而興盛，再加上學風自由多元，史論在史籍中所佔篇幅不斷擴增，而且形式與內容也一併多元發展。例如干寶撰《晉紀》即創新置總論於書末，對所撰修一代歷史的興衰總爲評論。又如習鑿齒以個人的正統觀作爲撰著史籍的指導，從史事編纂

〔註124〕參閱〔唐〕劉知幾撰、〔清〕浦起龍釋，《史通通釋·論贊》，頁81。
〔註125〕關於司馬遷撰「太史公曰」制例又變例可參閱劉春梅，〈「太史公曰」的史論價值〉，收入《重慶教育學院學報》第15卷第4期（重慶市：重慶教育學院，2002年7月），頁14～15。
〔註126〕參閱〔唐〕劉知幾撰、〔清〕浦起龍釋，《史通通釋·論贊》，頁81、82。

到史論撰寫都緊扣著正統論。不論是干寶史論形式的總論，或者是習鑿齒史論內容的正統論，都擴展了史論的範疇，而且都繼續往後發展。〔註127〕

二、史論的文體與內容

《史通‧論贊》一開始細數史論的名稱：

> 《春秋左氏傳》每有發論，假君子以稱之。《二傳》云公羊子、穀梁子，《史記》云太史公。既而班固曰贊，荀悦曰論，《東觀》曰序，謝承曰詮，陳壽曰評，王隱曰議，何法盛曰述，揚雄曰譔，劉昞曰奏，袁宏、裴子野自顯姓名，皇甫謐、葛洪列其所號。史官所撰，通稱史臣。其名萬殊，其義一揆。必取便於時者，則總歸論贊焉。〔註128〕

就如劉知幾所說，史家常常標新史論的名稱，而這些新穎不斷的名稱其實都歸屬一類，統稱爲論贊。也就是論贊是史籍中的一種文體，是史家用來評論歷史的文體，與史籍史事本體有別。

早在文學理論成形於史學理論之前，就已經注意到史籍中的史論，劉勰《文心雕龍‧頌讚》分析《史》、《漢》的史論曰：

> 讚者，明也，助也。昔虞舜之祀，樂正重讚，蓋唱發之辭也。……漢置鴻臚，以唱言爲讚，即古之遺語也。……遷史固書，託讚褒貶。約文以總錄，頌體以論辭；又紀傳後評，亦同其名。而仲治《流別》，謬稱爲述，失之遠矣。〔註129〕

劉勰認爲不論是司馬遷的「太史公曰」，或者是班固的「贊曰」，都是屬於文體中的贊體。贊，可能源自上古樂曲、歌唱之前說明的詞語，因爲具有說明、輔助的功能，所以班固將同樣具有輔助說明功能的君子曰、太史公曰的史論改稱爲贊曰。〔註130〕除了輔助說明史文記載的餘義，劉勰將史家寄意褒貶、

〔註127〕關於兩晉時期史論的發展可參閱宋志英，〈晉代史論探析〉，收入《南開學報（哲學社會科學版）》2001 年第 3 期（天津市：南開大學，2001 年 5 月），頁 51～56。

〔註128〕浦起龍釋以爲「揚雄」當作「常璩」。參閱〔唐〕劉知幾撰、〔清〕浦起龍釋，《史通通釋》，頁 81、84。

〔註129〕參閱〔南朝梁〕劉勰撰、詹鍈義證，《文心雕龍義證‧頌讚第九》，頁 338～342。

〔註130〕筆者以爲班固改標記「贊曰」，除了從文體名稱望文可知史論的功能，可能也因爲《漢書》是經過統治者「核准」撰修的，不適宜以私名稱論，所以即使是採用班彪之論，亦在班彪名前冠上職銜，減少「私著」的色彩。

總結評論，乃至於韻文議論皆一併視歸類爲史籍贊體。

　　蕭統等收編《文選》總集，將史籍的史論分爲〈史論〉、〈史述贊〉二類，比同時的劉勰進一步細膩。〈史論〉以《漢書》傳贊開卷，又收錄干寶《晉紀》、范曄《後漢書》與沈約《宋書》的史論；〈史述贊〉則收錄《漢書》敍目與范曄《後漢書》贊。《文選》編輯者區分出史籍史論散體與韻體的分別，例如《左傳》君子曰、《史記》太史公曰，乃至於《漢書》的贊曰、《漢紀》的「荀悅曰」等都是散體史論；至於韻體則源自於《史記・太史公自序》用韻文夾議於一百三十篇敍目，《漢書》仿《史記》撰〈敍傳〉則統一整齊爲四言韻語。《文選》將史籍散體史論稱之爲「論」，韻體史論則名爲「述贊」，《漢書》贊曰雖名爲「贊」，實是散體，所以《文選》編輯者特別以《漢書》的傳贊一篇收錄爲〈史論〉的首篇，標示不論名稱爲何，史籍中只要是散體的史論，都是屬於「史論」體。〔註131〕

　　《文選》對史籍史論定名的來源，當是取自范曄對史論名稱的變革。范曄《後漢書》中將散體史論名爲「論曰」，而將原本集中在史籍作者序傳的敍目，散入各篇篇末，名之「贊曰」，范曄的「贊曰」與《漢書》的敍目一樣，統一以四言韻文撰述。因此《文選・史述贊》收錄《漢書》敍目三篇起始，再加收范曄《後漢書》贊一篇，以示「史述贊」體的定例是源自班固的敍目。至於何以「述」稱？其來源就是前述引文摯虞〈文章流別論〉被劉勰否定的文體類稱，摯虞據班固敍目謙改《史記》「作」爲「述」，歸類稱之「《漢書》述」，〔註132〕《文選》編輯者遂合班固「述」與范曄「贊」，指稱這類四言韻文的史論爲「史述贊」體。

　　劉知幾〈論贊〉篇即是承范曄、《文選》散、韻二體之分，評論歷代史家作論的沿革與優劣。編年體史籍的散論多是作者隨事發論，而不撰韻贊；〔註133〕紀傳體則是不論論或贊都撰於篇末。除了這種論贊是史家撰述發論，

〔註131〕《文選》「史論體」與「史述贊體」僅指涉史籍的散體史論與韻體贊語，單獨創作成篇的史論或史贊則另歸類爲「論體」與「贊體」，例如賈誼〈過秦論〉與袁宏〈三國名臣序贊〉就另編在第五十一卷〈論〉與第四十七卷〈贊〉。
〔註132〕除了註129，劉勰《文心雕龍・頌讚》文，另《漢書》顏師古注與《文選》李善注皆記有「《漢書》述」。參閱《漢書》，頁4236。李善多處記注，此處不列舉。
〔註133〕編年散論隨事發論，沒有定例，荀悅《漢紀》保留《漢書》「贊曰」收錄於各帝紀卷末是一特例。編年史籍未見作韻贊之例，歷來學者論文體、編總集、論史法也未見例舉，故筆者推斷唐以前編年史不作韻贊。

史籍中還有一種文體也具有史論性質。劉知幾撰《史通》,〈論贊〉之下緊編撰〈序例〉篇。序,是作者陳述撰述之意的文體,置於書末、書前爲書序,撰於篇首爲篇序,史家在暢述撰述之意的過程,難免發論。《史記》不論是篇序或散論都以「太史公曰」發論,表、書、類傳多敘於篇前者爲序,本紀、列傳多論在篇末者爲論,至於〈太史公自序〉則是最後一篇列傳,也是全書的書序,以下紀傳史籍相繼仿效。

前文述及荀悅開始在書前、書後皆作序,是編年史籍撰序的開始,編年史基於體裁特徵,只有書序,沒有篇序。晉室東遷倡修國史,編年體的《晉紀》編修完成後,干寶以領修的身分撰寫〈總論〉一篇附於書後,實是後序。自荀悅、干寶以下編年史家的書序,史論清楚、政治意識明確,藉序論通說古今源流,並且提出個人的歷史見解、政治主張與撰述意旨。例如荀悅書序表示出其天人感應與史爲鑒戒之用的觀念,干寶的〈總論〉則對西晉一朝的興衰申論個人的政治評斷,至於袁宏則精要說明其撰述意旨,並且分析歷來史傳優缺、以採編年等等。

史籍中作者發論可分爲史序、史論、史述贊,此處指涉的「贊」已是范曄、蕭統指稱的韻文贊與史述贊。書序撰於書末或書前,主要用意是作者用在著作說明,也兼及論說。論與贊是在史籍正文中史家獨立的評論,論是散體、贊是韻語。這些歷史評論的文體,史家可以根據編纂的需要,擇取用來引論編纂之意與篇章起始,或補充說明史文未盡之義,或褒貶善惡是非,或贊頌文成武德,或者是總論興衰成敗。歷史評論涵蓋的範疇日趨廣泛,讓史家伸展更大的自主議論空間,使得史籍史論篇幅日增,甚而產生質性上的變化。

三、《後漢紀》史論

周天游說《後漢紀》的史論「占全書篇幅的十二分之一,爲歷來史書所僅見」,道出袁宏在編纂《後漢紀》時,藉後漢歷史廣肆發論。《後漢紀》全書「袁宏曰」合計有五十一處,袁宏遇事發論,各篇篇幅不一,從四十來字到一千餘字不等,周天游統計總字數約一萬七千字左右,整部《後漢紀》用字約二十一萬二千餘字,〔註134〕約佔十二分之一。史論佔這樣大比例的史籍或許是首見,可是史家擴大史論在史籍中的份量,《後漢紀》卻不是首例。

〔註134〕朱紹侯、陳長琦統計稍詳,參閱氏著〈後漢紀(評介)〉,收入倉修良主編《中國史學名著評介:第一卷》,頁207。

　　荀悅已在《漢紀》裡撰寫大量史論，《漢紀》的「荀悅曰」共有三十八則，一萬餘字，約佔全書十七分之一，〔註135〕各篇篇幅也是不定數。另外，從《文選》與《晉書》所收錄與節錄干寶史論的數量可以測斷，干寶在《晉紀》一書所撰著的史論，應有一定可觀的數量。所以袁宏編纂《後漢紀》時撰寫數量可觀的史論，並不是完全發自一己之意，而是早已有範例可循。

　　袁宏以「袁宏曰」發論自是仿荀悅無疑，劉知幾〈論贊〉篇細數各家史論之稱時，記載「荀悅曰論」、「袁宏、裴子野自顯姓名」，好似《漢紀》的史論應該是以「論曰」稱，到袁宏《後漢紀》開始有作者以自己姓名稱論。可是今本《漢紀》的史論僅見荀悅承《漢書》的「讚曰」與自撰的「荀悅曰」，並不見有「論曰」，而且裴駰集解、《資治通鑑》等引《漢紀》史論皆記作「荀悅曰」，〔註136〕「荀悅曰論」有可能是《史通》的誤載。〔註137〕袁宏的「袁宏曰」與荀悅的「荀悅曰」也不全然是全新創名，其實與「君子曰」、「太史公曰」屬於同一形式，從作者的代稱轉化為作者的名稱發論。

　　袁宏認為撰著史籍是為了「通古今而篤名教」，史家有責任將「前代遺事」的「名教之本、帝王高義」彰顯出來，而這彰顯的途徑就是史家立足在史事之上論述義教之道，袁宏於是「略舉義教所歸，庶以弘敷王道」廣肆撰論。〔註138〕在《後漢紀》，袁宏皆是用散文作論，符合編年體不述贊的通則。袁宏在當時文壇享譽「一時文宗」的地位，文章為時人普遍看重，在熱中品藻的時風，文章中對當代人物的題述抑揚皆為當時人物錙銖計較。而且，袁宏著作種類廣泛，除了史傳，詩賦誄表等雜文多達三百餘篇，其中亦有贊體之作。《晉書》袁宏本傳收錄有袁宏所作的〈三國名臣頌〉，這篇文章在早先的《文選》亦有收錄，名為〈三國名臣序贊〉，《文選》將這篇文章歸類為贊體，因為文中有襃揚有貶抑，所以為贊體，贊文前又有序文說明，所以《文選》稱之「序贊」為是。這是一篇對三國人物精彩評贊的文章，所以才為嗜好文學的蕭統等人與唐初的史臣所收錄。〈三國名臣序贊〉雖然不屬於《後

〔註135〕參閱田昌五，《國學舉要：史卷》，頁443。鄔賢俊統計作「十八分之一」，參閱鄔賢俊，〈漢紀（評介）〉，頁178。

〔註136〕參閱《史記》，頁3181；與〔宋〕司馬光等編著、〔元〕胡三省音注，《資治通鑑》，頁934。

〔註137〕《史通》時有誤載，例如「荀悅曰論」下文有「揚雄曰譔」，浦起龍即正之「揚雄當作常璩」。參閱註128。

〔註138〕參閱〔晉〕袁宏撰、張烈點校，《兩漢紀：（下冊）後漢紀‧後漢紀序》，頁1。

漢紀》的一部份，除了「三國名臣」已在《後漢紀》的斷限之外，也可以由此知道袁宏是謹守編年不述贊的原則，並非不擅撰贊，而這篇〈三國名臣序贊〉的內容，實有《後漢紀》史論延伸的性質。〔註139〕

　　《後漢紀》除了作者袁宏自撰「袁宏曰」五十一則，還有「借論」。「借論」是史家認同他人或他書的歷史評論，引以為用。這種借論形式也不是袁宏所創，早在《左傳》中已有論例。最為稱名的例子是《左傳》魯宣公二年（公元前 607 年）秋九月，記載趙穿攻殺晉靈公，太史董狐記之正卿趙盾弒君，趙盾為自己辯護、董狐答辯的過程，《左傳》作者借「孔子曰」發論：

　　　　孔子曰：「董狐，古之良史也，書法不隱。趙宣子，古之良大夫也，

　　　　為法受惡。惜也，越竟乃免。」〔註140〕

稱讚太史董狐不懼權勢，也稱讚趙盾為維護歷史記載的法則，甘願接受惡名。後來荀悅《漢紀》收錄班固的「贊」論於各帝紀之後，也是一種借論。

　　袁宏在《後漢紀》全書有「華嶠曰」借論四則，當是袁宏參閱各家後漢書時，認同華嶠在《漢後書》對某史事、人物的評論，遂於記載同一史事時徵引為用。這種贊同他人的史論遂借引為用的史論形式，在許多史籍中都可以輕易發掘，唐初編修《晉書》時，史官猶對干寶充滿超自然思想的史論頗為青睞，引錄許多干寶的史論。

　　《後漢紀》裡還有一種間接性的借論，並不是某人曰或贊曰、論曰之屬，而是引用他書的記載代作評論。後漢盛行天人災異、陰陽讖緯，國史《東觀漢記》的〈天文志〉與〈五行志〉直接反應當朝時人對自然現象、災害和人事相關連結的觀念。〔註141〕袁宏就利用這個後漢時人據天象災異評論人事的

〔註139〕參閱《晉書・列傳第六十二文苑・袁宏》，頁 2391～2399；以及〔南朝梁〕蕭統等輯、〔唐〕李善等注，《增補六臣註文選》（臺北市：華正書局，1974年 10 月，宋末刊本），頁 895-1～904-1。另外《文選》與《晉書》收錄稍有異文，可參閱程章燦校考比對。參閱氏著《世族與六朝文學》（哈爾濱市：黑龍江教育出版社，1998 年 10 月），頁 146～150。〈三國名臣序贊〉有《後漢紀》史論延伸的性質，本文第四章《後漢紀》之思想〉另再提述。

除了〈三國名臣序贊〉，今日可見袁宏所作的贊文還有〈單道開讚〉一首：「物俊招奇，德不孤立。遼遼幽人，望巖凱入。飄飄靈仙，茲焉遊集。遺屣在林，千載一襲。」可參閱〔南朝梁〕釋慧皎撰、湯用彤校注、湯一玄整理，《高僧傳》（北京市：中華書局，2004 年 4 月初版四刷），頁 362。然筆者以為此文較近於「頌體」。

〔註140〕參閱《春秋左傳正義》，頁 598。

〔註141〕關於《後漢紀》「本志」、「本傳」為《東觀漢記》書志與列傳，以及原本即編

特徵，引用代作史論。例如日爲君之徵象，永初五年（公元 111 年）元旦日蝕，《後漢紀》引「本志」論之：

> 正旦，王者聽朝之日也。是時太后攝政，天子守虛位，不得行其號令，蓋陽不克之象也。〔註 142〕

而山也是帝王的象徵，永元元年（公元 89 年）七月山崩，袁宏亦引有「本志」曰：

> 劉向（日）〔曰〕：「山，陽，君也；水，臣也。君道崩壞，百姓失所。」〔註 143〕

同樣是象徵帝君，一是日蝕、一是山崩；一是指射鄧太后攝政、安帝虛位，一是喻批竇太后攝政，竇憲等外戚專權壞政。藉自然現象隨人事的內涵而申論，袁宏探之作爲間接借論。《後漢紀》引錄《東觀漢記》這樣的書志與列傳內容當作歷史評論，合計有「本志」十七則、「本傳」一則。

《後漢紀》的史論樣式多樣、評論範疇廣泛，根據內容的性質，大致可以區分爲三種類別。第一種是評事、論人、寓褒貶的屬類，直接評論一件具體的史事，或者歷史人物的具體作爲，並且評斷是非對錯、揚善抑惡。例如對於劉秀身爲更始皇帝劉玄之臣，卻在更始皇帝遭遇危難而不救，尚未敗亡就建立年號稱帝，批評劉秀有失爲臣之道。〔註 144〕

又例如對於光武帝迷信讖緯、依讖命官，袁宏亦頗不以爲然：

> 若夫讖記不經之言，奇怪妄異之事，非聖人之道。世祖中興，王道草昧，格天之功，實賴台輔。不徇選賢而信讖記之言，拔王梁於司空，委孫（臧）〔咸〕於上將，失其方矣。苟失其方，則任非其人，所以眾心不悅，民有疑聽，豈不宜乎！梁實負罪不暇，臧亦無所聞焉。易曰：「鼎折足，覆公餗。」此之謂也。〔註 145〕

大大地批評光武帝依讖記命官用人的謬誤，任人不選賢取才將致使亂源萌生。袁宏在《後漢紀》諸如此類直接論人評事、寄寓褒貶的史論，貶抑的論例多於褒揚，除了上述二例，另有如馬援失度、遷呂后配祀、廉范迎父喪、章帝未封生母、竇太后臨朝、班超經西域、左雄議四十方得舉孝廉、丁宮讚

有〈五行志〉的辨析，參閱前章第三節《後漢紀》對後漢史之價值）。
〔註 142〕參閱〔晉〕袁宏撰、張烈點校，《兩漢紀：（下冊）後漢紀》，頁 315。
〔註 143〕參閱〔晉〕袁宏撰、張烈點校，《兩漢紀：（下冊）後漢紀》，頁 254。
〔註 144〕參閱〔晉〕袁宏撰、張烈點校，《兩漢紀：（下冊）後漢紀》，頁 39～40。
〔註 145〕參閱〔晉〕袁宏撰、張烈點校，《兩漢紀：（下冊）後漢紀》，頁 42。

董卓廢立、王允誦孝經六隱、荀彧助魏、獻帝禪讓等等，袁宏都是持反面評論，而僅有讚揚馮異能讓、光武父子至性、章帝尊禮父兄等例。

《後漢紀》另外一種具體的史論是論制度，袁宏針對制度的內涵加以評述，並且判斷制度的優缺。簡單的評述如舉才制度，袁宏認為除了經常拔遷的途徑，應該也要有超拔特殊才德的彈性，評述內容不及百字。〔註146〕而對於地方行政制度，袁宏推崇封建制度，貶抑郡縣制度，洋洋灑灑用了一千餘字論述其主張，以及分析、對比封建與郡縣制度的優缺。〔註147〕其餘，還有對法令、易儲、封禪、輿服、制樂、制禮等制度命題（proposition）的評論。

《後漢紀》第三類史論是藉史事延伸申論，從具體導入抽象。這類史論具有主題性，申論有一核心命題，針對核心命題，加以闡明、論述，或比較，並且進一步表達自己的見解。例如從釋「名」的闡述，主張衰世應該隱「名」保身；〔註148〕例如分辨「神道」與「人道」的區別，神與人各司功能，在人事理性可及的領域，不可妄據讖記以亂人事等等。〔註149〕有具體的命題，如論「君」、論「君臣關係」、論「立法」、論「夷夏關係」、論「學術」……也有比較抽象的命題，例如論「名」、論「天人關係」、論「才性」、論「福禍否泰」、論「風氣」、論「名教之用」、論「名教之理」等等。這類史論的特徵是作者因事發論，然後跳脫史事本身轉入一種理論性的論述。例如章帝建初八年（公元83年）十二月下詔立古文經學，袁宏稍作追述漢代經學發展後，轉而發論，脫離立古文經學的史事本身，通論經學源流與學術的分流發展，並對學術之用作出個人的評判。〔註150〕

這三種形式的史論表現出袁宏思想的不同層次，第二類制度命題和第三類延伸命題的史論尤具思想性，與《史記》、《漢書》等紀傳體篇序有其相似性。紀傳史家在篇序說明、論述立篇之旨意，常常有宏闊思辯性的申論，劉知幾說這種篇序「文兼史體，狀若子書」，〔註151〕《後漢紀》這二類史論的性質與這種篇序相似，也是「狀若子書」。這種子書性質的史論在編年史籍部分，在荀悅《漢紀》中已有許多論例。荀悅另外一本著作《申鑒》就是一部思想性清楚的

〔註146〕參閱〔晉〕袁宏撰、張烈點校，《兩漢紀：（下冊）後漢紀》，頁48～49。
〔註147〕參閱〔晉〕袁宏撰、張烈點校，《兩漢紀：（下冊）後漢紀》，頁123～125。
〔註148〕參閱〔晉〕袁宏撰、張烈點校，《兩漢紀：（下冊）後漢紀》，頁38。
〔註149〕參閱〔晉〕袁宏撰、張烈點校，《兩漢紀：（下冊）後漢紀》，頁42。
〔註150〕參閱〔晉〕袁宏撰、張烈點校，《兩漢紀：（下冊）後漢紀》，頁229～232。
〔註151〕參閱〔唐〕劉知幾撰、〔清〕浦起龍釋，《史通通釋・序例》，頁87。

子書，正史書志皆收錄在子部儒家類，荀悅將同一套思想論述在史籍《漢紀》裡撰述，就成了這種子書式的史論。至於袁宏，其才學是多角（diversify）涉略，除了享有「一時文宗」的美譽，編集成個人文集，經、史也各有撰著，雖然不見有子書著作，可是生平常與佛門高僧交遊，又曾與王坦之論辯公謙，撰有〈去伐論〉、〈明謙〉等文，這些都是玄學命題的論著，《晉書》還稱其爲「清談之士」，〔註152〕可惜這些思想性著作亡佚幾盡，今日最能窺閱袁宏思想內涵的，幾在《後漢紀》一書，尤其是這種子書式的史論。〔註153〕

〔註152〕 參閱《晉書》，頁 1993、1990。關於袁宏的學術，楊曉菁撰有學位論文可一併佐參，參閱氏著〈袁宏之生平與學術研究〉（臺南市：國立成功大學中國文學系碩士班，2000 年 6 月）。

〔註153〕 胡寶國對於荀悅、袁宏子書性質的史論有詳細的論述，可參閱氏著《漢唐間史學的發展》（北京市：商務印書館，2003 年 11 月），頁 105～118。另有張蓓蓓對袁宏表現在《後漢紀》的思想極是推崇，盛稱「袁宏幾乎已可視爲一位具有代表性的東晉思想家」，也認爲《後漢紀》史論「義理深明」，具有子書性質。參閱張蓓蓓，〈袁宏新論〉，頁 173、183。

第四章 《後漢紀》之思想

　　文獻著作是創作者的心思結晶，作者將其意識藉由筆鋒的字句行間，構思鋪陳完整的作品，著作中蘊藏了作者的思想元素，這些思想元素的主體是受到時空氛圍與學術脈系的影響建構而成。僅憑藉一部著作或許無法完整表現出作者的整體思想，卻是瞭解作者思想最為具體的媒介。

　　袁宏編撰《後漢紀》的意識清楚，不但在書序與史論中廣泛而直接地表達其思想意識，從史事的鋪陳、史料的取捨也可以看出袁宏在編撰時抱持著明確的主觀意識，修史的用意清楚。袁宏原本著作量頗多，有注經、史傳、各類文著等數十卷，可惜泰半相繼亡佚，如今除了詩、文約二十殘篇，留存最為完整的僅有這部《後漢紀》。因此，從《後漢紀》編纂的脈理、史料的取捨，以及袁宏廣肆表述的史論，是探知袁宏思想體系與支脈最具體、也最適當的文獻依據。

　　袁宏除了是文化學術性的人物，也是政治性的人物，一部《後漢紀》充滿袁宏個人的政治主張、政治意識，背後有著「史為資治之用」的主導動力。袁宏的政治理念又與其學術涵養有著密切關連，也與其讀史鑒今的照映有著因果關係。本章先從袁宏具體的政治思想討論起，再進一步探究主導其政治主張的學術思想淵源，最後以「通古今而篤名教」貫通撰修《後漢紀》的核心目的。

第一節　政　論

　　中國，「史」之起源於統治者的統治行為，史事初始的載記必是政事。後來隨著天文曆法的進展，曆法更促使史與統、政的連結更為緊密，編年古史體裁誕生和發展於這樣的歷史背景，使得編年史文獻皆具有濃厚政治史的特

徵。待史學一成形，史家的歷史意識與歷史評論也就自然著重在這種歷史文獻所記載的主體——政治，或者會影響政治的相關事務，凝聚成史爲資治、贊治之用的觀念與意識。

《後漢紀》是編年體復興後，追效荀悅、新式的編年史。荀悅會帶著帝王詔命變造前漢史，除了因爲好讀典籍的漢獻帝讀起《漢書》常感「文繁難省」，命荀悅用編年體簡化前漢史，也是因爲時人相信史有資治之用，面對漢末政治紛亂，寄望從歷史找得撥亂導正的鑒鏡。荀悅深識典籍爲用之意，特別撰序闡明：

> 昔在上聖，唯建皇極，經緯天地，觀象立法，乃作書契，以通宇宙，揚于王庭，厥用大焉。先王以光演大業，肆於時夏，亦惟翼翼，以監厥後，永世作典。夫立典有五志焉：一曰達道義，二曰彰法式，三曰通古今，四曰著功勳，五曰表賢能。於是天人之際、事物之宜，粲然顯著，罔不（能）備矣。世濟其軌，不殞其業，損益盈虛，與時消息，雖臧否不同，其撥一也。是以聖上穆然，惟文之卹，瞻前顧後，是紹是（維）〔繼〕。〔註1〕

荀悅此序清楚說明典籍、書契經世致用的功能性，所以改編前漢史的目的，自是爲漢末當時鑒戒之用。〔註2〕除了三十卷的前漢故事，荀悅大量、明白地表達個人的歷史評論於史文之間，有更直接用作政治評價與政治指導的用意，尤其以不時穿插的「荀悅曰」，最是荀悅盡肆申論個人政治主張的區塊，三十八則的「荀悅曰」是荀悅編撰《漢紀》最具體的政治思想呈現。袁宏觀閱《漢紀》後稱說：

> 荀悅才智經綸，足爲嘉史，所述當世，大得治功已矣。〔註3〕

〔註1〕 參閱〔漢〕荀悅撰、張烈點校，《兩漢紀：（上冊）漢紀》（北京市：中華書局，2002 年 6 月），頁 1。此段「序」，今本《漢紀》刊在〈高組皇帝紀卷第一〉首段，史文卷前另有一書序。而范曄《後漢書》荀悅本傳以「序」稱之，或《漢紀》傳刊時曾有移置，未可知，待考。參閱《後漢書‧荀韓鍾陳列傳第五十二》（北京市：中華書局，1995 年 3 月初版七刷），頁 2062。筆者此從《後漢書》稱行文。

〔註2〕 荀悅改編前漢歷史爲漢末鑒戒之用，曾慶生撰有論文分析，可參閱曾慶生，〈荀悅《漢紀》之研究〉（臺中市：國立中興大學歷史學系碩士班，1998 年 6 月），頁 28～50。

〔註3〕 參閱〔晉〕袁宏撰、張烈點校，《兩漢紀：（下冊）後漢紀‧後漢紀序》（北京市：中華書局，2002 年 6 月），頁 1。

對荀悅的政治思想大表讚賞，認爲荀悅對前漢史事的裁撰，以及個人的政治
見解，有其獨到才學見識，《漢紀》對爲政統治有很大正面佐參的功能性。這
樣的評價應之於後，擅長治國的唐太宗對《漢紀》的肯定增強了其公允性。
唐太宗特別賜《漢紀》一書給涼州太守李大亮，在給李大亮的書信中說：

> 公事之閑，宜觀典籍。兼賜卿荀悅《漢紀》一部，此書敍致簡要，論
> 議深博，極爲政之體，盡君臣之義，今以賜卿，宜加尋閱也。〔註4〕

　　袁宏廣閱古今史著、辨析優劣，特別讚賞像《漢紀》這樣積極助益政治
的史傳著作。因此，當自己著手編撰《後漢紀》時，便特別表明立意：

> 今因前代遺事，略舉義教所歸，庶以弘敷王道。〔註5〕

所以整部《後漢紀》在資治的用心與政論的著墨，不但模仿《漢紀》，更超
越《漢紀》。不論是後漢史事、人物、文論的編裁，或者袁宏個人在史文間
對人、事的議論，都帶著一貫「弘敷王道」的指導意識。袁宏的政論在個人
「弘敷王道」的指導意識下，涉論所及相當廣泛，《後漢紀》裡所擇採的史
事，只要史與治有所關連，都可以是袁宏發論的對象，本節從《後漢紀》廣
泛的政論探討袁宏的政治主張與政治意識。

一、論人治

　　在《後漢紀》裡，從袁宏的史料選裁與政治評論，可以看出袁宏的政治
主張有很具體的人治論，這整個人治論的體系可以從天道與人道的外部關
係，以及統治系統的內部關係加以析視。

（一）趨向理性的天人觀

　　在漢武帝、董仲舒所主導帶動下的主流學術，神秘化了經學與儒家思想，
成、哀帝以後，又盛起讖緯，致使前、後漢間的經學已經瀰漫混雜的陰陽風
氣與讖緯之風，統治階級與知識份子普遍相信「天」在讖記、災異裡對人世
間統治行爲的指導意義。前漢政權喪失、王莽獲取政權，王莽瞬失政權、劉
秀復得漢家政權，這段統治權的更迭更和這股神秘信仰風氣緊緊相扣。〔註6〕

〔註4〕　參閱〔唐〕吳兢撰、謝保成集校，《貞觀政要集校》（北京市：中華書局，2003
　　　　年11月），頁104。
〔註5〕　參閱〔晉〕袁宏撰、張烈點校，《兩漢紀：（下冊）後漢紀・後漢紀序》，頁1。
〔註6〕　參閱馮友蘭，《中國哲學史新編（中卷）》（北京市：人民出版社，2004年11
　　　　月初版四刷），頁209～211。

不論是據《河圖・赤伏符》：「劉秀發兵捕不道，四夷雲集龍鬪野，四七之際火為主。」或者是告天時所謂的讖記：「劉秀發兵捕不道，卯金修德為天子。」〔註7〕當時人、包括漢光武帝劉秀都深知讖緯對政治效應的影響力，而且也有一定程度的信仰。

雖然在前漢末年就已經有知識份子不認同這股神秘思潮，而且到了後漢也陸續有學者不跟隨這股神秘思潮、另闢理性思想的途徑。〔註8〕可是大體來說，這股神秘思潮歷兩漢新莽前後間的學術推瀾與政治操作，在後漢一代成形為一股思潮的主流。除了靠讖緯之助得獲政權的光武帝深信讖記之說，明、章以後，乃至於和、安、順帝年間，讖緯術數猶肆盛行，尤其順帝在位期間，頻現災異，朝廷群臣每在理性的天人關係與迷信的讖緯間論辯。

隨著後漢中葉以後政治、社會的變動，追求理性、回歸人文本質的反動日益興盛，〔註9〕再經過漢末魏晉動盪的刺激，讖緯風氣為學術與政治雙重摒棄，終至在玄學盛行下銷聲匿跡。漢亡後一百餘年的袁宏重新檢視後漢具神秘性的政治環境，對天人關係提出理性地辨析，他說：

> 夫天地之性非一物也，致物之方非一道也，是以聖人仰觀俯察而備其法象，所以開物成務以通天下之志。故有神道焉，有人道焉。微顯闡幽，遠而必著；聰明正直，遂知來物，神之所為也。智以周變，仁以博施，理財正辭，禁民為非，人之所為也。故將有疑事，或言乎遠，必神而明之，以一物心，此應變適會，用之神道者也。辯物設位，官方授能，三五以盡其性，黜陟以昭其功，此經綸治體，用人之道者也。故求之神物，則著策存焉；取之人事，則考試陳焉。是善為治者，必體物宜，參而用之，所以作而無過，各得其方矣。

〔註7〕 參閱《漢書》（北京市：中華書局，1995年3月初版八刷），頁1973，應劭注；與《後漢書》，頁21、22、3158、3165。

〔註8〕 漢代讖緯術數盛行的風氣下，仍有知識份子不認同這股非理性的神秘思潮，略舉先後有揚雄、鄭興、尹敏、桓譚、王充、賈逵、馬融、張衡、王符、朱穆、崔寔、仲長統、荀爽、荀悅等人。參閱〔晉〕袁宏撰、張烈點校，《兩漢紀：（下冊）後漢紀》，頁352；馮友蘭，《中國哲學史新編（中卷）》，頁247～346；周桂鈿，《秦漢思想史》（石家莊市：河北人民出版社，2000年1月），頁328～472；以及蒙培元、任文利，《國學舉要：儒卷》（武漢市：湖北教育出版社，2002年9月），頁44～46。

〔註9〕 參閱任繼愈主編、孔繁等撰，《中國哲學發展史（秦漢）》（北京市：人民出版社，1998初版二刷），頁697～748；與蒙培元、任文利，《國學舉要：儒卷》，頁44～46。

> 若夫讖記不經之言，奇怪妄異之事，非聖人之道。世祖中興，王道
> 草昧，格天之功，實賴台輔。不徇選賢而信讖記之言，拔王梁於司
> 空，委孫（臧）〔咸〕於上將，失其方矣。苟失其方，則任非其人，
> 所以眾心不悅，民有疑聽，豈不宜乎！梁實負罪不暇，臧亦無所聞
> 焉。易曰：「鼎折足，覆公餗。」此之謂也。〔註10〕

在宇宙間，人的智識有限，即使是聖人也只能辨識人事能力的界限，在能力
界限之外的，則屬於另一個範疇，不在人事統領的範圍之內。在人的智識能
力所能瞭解、管理、應變、解決、克服的所有事務，歸屬於「人道」的領域，
順逆施為都該用人的智慧、制度處理應對；而在智識所不及的宇宙奧秘，又
與人生存、生活相關的世界，則為「天道」所涵蓋的領域。「微顯闡幽」不是
人的智識所及，是屬於天道的範疇，「智以周變」操之在人，則是人道的領域。

　　後漢盛行的讖緯之學雖然在通識天人關係的學者研究辨識下，有其準確
性，有時把讖緯之說拿來應急、解惑，也有其穩定視聽的功能性。〔註11〕可
是讖緯終究是「不經之言，奇怪妄異之事」，道德、仁義、禮刑等才是正規政
治運作的依據。漢末王允、王立說漢獻帝以緯書《孝經‧六隱》「消却灾邪」，
袁宏便斥之：

> 王者崇德，殷薦以為饗天地，可謂至矣。若夫六隱之事，非聖人之
> 道也，匹夫且猶不可，而況帝王之命乎！〔註12〕

皇帝是統治金字塔的頂端，天子師、臣勸說、建議天子應該以德、義訴求為
上，王允等人卻訴之迷信之途，大不可取！因此，像舉才這樣對政治統治重
要的事，應該理性拔舉合適的賢能人才以為國家之用，不應該以讖記作為荒
謬的擇人依據。

　　在長久的帝制時代，中國傳統政治思想裡的人世統治行為，一直與自
然、與「天」有著聯繫關係，許多政治活動猶需配合自然運行規律來施行，
早如《禮記‧月令》就詳細記載統治者當如何配合四時月令施政，政事與自
然運行相應，以「毋變天之道，毋絕地之理，毋亂人之紀。」〔註13〕後來的

〔註10〕參閱〔晉〕袁宏撰、張烈點校，《兩漢紀：（下冊）後漢紀》，頁42。

〔註11〕參閱〔晉〕袁宏撰、張烈點校，《兩漢紀：（下冊）後漢紀》，頁351～352，袁
　　　　宏借引華嶠對讖緯的評述。

〔註12〕參閱〔晉〕袁宏撰、張烈點校，《兩漢紀：（下冊）後漢紀》，頁506。

〔註13〕參閱《禮記正義‧月令第六》（北京市：中華書局，1999年12月，十三經注
　　　　疏本），頁438～565。

思想家只在天人關係內涵的見解有所異同，以及隨著時空環境的演變而有所變化；至於人事、政事與「天」、與自然相應聯繫的大體觀念，則一直是中國傳統政治思想上層的指導。

袁宏亦是天人合一觀念的信仰者，在解釋帝王封禪事的源由時這麼說：

> 夫天地者萬物之官府，山川者雲（氣）〔雨〕之丘墟。萬物之生遂，則官府之功大；雲雨施其潤，則丘墟之德厚。故化洽天下則功配于天地，澤流一國則德合於山川。是以王者經略必以天地為本，諸侯述職必以山川為主。體而象之，取其陶育；禮而告之，歸其宗本。
> 〔註14〕

人道之事與天道有著自然徵象的密切關係，因此，天人感應、天降垂鑒是存在、合理可信的信仰，袁宏反對的是後漢的政治、社會、學術充斥神秘性，以迷信指導人事，取代人道的理性、抹抑人為智識能力的可能性。從袁宏對「天人之際」的看法，清楚可見袁宏的天人觀是主動積極的天理觀，抱持人事與自然的關係密切，相信天、人之間有所感應、有其相應之理，可是天意觀是消極被動的，人事的成敗得失多咎於人的性理，而不歸因天命，也就不認同漢代非理性信仰讖緯的風氣與作為。

（二）論君臣

中國傳統政治思想裡，普遍對人事的影響力抱持重份量的期待。國家的強盛或衰弱、朝代的興起或敗亡，乃至於年歲的豐饒或災害，總是加諸在是否「君聖相賢」的審視與責任歸屬上。從先秦以下諸子書多立論「君道臣術」，可以看出思想家、知識份子對統治群在政治上人為影響力的重視，所以每每特別申論為君、為臣之道。〔註15〕袁宏編撰《後漢紀》又所為伸張名教之用而來，整部《後漢紀》中不時提論君道、臣道，與君臣相處之道。

蕭公權等學者認為，漢末以後隨著道盛儒衰的思想發展，逐漸形成一股無君論思想，持這股無君論思想者有如阮籍、陶潛、鮑敬言等人，與無為論成為魏晉之際論君的兩派主流。〔註16〕筆者以為，無君論的思想是當時政治

〔註14〕 參閱〔晉〕袁宏撰、張烈點校，《兩漢紀：（下冊）後漢紀》，頁153。

〔註15〕 諸子書如《管子》、《商君書》、《荀子》、《說苑》、《抱朴子外篇》……皆專立篇章論述君臣。

〔註16〕 參閱蕭公權，《中國政治思想史》（瀋陽市：遼寧教育出版社，1998年3月），頁335〜350。

與社會變遷、時代氛圍影響下偶出的極端特例，實不能與普遍的無為論思想相並論。〔註17〕對於君位存在的正當性（legitimacy）來源，袁宏遠承過去傳統儒學思想，近則似同郭象、葛洪等人之見。在《後漢紀》中袁宏說：

> 夫天生蒸民而樹之君，所以司牧群黎而為謀主。〔註18〕

最高統治者是天經地義性地產生與存在，原因是無知的眾民需要有人帶領，如果沒有領導者，人群將會無序、混亂，甚至無法延續生存，所以在〈三國名臣序贊〉開端袁宏又說：

> 夫百姓不能自治，故立君以治之。〔註19〕

而這種「有主則治，無主則亂」的觀念早在儒家的經典《尚書》與《左傳》就存有相同的說法。《尚書·商書·仲虺之誥》記載著：

> 惟天生民有欲，無主乃亂。〔註20〕

《左傳》則有：

> 天生民而立之君，使司牧之，勿使失性。〔註21〕

將君位最高統治權的存在正當性源頭，訴之於人群生存之自然所需，置之於無庸置疑的位階。

魏晉無為論思想家對君主存在正當性的來源，也一貫持論這套為人群自然而生的理論，即使是主張放達、越名教的嵇康，猶接受「民不可無主而存」。〔註22〕到了郭象、葛洪重新整合自然與名教關係，更持論主張最高統治者存在的必要性。郭象說：

〔註17〕阮籍、陶潛等持無君論態度者都選擇避離政治權力，在士族政治的魏晉，是難以掌握主流學術的發言權。而所謂表明無君論的鮑敬言，除了僅見於《抱朴子外篇·詰鮑》，並未見於其他文獻記載，馮友蘭還一度斷測是葛洪所虛擬的人物，參閱馮友蘭，《中國哲學史新編（中卷）》，頁579～580。筆者以為鮑氏之說乃是當時社會存在的一種聲音，但終究難與分享著政治權力的士族群所普遍主張的無為論相提並論。

〔註18〕參閱〔晉〕袁宏撰、張烈點校，《兩漢紀：（下冊）後漢紀》，頁39。

〔註19〕參閱〔南朝梁〕蕭統等輯、〔唐〕李善等注，《增補六臣註文選》（臺北市：華正書局，1974年10月，宋末刊本），頁895-1。

〔註20〕參閱《尚書正義》（北京市：北京大學出版社，1999年12月，十三經注疏本），頁196。

〔註21〕參閱《春秋左傳正義》（北京市：北京大學出版社，1999年12月，十三經注疏本），頁927。

〔註22〕參閱〔晉〕嵇康撰、戴明揚校注，《嵇康集校注》（臺北市：河洛圖書出版社，1978年5月），頁170。

千人聚，不以一人爲主，不亂則散。故多賢不可以多君，無賢不可以無君，此天人之道，必至之宜。〔註23〕

最高領導者具有不可或缺性與唯一至高性，符合以日象君的觀念，天無二日，天也不可一日無日，即使是沒有賢能的人，仍然需要「不賢」的君主存在，沒有最高領導者統領群眾，人群必定散亂。

相較郭象的肯定、必然性論述，葛洪則以抽象、形徵符號式表述，葛洪辯駁無君論說道：

蓋聞沖昧既闢，降濁升清。穹隆仰燾，旁泊俯停。乾坤定位，上下以形。遠取諸物，則天尊地卑，以著人倫之體。近取諸身，則元首股肱，以表君臣之序，降殺之軌，有自來矣。〔註24〕

受之《易》學二元論思想的影響，「氣」有清濁、陽陰之分，氣聚成形，有天地、尊卑萬物之別，以乾坤符號統象之。統治者與被統治者的關係因此自然形成人倫尊卑關係，君主最高統治者也因此自然且必然存在。袁宏對君權正當性起源的思想，即是承接傳統儒家典籍與調和儒、道思想家的理論。

在最高統治者與被統治的人群之間，還有一群統治階層，一則輔佐君主治理，另外也是真正直接執行統治行爲的一群，袁宏很強調這群人臣官僚與君主對國家政治運作的重要性，包括爲君之道、爲臣之道，以及君臣相處之道。

1. 君道論

袁宏認爲立君之道源自於自然之理，自然之理就是「天理」，天道至公，故君主之立也是本於至公無私，所謂：

統體之道，在乎至公無私，與天下均其欲。〔註25〕

立君所爲司牧萬民而已，爲被統治的群眾謀生存之欲望所需、生命之安然延續，即所謂：

夫以天下之大，群生之眾，舉一賢而加于民上，⋯⋯將開物成務，正其性命，經綸會通，濟其所欲。〔註26〕

〔註23〕郭象個人思想表現在其注《莊子》的內容。參閱〔周〕莊周、〔清〕郭慶藩等撰，《莊子集釋》（北京市：中華書局，2004年1月二版），頁156，郭象注文。

〔註24〕參閱〔晉〕葛洪、楊明照，《抱朴子外篇校箋（下）‧詰鮑》（北京市：中華書局，1997年10月），頁511。

〔註25〕參閱〔晉〕袁宏撰、張烈點校，《兩漢紀：（下冊）後漢紀》，頁123。

〔註26〕參閱〔晉〕袁宏撰、張烈點校，《兩漢紀：（下冊）後漢紀》，頁39。

這是爲君者本於天道立君之理所肩負的使命與責任。既是本於天理，所以「君以德建」、以賢者勝任乃是順應自然人情民心。若是沒有賢德之君，退而其次，也要是合乎親疏尊卑之義、胸懷仁義的人來擔任，所謂「立君之道，唯德與義」，君主若不是以德獲位，至少也要合義而立。根據袁宏的評判，以漢高祖和更始帝劉玄分別作爲代表以德、以義即皇帝位的例子。〔註27〕

　　君主雖然坐居極位，卻不可能一個人管理整個國家，從中央到地方都需要有一群人輔助治理，或者代爲統治，封建制需要託付親族功臣王侯，郡縣制則需要拔擇賢能良臣。「明君不能獨治」的現實，君主與王侯佐臣形成互爲依賴關係，而位居權位之極的君主既然有賴王侯佐臣的協助，必須要放下高高在上的姿態，懂得「明儉素之道，顯謙恭之義」，籠絡王侯六親和睦，要「柔情虛己」，以求訪良臣賢相。袁宏說：

　　　　古之明君，必降己虛求以近輔佐之臣。〔註28〕

又說：

　　　　有道之君，知所處之地，萬物之所不敢干也，故柔情虛己，布其腹
　　　　心，引而盡之。〔註29〕

如海位居低勢而百川奔歸。君主位勢至極，使人有遙不可觸的距離感，要拉攏賢能的人才，便得放下姿態，虛懷謙恭，才能引納更多有志節、有風骨的菁英份子。〔註30〕

2. 臣道論

　　袁宏對於人臣完全抱持三綱論——君爲臣綱。董仲舒在《春秋繁露·基義》說：

〔註27〕 參閱〔晉〕袁宏撰、張烈點校，《兩漢紀：（下冊）後漢紀》，頁39～40。

〔註28〕 參閱〔晉〕袁宏撰、張烈點校，《兩漢紀：（下冊）後漢紀》，頁119。

〔註29〕 參閱〔晉〕袁宏撰、張烈點校，《兩漢紀：（下冊）後漢紀》，頁65。

〔註30〕 此外，《後漢紀》中收錄鄭興、陳元前後上疏告勸光武帝：「成屈己從眾之德，以濟群臣舉善之美。……留神寬恕，以崇柔克之德。」「師臣者帝，賓臣者王。……人君患在自驕，不患驕臣；失在自任，不在任人。……陛下宜修文武之典，襲祖宗之德，屈節待賢。」袁宏收錄的文論，有間接表達個人政治主張的意涵。紀傳體傳記所收錄的篇章，是收錄歷史人物的代表著作，或者用以具體、加強呈現傳記人物的行蹟。而《後漢紀》這種新式編年體所收錄的表奏、文論，是經過作者主觀意識的擇選，與作者的編撰思想融爲一體。參閱〔晉〕袁宏撰、張烈點校，《兩漢紀：（下冊）後漢紀》，頁 99～100、120。

> 王道之三綱，可求於天。天出陽，爲暖以生之；地出陰，爲清以成
> 之。不暖不生，不清不成。〔註31〕

將三綱「六人」各別陰陽，「君爲陽，臣爲陰，父爲陽，子爲陰，夫爲陽，妻
爲陰」，且陽尊而陰卑，「陰兼功於陽，地兼功於天」。〔註32〕劉向《說苑・辨
物》又說：

> 陽者，陰之長也。其在鳥，則雄爲陽，雌爲陰；其在獸，則牡爲陽而
> 牝爲陰；其在民，則夫爲陽，而婦爲陰；其在家，則父爲陽，而子爲
> 陰；其在國，則君爲陽，而臣爲陰。故陽貴而陰賤，陽尊而陰卑，天
> 之道也。〔註33〕

將三綱與陰陽二元配對，人君是陽、人臣是陰，陽尊陰卑、君尊臣卑，所以
爲人臣者當如：

> 地之承天，猶妻之事夫，臣之事君也。其位卑，卑者親視事。〔註34〕

竭盡心力、忠君效國。由於陽尊陰卑既定的法則，爲臣的人在輔弼君主、掌
握權力之餘，要隨時檢視自身，避免勢盛凌尊。袁宏藉鄧氏外戚勢盛遭殃的
例子說：

> 貴盛之極，傾覆之所由也，外戚則尤甚焉。……夫人君之勢非不高且
> 極也，置君於無過之地，萬人莫之計；人臣則不然，比肩而立，相與
> 一體也。操大權於天下，萬物之所惡也，周公且猶狼狽，而況其餘乎！
> 夫憑寵作威以取傾覆，理用等矣。若乃推心向善，而不免闇昧之誅，
> 所處之地危也。〔註35〕

身爲人臣攏握過大的權勢，就已經讓自己身居危險凶厄的處境，就算心存善
念、施爲善政都未必能避免殃禍，何況是像鄧氏憑恃恩寵，倚仗權勢、作威
作福，必然不會有善終。

而國君在沒有到窮凶極惡、天怒人怨的地步，爲臣者更不得僭越窺覘君

〔註31〕 參閱〔漢〕董仲舒、蘇輿撰、鍾哲點校，《春秋繁露義證・基義第五十三》（北京市：中華書局，2002 年 8 月初版三刷），頁 351～352。

〔註32〕 參閱〔漢〕董仲舒、蘇輿撰，鍾哲點校，《春秋繁露義證》，頁 323～328、350、351。

〔註33〕 參閱〔漢〕劉向撰、向宗魯校證，《說苑校證・辨物》（北京市：中華書局，2000 年 3 月初版三刷），頁 450。

〔註34〕 參閱〔漢〕班固、〔清〕陳立撰，吳則虞點校，《白虎通疏證・五行》（北京市：中華書局，1997 年 10 月初版二刷），頁 166。

〔註35〕 參閱〔晉〕袁宏撰、張烈點校，《兩漢紀：（下冊）後漢紀》，頁 327。

位，即使爲臣者本身才德兼備，也不應該。袁宏不客氣地批評後漢的首位君主在這一點上有失臣道：

> 世祖經略，受節而出，奉辭征伐，臣道足矣。然則三王作亂，勤王之師不至；長安猶存，建武之號已立，雖南面而有天下，以爲道未盡也。〔註36〕

袁宏認爲更始帝劉玄是以「義」得君位，而且劉秀受命爲臣，持更始帝之名征討四方，一來更始帝未失君道，二則更始帝尚未敗亡，劉秀見危不救，又趁機即位稱帝，實在是失爲臣之道。至於臣脅迫君、臣篡逆弒君，袁宏更是視爲罪無可逭、大逆不道的行爲。在《後漢紀》裡對楊彪收筆性的讚述和對丁宮的嚴厲痛斥，就是作者表達臣道正、逆清楚的例子。〔註37〕

3. 君臣關係

既然臣與君現實上存在一種不對等關係，君主又位極至尊，要求爲臣者竭盡心力忠君爲國，自然會出現君臣關係緊張、矛盾的困境。當君主在私德、施政有瑕疵或缺誤，耿忠之臣應該對君主提出諫言，懇請君主參酌修正，可是這樣的行爲往往扞格君主的心意、動則得咎。袁宏感嘆說：

> 諫之爲用，政之所難者也，處諫之情不同，故有三科焉。推誠心言之，於隱貴，於誠入，不求其功，諫之上也。率其所見，形於言色，面折庭爭，退無後言，諫之中也。顯其所短，明其不可，彰君之失以爲己名，諫之下也。夫不客其過，與眾攻之，明君之所易，庸王之所難。觸其所難，暴而揚之。中諫其猶致患，而況下諫乎！故諫之爲道，天下之難事，死而爲之，忠臣之所易也。〔註38〕

爲臣者抱持忠心勸諫君主是如此戰戰兢兢，除非置生死於外，否則都要唯恐這種「逆鱗」的行爲，所謂：

> 夫天下之所難，〔難〕於干人主之心，……人臣所以干人君者，必天下之正也。……故有道之君，知所處之地，萬物之所不敢干也，故柔情虛己，布其腹心，引而盡之，常恐不至。〔註39〕

明智的君主應該瞭解君臣法理上不對等關係所自然衍生的緊張衝突，放低身

〔註36〕參閱〔晉〕袁宏撰、張烈點校，《兩漢紀：（下冊）後漢紀》，頁40。
〔註37〕參閱〔晉〕袁宏撰、張烈點校，《兩漢紀：（下冊）後漢紀》，頁590、498。
〔註38〕參閱〔晉〕袁宏撰、張烈點校，《兩漢紀：（下冊）後漢紀》，頁411。
〔註39〕參閱〔晉〕袁宏撰、張烈點校，《兩漢紀：（下冊）後漢紀》，頁65～66。

段、胸懷謙卑，容納正直的言論，爲正直的臣屬開闢進諫之路，「求忠信之人而置之左右」，常唯恐舉忠正善臣不盡，深植「選羣臣之善以爲社稷之寄，蓋取其道存能爲天下正」的信念，這樣君臣之間方能相穆互信。

　　除了法理自然衍生的衝突，君主與良善忠臣之間也會有來自外力的侵害。君主是權力的源頭，想要取得權力或獲得利益的臣僚，便會乞仰上意，迎合君主喜好，甚至逢迎諂媚，不惜阻撓良臣親近、詆毀忠臣。袁宏說：

> 臣讒之危害，天下之患也。……好惡是非之情形於外，則愛憎毀譽之變應於事。〔註40〕

邪佞官臣進讒言、顛倒是非、混亂朝綱，破壞君臣正道關係，「無罪無辜，讒口囂囂」，〔註41〕在龐大的國家官僚體系裡實在很難完全避免。在袁宏所推崇的《漢紀》裡，作者荀悅也特別勾示警惕爲政者：

> 夫佞臣之惑君主也甚矣！故孔子曰「遠佞人」，非但不用而已，乃遠而絕之，隔塞其源，戒之極也。〔註42〕

袁宏所提出的應對方案，如荀悅一般消極，只能期待君主能明智識人，與忠信親近、遠離奸佞、隱藏個人的好惡，避免有心人投其愛憎，趁機諂諛或詆毀。

（三）舉賢任才

　　《後漢紀》記載桓譚上疏光武帝事，桓譚曰：

> 國之廢興在於政事，〔政事〕得失在於輔佐。輔佐賢明，則俊士充朝，而治（世）合〔世〕務；輔佐不明，則論（時）失〔時〕宜，而舉多過事。〔註43〕

國家興衰在於善政是否有效能地運作，而政事要能有效能的運作得賴賢相良臣通力合作。選舉賢能拜命宰輔、拔舉人才設官分職，就成了政治是否能走上軌道的關鍵端始。因此袁宏便說：

> 經綸之方，在乎設官分職，因萬物之所能；……置百司而班羣才。……分其力任，以濟民事。〔註44〕

如果將賢能的人都安置在適當的職位，各司其職、各展所長，所有官員都能

〔註40〕參閱〔晉〕袁宏撰、張烈點校，《兩漢紀：（下冊）後漢紀》，頁98～99。
〔註41〕參閱《毛詩正義·小雅·節南山之什·十月之交》（北京市：北京大學出版社，1999年12月，十三經注疏本），頁728。
〔註42〕參閱〔漢〕荀悅撰、張烈點校，《兩漢紀：（上冊）漢紀》，頁387。
〔註43〕參閱〔晉〕袁宏撰、張烈點校，《兩漢紀：（下冊）後漢紀》，頁64。
〔註44〕參閱〔晉〕袁宏撰、張烈點校，《兩漢紀：（下冊）後漢紀》，頁123。

發揮個人的能力在爲國爲民的事務，國家必定能繁榮運作。

所以袁宏又說：「帝王之道，莫大於舉賢」，和左雄所說：「寧民之務，莫重用賢」意思完全相同，〔註 45〕要治理好國家，使人民安居樂業，必須要依賴眾多賢臣的輔佐。尚賢的思想在中國傳統政治思想裡甚爲普遍，思想家、政治家、知識份子不斷地宣揚尚賢對國家政治的重要性，除了在政治實務確實需要，另外，也是因爲在傳統君權體制，人才的選拔和任用存在制度上的箝制性。袁宏說：

> 夫世之所患，患時之無才也；雖有其才，患主之不知也；主既知之，患任之不盡也。〔註 46〕

雖然國家有選舉人才的制度，可循從制度的規則選賢與能，可是官職的任用與黜免君主握有最終決定權，可能因爲君主個人識人不明或私心好惡，賢能之才無法任用於適當職位，或者雖居職位卻架空權責。就如荀悅所感嘆：

> 以孝文之明也，本朝之治，百寮之賢，而賈誼見逐，張釋之十年不見省用，馮唐白首屈於郎署，豈不惜哉！夫以絳侯之忠，功存社稷，而猶見疑，不亦痛乎！夫知賢之難，用人不易，忠臣自古之難也。
> 〔註 47〕

再賢明的君主都難以避免遺漏人才，甚至非理性地閒置、罷黜人才。因此有識之士才要一再地呼籲，不斷提醒爲人君者，一方面消極警惕不理性所造成的人才浪費，另一方面積極訴求君主重視國家賢才的選任。

袁宏認爲，只要是賢能之才，爲政者都要想辦法網羅任用。而人才又有殊異。一般賢俊之士，可依照制度的規範，歷試漸進任用與升遷。可是偶有大德奇才，逐步漸進的升遷途徑反而又是另一種對人才的箝制，這時候應當「不待次而舉」、超拔任用。只要國家需要的賢才，唯「患任之不盡」，應當存有不同的任用管道，所以袁宏對左雄議請：「孝廉不滿四十，不得察舉」的主張，便以爲過於偏狹、不知變通。〔註 48〕

二、論制度與禮法

〔註 45〕 參閱〔晉〕袁宏撰、張烈點校，《兩漢紀：（下冊）後漢紀》，頁 48、350。
〔註 46〕 參閱〔晉〕袁宏撰、張烈點校，《兩漢紀：（下冊）後漢紀》，頁 108。
〔註 47〕 參閱〔漢〕荀悅撰、張烈點校，《兩漢紀：（上冊）漢紀》，頁 119。
〔註 48〕 參閱〔晉〕袁宏撰、張烈點校，《兩漢紀：（下冊）後漢紀》，頁 48、353～354。

　　袁宏對於關係國家運作的重大制度與法令頗爲重視，在《後漢紀》中，多處順後漢史事之便，申論多項重要制度。另外對國家的禮教觀、法治態度也再三表述，說明制度與禮教、法治對統治國家的重要性。

　　《後漢紀》「袁宏曰」申論制度，最關心的仍是權力的終極源頭——「君權」，袁宏從制度的本質、原意切入，加以詮釋與界定君權的意義。袁宏是天人合一的信仰者，開國創業者至德功高，將莫大的成功上告神明，正是符合人事不離天道本體，他說明了創業帝王封禪的原意：

> 夫天地者萬物之官府，山川者雲（氣）〔雨〕之丘墟。萬物之生遂，
> 則官府之功大；雲雨施其潤，則丘墟之德厚。故化洽天下則功配于
> 天地，澤流一國則德合於山川。是以王者經略必以天地爲本，諸侯
> 述職必以山川爲主。體而象之，取其陶育；禮而告之，歸其宗本。
> 〔註49〕

君王一統世間、收束紛亂、安治萬民，正如天地孕育萬物，功德至大。藉由封禪的管道，將在人事的至德大功，回歸稟告統治權的本源——天，呈報統治者在人世間完成「天」所賦予的使命。

　　正因爲君王的使命是「代天」化育萬民，如果不是有大德、成大功的創業帝王，是沒有封禪告天的資格跟必要；沒有資格而爲之，便是反行其道、竭耗民力。而且，天道至公，「天地易簡，其禮尚質」，故封禪之禮貴求簡易、誠樸，以應天地之性。

　　既然告天封禪應當合於「天地易簡」的本質，君王本身的居、行、衣自也該合理節制。宮殿輿服之作，目的在於區別身分階級，以分上下尊卑，所以以合於品數節度爲要。過份華麗鋪張，都是君王逾越地滿足個人的過份慾望，若持續不斷，終將「民力殫盡而天下咸怨」。明道之君應該引以爲鑒，約束個人的慾望，崇尚簡樸，宮室營建、車輦冕服但求合理適度，這樣方能「人心悅固而國祚長世」。〔註50〕

　　天子代天牧民，天道至公，故「統體之道，在乎至公無私」，國家非君主一人之私有，應該「建萬國而樹親賢，置百司而班羣才」共同分治、「共饗天下」。國家在這樣分治共享的制度下，封侯食邑的世襲諸侯能夠「保其富厚而無苟且之慮」，被派任的賢才官僚則「務善其禮不爲進取之計」，各安其職、

〔註49〕參閱〔晉〕袁宏撰、張烈點校，《兩漢紀：（下冊）後漢紀》，頁153。
〔註50〕參閱〔晉〕袁宏撰、張烈點校，《兩漢紀：（下冊）後漢紀》，頁165～166。

共謀國家大利。袁宏極是推崇這樣的封建制度，認爲：

> 五等之治，歷載彌長，君臣世及，莫有遷去。雖元首不康，諸侯不爲
> 失政；一國不治，天下不爲之亂。故時有革代之變，而無土崩之勢。
> 〔註51〕

國家幾經分劃，每個諸侯國都是小國寡民，政務簡單，統治者能輕易游刃有
餘。就算中央政權變動，對地方侯國不至於有太大牽連，人民猶能各居其所、
各安其業。這種君主不爲一己之私，將統治權下放分權，封建任才分治、共
饗天下，國家才能眞正長治久安。

　　至於治國方針，禮教與法治當孰輕孰重？孰先孰後？《後漢紀》載魯丕
對策論刑，並引孔子語：

> 治姦詭之道，必明愼刑罰。孔子曰：「導之以禮樂，而民和睦，〔悅〕
> 以犯難，民忘其死。」死且忘之，況使爲禮義乎！〔註52〕

如果不是後人節錄魯丕的對策，便是魯丕將兩段經文併錄爲一。《孝經·三才
章》孔子說：

> 先王見教之可以化民也。是故先之以博愛，而民莫遺其親。陳之於
> 德義，而民興行。先之以敬讓，而民不爭。導之以禮樂，而民和睦。
> 示之以好惡，而民知禁。〔註53〕

又《周易·兌》象曰：

> 順乎天而應乎人。說以先民，民忘其勞；說以犯難，民忘其死。
> 〔註54〕

魯丕意旨禮樂教化乃是順天應人之道，禮樂教化下的人民安分和睦，發自心
底的心悅誠服，禮樂率民才是治國的根本。

　　對於制禮作樂，袁宏分別在《後漢紀》卷十三與卷九各有一番見解。〔註55〕
制樂化民其實是禮制的輔助與延伸，與禮教一般，都是魯丕所說的「順天應人」
之制，袁宏說：

〔註51〕 參閱〔晉〕袁宏撰、張烈點校，《兩漢紀：（下冊）後漢紀》，頁123～125。
〔註52〕 參閱〔晉〕袁宏撰、張烈點校，《兩漢紀：（下冊）後漢紀》，頁312。
〔註53〕 參閱《孝經注疏·三才章第七》（北京市：北京大學出版社，1999年12月，
　　　　十三經注疏本），頁20。
〔註54〕 參閱《周易正義·兌》（北京市：北京大學出版社，1999年12月，十三經注
　　　　疏本），頁234～235。
〔註55〕 參閱〔晉〕袁宏撰、張烈點校，《兩漢紀：（下冊）後漢紀》，頁256～257、173
　　　　～174。

> 夫禮（也）〔者〕，治心軌物，用之人道〔者〕也（者）。其本所由，
> 在於愛敬，自然發於心誠而揚於事業者。〔註56〕

袁宏認為禮教是賢德之君順應天道人心，配合社會、政治的條件，設計約定成俗的規範，包羅整體人事關係，甚至延伸至人神、人鬼關係，而且具有因時制宜、「損益隨時」的特性。

雖然推崇禮制教化者，對人性與人的可塑性有正面性的信任，可是大都不否定在禮教的另一面，也需要存在法治的制約（conditioning）。魯丕猶說：

> 政莫先於從民之所欲，除民之所惡，先教後刑。〔註57〕

在正途主動的禮樂教化之餘，仍難免有「化外之民」，因此為政者猶要禁民為惡、為民除害，法、刑便是發揮這樣的後備功能，之所謂「禁民為非曰義」。〔註58〕對於法、刑這種必要之惡，袁宏說明了它的起始：

> 自古在昔有治之始，聖人順人心以濟亂，因去亂以立法。故濟亂所
> 以為安，而兆眾仰其德；立法所以成治，而民䁳悅其理。〔註59〕

法治的用意雖在制止亂惡的發生或蔓延，不過制定的動機是正面良善的，是順義而生的，並非是為了制裁、報復而創設。就如杜林上諫光武帝時說：

> 聖帝明王知其如此，故深識遠慮，動居其厚。故湯去三面之網，易
> 著三驅之義，所以德刑參用，而示民有恥。〔註60〕

所以法、刑並不貴在苛繁，而是盡可能簡單明瞭，讓人民易於遵從，自然就免於為惡。

總之，為政的大方針在「先以德禮陶其心，其心不化，然後加以刑辟」。貪心僥倖之人難免，可是要用刑罰恫嚇、制裁之前，應該先廣施德禮教化，再以適當、統一、貫徹的法、刑輔助。德化人心，法一而不變，這樣的明君「道之德禮，威以刑戮」，所設制的號令能統一視聽，獲得人民的信任，兇逆姦盜亂事也能輕易治理。〔註61〕

〔註56〕參閱〔晉〕袁宏撰、張烈點校，《兩漢紀：（下冊）後漢紀》，頁256。
〔註57〕參閱〔晉〕袁宏撰、張烈點校，《兩漢紀：（下冊）後漢紀》，頁311。
〔註58〕參閱《周易正義・繫辭下》，頁297。
〔註59〕參閱〔晉〕袁宏撰、張烈點校，《兩漢紀：（下冊）後漢紀》，頁114。
〔註60〕參閱〔晉〕袁宏撰、張烈點校，《兩漢紀：（下冊）後漢紀》，頁114。
〔註61〕參閱〔晉〕袁宏撰、張烈點校，《兩漢紀：（下冊）後漢紀》，頁577～579、206、
92～93。

三、論政策與施爲

　　法治刑罰是輔助統治教化的手段，雖不能棄，卻是不得已才用之。爲政者仍應該以寬裕教化爲主要統治的態度，禮制教化爲先，化育不成方用之法刑。袁宏認爲民心是喜近寬裕的，爲政治民應該懷柔順情，導民以德教。袁宏說：

> 在溢則激，處平則恬，水之性也。急之則擾，緩之則靜，民之情也。故善治水者引之使平，故無衝激之患；善治人者雖不爲盜，終歸刻薄矣。以民心爲治者，下雖不時整，終歸敦厚矣。〔註62〕

順民心所喜爲政施教，自然會引導出人民良善的性情，人與人誠樸相待，營造出敦厚的社會風氣。

　　柔順與簡質是袁宏評論政策與施政的一貫標準，袁宏適處以這兩項標準檢視後漢政事。漢安帝建光元年（公元 121 年）十一月庚子，取消二千石以上大臣服三年喪，尚書陳忠上疏諫止，安帝不從。袁宏批論曰：

> 古之帝王所以篤化美俗，率民爲善者也，因其自然而不奪其情，民猶有不及〔者〕，而況毀禮止哀，滅其天（生）〔性〕乎！〔註63〕

父母之喪至哀、至痛，仁德之君感知其情，順自然之情以率民，所以因情設三年之喪，順情制禮而止哀。〔註 64〕漢皇此時卻反自然之道而行，阻逆人情哀痛之性，實在是一項謬政。

　　又順帝永建四年（公元 129 年）五月有地方首長獻大珠事，除了朝廷以當時海內頻出災異、當修朝政爲由，辭退珍玩，袁宏也做了評論：

> 夫飢而思食，寒而欲衣，生之所資也。遇其資則粳糧縕袍，快然自足矣。然富有天下者，其欲彌廣，雖方丈黼黻，猶曰不足，必求河海之珍，以充耳目之玩，則神勞於上，民疲於下矣。夫萬物之非能

〔註62〕參閱〔晉〕袁宏撰、張烈點校，《兩漢紀：（下冊）後漢紀》，頁 483～484。筆者以爲，今本《後漢紀》這段史論「善治人者」下、「雖不爲盜」之上恐有脫文。「善治人者」當敘民情喜靜，使緩而無擾，與「善治水者」無衝激之患對應，至此上文意盡。下文再敘以智術、以法令、以刑名之屬治民者，民「雖不爲盜，終歸刻薄矣」，對比「以民心爲治者」致敦厚之風，整段文意方工整完備。

〔註63〕參閱〔晉〕袁宏撰、張烈點校，《兩漢紀：（下冊）後漢紀》，頁 329。

〔註64〕《禮記》、《論語》等儒家典籍皆有說明三年喪的設置。可參閱《禮記正義·三年問第三十八》，頁 1556～1560；與《論語注疏·陽貨第十七》（北京市：北京大學出版社，1999 年 12 月，十三經注疏本），頁 241～242。

自止者也，上之所爲民之準的也，今以不止之性而殉準的於上，是
彌而開之，使其侈競也。古之帝王不爲靡麗之服，不貴難得之貨，
所以去華競以嘿止喧也。夫上苟不欲則物無由貴，物無由貴則難得
之貨息，難得之貨息則民安本業，民安本業則衣食周，力任全矣。
夫不明其本而禁其末，不去其華而密其實，雖誅殺日加而奢麗逾滋
矣。〔註65〕

在上者所做所爲是在下者仿效的指標，人民要安分守己、恪守本業，爲政者
必須身爲表率，僅取生活基本需求，標榜簡樸、摒棄奢華，這樣就不會衍生
出奇貨貴物，惹來貪欲好利之輩競相逐末，人民自然知足安分，社會、經濟
安定平穩。

　　除了內政，中國與外邦的關係、應對外邦的態度，袁宏持論的立場也是
如此。袁宏認爲夷夏之分是順應自然地域差異而有別，所謂：

夫民之性也，各有所稟，生其山川，習其土風。山川不同，則剛柔
異氣；土風乖則楚、夏殊音。是以五方之民厥性不均，阻險平易，
其俗亦異。況乃殊類絕域，不賓之旅，以其所稟受有異於人。先王
知其如此，故分其內外，阻以山川，戎狄蠻夷，即而序之。〔註66〕

夷夏的分別只是因爲生活地域環境殊異，形成不同的民情、風俗、習性。在
中國宇內也是存在著地方性差異，只是當環境相當疏遠，差異性過大，彷彿
另一個域境時，就與中國殊別，成爲外邦。

　　對待外邦以懷柔、安靜爲要，讓各民族安其習俗，不相侵擾。中國只要鞏
固內政，邦強富庶，修禮施德，四方各國自然敬慕賓服。對於漢武帝、張騫、
班超、竇憲等人積極對外政策，袁宏頗不以爲然，他認爲這些人「好爲身後之
名」，在域外之境興事，只會讓僥倖之人有可趁之機。像班超一生巧計謀略經略
西域，事蹟只能稱奇，實際上並不能久服西域各國，爲中國創造長遠的利益，
不是對外政策的正途。〔註67〕

　　從袁宏對後漢諸項政事的評論，可以看出袁宏個人的政治思想是以柔
順、寬裕、簡質爲本，以德、義、禮爲實踐，再輔以法刑爲消極性的防範，
在袁宏的心中，這是落實王道治國的正確途徑。

〔註65〕參閱〔晉〕袁宏撰、張烈點校，《兩漢紀：（下冊）後漢紀》，頁346～347。
〔註66〕參閱〔晉〕袁宏撰、張烈點校，《兩漢紀：（下冊）後漢紀》，頁164～165。
〔註67〕參閱〔晉〕袁宏撰、張烈點校，《兩漢紀：（下冊）後漢紀》，頁281～282。

第二節　「務飾玄言」析論

　　袁宏的政論主張除了時空環境的影響外，主要是源自其學術思想。劉知幾在《史通‧論贊》中譏評袁宏的史論「務飾玄言」，認為袁宏用個人玄學的觀點和思辨廣肆發論，根本是誤解史籍有論的用意，華而失當。〔註68〕往後讀評《後漢紀》的學者談及袁宏的史論，都受到劉知幾的見解影響。例如近代學者陳寅恪說袁宏之所以在《後漢紀》大肆論析自然與名教，是「當時號稱名士者所不可少之裝飾門面語」，是當時著書、論談時的一股流行風潮。〔註69〕陳氏所謂的「裝飾」之說，應當就是源據劉知幾「務飾玄言」的評述。

　　劉知幾認為袁宏這樣的史論「玉卮無當」，不值得當作好的史論看待，這樣的評價一直到周天游從事校注《後漢紀》工作時，仍然大表贊同，甚至還說袁宏史論的名教觀「毫不足取」。〔註70〕直到二十世紀九〇年代以後，研究袁宏《後漢紀》的學者，才開始有新的角度分析、看待袁宏的史論思想。

　　玄學是起源於對過去所建構的社會價值與秩序開始檢視反省，兩漢時期所建構的社會秩序變調後，從議論、批判、詰辯，到曹魏正始年間成形一套思辨之學，這套思辨之學所研討的內容有典籍為據，有辯證方法，還有論辯的規矩與平台，很快就成為顯學。東晉中葉時，玄學已然盛行與成熟，袁宏活躍於這樣的學術氛圍，個人的學術涉略博廣，除了是一位眾人推崇的文學家，也被視為「清談之士」，多與當代學者論辯玄學議題，甚至撰著區別玄學的演變，〔註71〕所以也是一位不折不扣的玄學家。玄學興盛下的玄學家從事

〔註68〕劉知幾認為史籍中的史論有其特定用意，不是讓史家用來恣意發論的，對於袁宏在《後漢紀》史論「務飾玄言」，劉知幾認為是「玉卮無當」。參閱〔唐〕劉知幾撰、〔清〕浦起龍釋，《史通通釋‧論贊》（臺北市：里仁書局，1993年6月），頁81～82。

〔註69〕參閱陳寅恪，〈陶淵明之思想與清談之關係〉，收入氏著《金明館叢稿初編》（北京市：三聯書店，2001年6月），頁214。

〔註70〕參閱〔晉〕袁宏撰、周天游校注，《後漢紀校注‧前言》（天津市：天津古籍出版社，1987年12月），頁8。

〔註71〕關於袁宏是「清談之士」，且與當時學者論辯玄學議題，可參閱《晉書》（北京市：中華書局，1993年10月初版五刷），頁1990、1969、1993；以及周大興，《自然‧名教‧因果：東晉玄學論集》（臺北市：中央研究院中國文哲研究所，2004年11月），頁47～68。袁宏又曾撰著《名士傳》區分玄學流變，雖已亡佚，幸劉孝標注《世說》時多有徵引，尚得略窺其貌。《世說新語‧文學第四》中劉孝標注曰：「宏以夏侯太初、何平叔、王輔嗣為正始名士，阮嗣宗、嵇叔夜、山巨源、向子期、劉伯倫、阮仲容、王濬仲為竹林名士，裴叔

編纂史籍，所議史論很自然就會帶著玄學家的辯證思維，試圖「溯本式」地審視、辨析值得重視的歷史議題，於是就呈現出「務飾玄言」的史論特色。

一、名理與自然

　　玄學所探研的核心主題是人們所建立的一切社會規範其來源為何？以及是否「合理」。「理」是宇宙萬物的所以然與必然，兆端後漢知識份子提出思辨，隨魏晉玄學興起而被廣泛論述。〔註72〕王弼首說：「物無妄然，必由其理。」〔註73〕到郭象時又說：「物無不理，但當順之。」〔註74〕宇宙萬物皆有其理，應當依順於理而行、依順於理而為。袁宏亦持相同看法，一切名器都該尋求「其理」制訂，「遵理」修實而成，遵理修實所定之名才具有真實的意義，袁宏所謂的：「遵理以修實，理著而名流。」〔註75〕

　　所有的名器都應該因其「本」、因其「理」、「因實立名」，例如天生萬民而樹君統治，名君之理就是「崇長推仁」，以仁德有道的賢者居位統治，順理而居的仁德之君也必能「通分理以統物」。袁宏說：

> 夫物有方，事有類，陽者從陽，陰者從陰，本乎天者親上，本乎地者親下，則天地人物各以理應矣。……古之哲王，知治化本於天理，陶和在於物類。〔註76〕

君主順理而居，識分理而治天下，萬民萬物便能各遂其性而生、陰陽調和。至於君位非常態的異動，則必待君失其德、暴極、刑罰淫濫、民不堪命，「君理」喪失殆盡的時候，方由另一賢德禪代，或由一雄才領袖起義代之，以新興的「君理」獲得統治的正當性。〔註77〕

則、樂彥輔、王夷甫、庾子嵩、王安期、阮千里、衛叔寶、謝幼輿為中朝名士。」後人談及魏晉玄學分期皆以此為據，可見袁宏對玄學有相當深度的涉略。參閱〔南朝宋〕劉義慶撰、〔南朝梁〕劉孝標注，《世說新語》（北京市：中華書局，1999年2月，影印宋紹興八年刻本），頁169。

〔註72〕關於中國思想史「理」的發展與內涵，可參閱錢穆，《中國思想通俗講話》（臺北市：素書樓文教基金會，2001年2月），頁4～22。

〔註73〕參閱《周易（附周易略例）‧周易略例卷十》（上海市：上海古籍出版社，2003年6月初版三刷，書韻樓叢刊本），頁1a。

〔註74〕參閱〔周〕莊周、〔清〕郭慶藩等撰，《莊子集釋》，頁746，郭象注。

〔註75〕參閱〔晉〕袁宏撰、張烈點校，《兩漢紀：（下冊）後漢紀》，頁38。

〔註76〕參閱〔晉〕袁宏撰、張烈點校，《兩漢紀：（下冊）後漢紀》，頁206。

〔註77〕參閱〔晉〕袁宏撰、張烈點校，《兩漢紀：（下冊）後漢紀》，頁589。

「古之哲王，知治化本於天理」，一切名理的始源皆來自於天理：

> 天理之區別，即物性之所託，混眾流以弘通，不有滯於一方，然後
> 品類不失其所，而天下各遂其生矣。〔註78〕

這個天理是宇宙萬事萬物最原始的理，是宇宙萬象的起點，自始就已存在於天地，萬事萬物的理都依天理而生，依天理而存在。所以當袁宏談到社會階級凝成國家結構所產生的最高領導者時會說：

> 立君之道，有仁有義。夫崇長推仁，自然之理也；好治惡亂，萬物之
> 心也。推仁則道足者宜君，惡亂則兼濟者必王。故上古之世，民心純
> 朴，唯賢是授，揖讓而治，此蓋本乎天理，君以德建者也。〔註79〕

最高統治者最原始的形成就是本於天理，以長者、具仁德的賢者順理擔任之，順天理而成名君之理。

源於天理也就是源於自然之理，所以袁宏又說：

> 準天地之性，求之自然之理，擬議以制其名。〔註80〕

又一次說明制名器之理是揣度自然之理而來，也就是依準天理而制定，名器之理順天、法自然，所制定的名器就具有合理性與正當性，所有名器所建構的制度與秩序就能順天應人地長久運作。袁宏不斷地強調「名教」源於自然，其實在名教源於自然間有一段「名理源於自然」的辯證過程，辯證文、質同源，「器」源於「朴」，先為「名」的存在建立與天理、自然一般穩固的合理性，再推及名教就順理成章。

袁宏用「制度緣情」來具體說明名教源於自然的論證。制度是代表名器的複合產物，因此，制度的設置也應該有其自然「理源」，這自然之理就是人之心、人之情。在辯析禮制時，袁宏說：

> 夫禮（也）〔者〕，治心軌物，用之人道〔者〕也（者）。其本所由，
> 在於愛敬，自然發於心誠而揚於事業者。聖人因其自然而輔其性情，
> 為之節文，而宣以禮物，於是有尊卑親疏之序焉。〔註81〕

聖人俯察人本質存有愛敬之情，或對親長、或對賢能等，這愛敬之情出自人誠摯的內心，源自人自然的天性，聖人順此自然性情而制訂相應的禮制節文，

〔註78〕 參閱〔晉〕袁宏撰、張烈點校，《兩漢紀：（下冊）後漢紀》，頁334。
〔註79〕 參閱〔晉〕袁宏撰、張烈點校，《兩漢紀：（下冊）後漢紀》，頁39～40。
〔註80〕 參閱〔晉〕袁宏撰、張烈點校，《兩漢紀：（下冊）後漢紀》，頁509。
〔註81〕 參閱〔晉〕袁宏撰、張烈點校，《兩漢紀：（下冊）後漢紀》，頁256～257。

人群能自在地生活在這樣的秩序規範而不違其自然之情。

與禮制相對的刑罰，也是同樣的論證：

> 夫民心樂全而不能常〔全〕，蓋利用之物懸於外，而嗜慾之情動於
> 內也。於是有進（即陵）〔取貪〕競之行，希求放肆不已，不能充
> 其嗜慾也，則苟且僥倖之所生也。希求無厭，無以（疎）〔愜〕其
> 欲（也），則姦偽忿怒之所興也。先王知其如此，而欲救弊，故先以
> 德禮陶其心，其心不化，然後加以刑辟。〔註82〕

人不是天生喜歡甘冒刑罰的處罰違法犯紀，而是因為人以生具有慾望，這潛
在的慾望會因由外物而誘發，產生貪婪之念、引發苟且之心，進而放肆為惡。
樂全好生是自然、生有慾望也是自然，聖人知道人天生的矛盾，所以先用德
禮陶育人心，導人心安分在愛敬的社會規範中，另外再設置刑罰消極制約，
以因應人心慾望的失控，不得已而用之。〔註83〕

另外從袁宏對設置師保教育貴族統治階層的析理，也可見制度所源都是
人自然性情的衍理，袁宏說：

> 王侯身能衣而宰設服，足能行而相者導進，口能言而行人稱辭。閑
> 之有禮，輔之有物。少而習之，長而不改。和睦之性；與教而淳；
> 淫僻之心，無由得生。若縱而任之，不為師保，恣其嗜慾，而莫之
> 禁禦。性氣既成，不可變易；情意流蕩，不可收復。〔註84〕

袁宏認識到習性的存在，從舉手投足五官的習性，會日漸影響、塑化人的心
識，導之正，則性氣和睦，若放縱不理，則嗜慾流蕩難馴。尤其世襲的統治
階層習性的養成攸關民眾福祉，所以師保遂順此情理的需要而設置。

從對人正、反天性的認知，辯證緣自然之情所定名設制的合理性，是袁
宏「名理緣情」的一貫詮釋。經過一切人倫秩序皆源於自然的辯證，自然就
演繹出「道本儒用」的結論，「道明其本」則明自然之理於至高位階，發仁愛
之情，順理而設「儒教」人倫為用，教之義方，遂性而保生，規正名教所源

〔註82〕 參閱〔晉〕袁宏撰、張烈點校，《兩漢紀：（下冊）後漢紀》，頁577。

〔註83〕 袁宏的德治與法治辯證，盧建榮有精闢扼要的論述，然與筆者此處所論述的
　　　　角度略異，可參閱其說，此處不另贅述。參閱氏著〈使民無訟、朴作教刑——
　　　　——帝制中國的德治與法治思想〉，收入黃俊傑主編，《中國文化新論思想篇
　　　　（一）：理想與現實》（臺北市：聯經出版事業公司，2005年1月初版九刷），
　　　　頁174～175。

〔註84〕 參閱〔晉〕袁宏撰、張烈點校，《兩漢紀：（下冊）後漢紀》，頁320。

的認知，導正名教的合理與正當性。〔註85〕

二、性之異別與應世之道

《後漢紀》卷十七袁宏曰：

> 古之帝王所以篤化美俗，率民爲善者也，因其自然而不奪其情。

〔註86〕

睿智的領袖明白人有其共通天性、共通的情感、共通的喜惡，只要是人，皆「愛敬忠信，出乎情性」，明哲之君懂得順此自然之性率民向善，營造和諧的社會。〔註87〕

性有共通的屬性，也同時存在著個別差異，所以聖人又：

> 準天地之性，求之自然之理，擬議以制其名。〔註88〕

因爲「天地之性非一物」，所以因其異性而擬其異名。性有個別差異也是自然，因所處「山川不同，則剛柔異氣」，不同的氣聚則化育成不同的質性，個體間產生性的別異，孕育在人就有天生「個性」的殊異。袁宏用清談時習慣的比擬法，說明人與其他器物一樣，天生有性之異別：

> 夫金剛水柔，性之別也；員行方止，器之異也。故善御性者，不違金水之質；善爲器者，不易方員之用。物誠有之，人亦宜然。故肆然獨往，不可襲以章服者，山林之性也。鞠躬履方，可屈而爲用者，廟堂之材也。是以先王順而通之，使各得其性，故有內外隱顯之道（爲）〔焉〕。〔註89〕

先以二分物質質態與形態作爲提引，指出物器間質性歧異，人也相同。關心社

〔註85〕「道本儒用」的思想並非完全是袁宏一己之創獲，葛洪已說：「道者，儒之本也；儒者，道之末也。」李充也說：「聖教救其末，老莊明其本。」這是玄學發展尾聲儒道融合的趨勢，差異在於對儒道關係細部的辯證內涵。如袁宏大倡名教源於自然的「儒言其用」就比李充「本末之塗殊」的「聖教救其末」意態更爲積極，道儒主從關係更爲密切。參閱〔晉〕葛洪、王明，《抱朴子內篇校釋・明本》（北京市：中華書局，2002 年 3 月初版五刷），頁 184；與《晉書・列傳第六十二文苑・李充》，頁 2389。

〔註86〕參閱〔晉〕袁宏撰、張烈點校，《兩漢紀：（下冊）後漢紀》，頁 329。

〔註87〕此理就是〈中庸〉開卷所謂：「天命之謂性，率性之謂道，修道之謂教。」袁宏衍於事義表述。參閱《禮記正義・中庸第三十一》，頁 1422。

〔註88〕參閱〔晉〕袁宏撰、張烈點校，《兩漢紀：（下冊）後漢紀》，頁 509。

〔註89〕參閱〔晉〕袁宏撰、張烈點校，《兩漢紀：（下冊）後漢紀》，頁 84。

會菁英階層、統治階級、君臣關係的袁宏，以二分性喜入世從政與出世隱逸作為比擬說明。人天生有不喜歡受章服制度拘束，嚮往山林野鶴自由自在者；也有服膺於官場的繁文縟節，崇尚權勢所加冕的炫目光環者。不論天性為何，都與是非、價值無關，應循自然之性而從之，率性即是從道。所以袁宏又說：

> 人之性分，靜躁不同，或安卑素，守隱約，顧視榮名，忽若脫履。

> 彼二塗者，終之以道，亦各一家之趣也。〔註90〕

不論「性」為何，喜逐閒雲也好，好競權名也罷，只要是順性而為，終歸於道，殊途而同歸。

漢末魏晉因應時局動亂，盛行隱逸之風，袁宏以一貫的思理，提出個人看待隱逸行為的立場，袁宏認為隱逸應該順性而為，性本隱逸則隱。後來的人或受迫於環境、或巧應局勢，「明夷隱遁，困而不恥」，這種是假隱逸之名，「有為而然，非真性」的隱逸。袁宏這種順性而仕的思想，在「嘉遯，貞吉」的左端與「食土之毛，誰非君臣」的右端間取得折中，〔註91〕仕或隱以個人本性為主，以因應環境局勢為變，並不依準唯一限定法則。

順性所以能適性、盡性，個人的才性有異，「才大者通濟，智小者獨善」，〔註92〕盡量將天性發揮到最高度，不論才性為何，率性就能彰顯天命以行道，「量才適性」就是實踐性命的法門。袁宏用馬援事跡作為反面事例：

> 馬援才氣志略，足為風雲之器，躍馬委質，編名功臣之錄，遇其時矣。天下既定，偃然休息，猶復垂白，據鞍慷慨，不亦過乎！

馬援以其才氣志略、風雲之器展現其性命，表現在一生戎馬的功績。可是當時過性盡之後，該當休息沈潛，六十餘歲的馬援猶不自量力，慷慨據鞍請命出征，終至病死軍陣，仇人惡意加陷，幾不得歸葬。這樣落得敗軍之將、晚年不保的下場，最重要的起因就是馬援錯判自己當下的能力，逾所能而為之所致。

袁宏對此事發論，詳細說明正確的應世之道：

> （寶）〔保〕才者，智也。才智之用，通物為貴。

才性的展現與發揮會受到外部條件限制，怎麼樣因應環境的侷限，讓自己的才性有施展的空間，得賴個人智慧的應對。依靠智慧的裁量、節度，伺機而動：

〔註90〕 參閱〔晉〕袁宏撰、張烈點校，《兩漢紀：（下冊）後漢紀》，頁130。

〔註91〕 參閱《周易正義·遯》，頁148；與《春秋左傳正義》，頁1237。

〔註92〕 此文周天游斷作「才大者濟，智小者獨善」，張烈遂改「才大者濟世，小者獨善」。陳寅恪疑此處有奪文，或是「才大者通濟，智小者獨善」，筆者從陳氏引文。

> 善爲功者……不遇其主則弗爲也。及其不得已，必量力而後處，力
> 止於一戰則事易而功全，勞足於一邑則慮少而身安。〔註93〕

也就說縱使有才合性，猶需要能審時度勢，掌握最佳機會，才能將才性效能
發揮至最大，且不至於太過。

　　如果眞的時不我與，客觀環境與時機違逆施展的條件，只好委屈沈潛，
雖然不能順志性而爲，卻也不違大道：

> 夫默語（也）〔者〕，賢人之略也。……若時不我與，中道而廢，
> 內不負心，外不媿物，千載之下，觀其迹而悲其事，以爲功雖不就，
> 道將（何）〔可〕成也。及其默也，非義而後退，讓謀而後止，蓋
> 取舍不同，故宛龍蟠以求其志，雖仁者之心，大存兼愛，援手而陷
> 於不義，君子不爲也。〔註94〕

賢人君子能識辨時局、展現「明夷」之智，時雖不我與，亦堅毅守正而不偏
斜，靜默以待其變。若處在每況愈下、難以挽回的衰世，則：

> 賢人君子所宜深識遠鑒、退藏於密者也。易曰：「无咎无譽」，衰世
> 之道也。〔註95〕

避世隱遁也是因應於衰世的守道途徑。

　　總之，君子道廣，不論是自身處世，或者待人接物皆能審辨應對，明虛
柔之利，知所進退，所以袁宏又說：

> 古之善人內修諸己，躬自厚而薄責於人。至其通者嘉善而矜不能，
> 其狹者正身而不及於物。若其立朝，爲不得已而後明焉，事至而應
> 之，非司人之短者也。如得其情，猶復託以藜蒸，使過而可得悔失，
> 而自新之路長，君子道廣，而處身之途全矣。〔註96〕

總之君子修己應世、率性行道之途並不是狹徑，而是智慧變通的廣途，行道、
守道之法在於智慧與才性相結合，順天應人、知所進退。

三、袁宏之謙論與《易》學

　　君子且行謙終始，「柔情虛己」，所到之處無不通達，《周易・謙》曰：

〔註93〕論馬援事以下參閱〔晉〕袁宏撰、張烈點校，《兩漢紀：（下冊）後漢紀》，頁
　　　　147～148。
〔註94〕參閱〔晉〕袁宏撰、張烈點校，《兩漢紀：（下冊）後漢紀》，頁581。
〔註95〕參閱〔晉〕袁宏撰、張烈點校，《兩漢紀：（下冊）後漢紀》，頁38。
〔註96〕參閱〔晉〕袁宏撰、張烈點校，《兩漢紀：（下冊）後漢紀》，頁403。

謙：亨。君子有終。〈彖〉曰：謙，亨，天道下濟而光明，地道卑而
上行。天道虧盈而益謙，地道變盈而流謙，鬼神害盈而福謙，人道
惡盈而好謙。謙尊而光，卑而不可踰，君子之終也。〔註97〕

斷定卦義的彖言認爲，君子行謙無不通達又行之有終，故能獲謙終福。《晉書》記載袁宏曾與王坦之、韓伯辯「謙」之名理，《晉書》收錄了王坦之的〈公謙論〉與韓伯的〈辯謙〉，〔註98〕卻唯獨缺載袁宏的〈明謙〉之辯。此文今已不存，唯幸《太平御覽》存有片段殘文略得一窺：

賢人君子，推誠以存禮，非降己以應世，率心以成謙，非匿情以同
物。故侯王以孤寡饗天下，江海以卑下朝百川。《易》曰：「天道下
濟而光明，地道卑而上行」，老子曰：「高以下爲基，貴以賤爲本」，
此之謂乎！〔註99〕

「推誠」是袁宏非常重視的心理活動，在其著作裡多處得見。〔註100〕推誠是從心性到行爲順於自然的歷程，只要是推誠的行爲就合於自然性理。袁宏認爲謙也是出自內心的自然之誠，是源自內心的一種虧盈、遜退之意，表現在行爲上就是克讓、不伐。袁宏藉馮異不伐其功的事跡詳加闡明謙義：

虞書數德，以克讓爲首；仲尼稱顏回之仁，以不伐爲先。郤至矜善，
兵在其頸；處父上人，終喪其族。然則克讓不伐者，聖賢之上美；
矜善上人者，小人之惡行也。司馬法曰：「苟不伐則無求，無求則不
爭，不爭則不相掩。」

袁宏以儒家經典稱美克讓、不伐，配合反例史事，共同佐證《周易》稱謙爲君子之行，諸行之至善，招福吉。至於小人則易矜善、驕伐而招厄。

從心理運作的角度來看：

士苟自賢，必貴其身，雖官當才，斯賤之矣。苟矜其功，必蒙其過，
雖賞當事，斯薄之矣。苟伐其善，必忘其惡，雖譽當名，斯少之矣。

〔註97〕 參閱《周易正義·謙》，頁80。

〔註98〕 參閱《晉書》，頁1968～1969、1993～1994。

〔註99〕 參閱〔宋〕李昉等撰，《太平御覽》（臺北市：臺灣商務印書館，1992年1月初版六刷，影印四部叢刊本），頁2080-1。關於王坦之、袁宏與韓伯論辯的過程與內容的差異，已有樓宇烈、楊曉菁、周大興等數位學者比較分析，可參閱諸氏之作，筆者此處不再贅述。筆者此處僅著眼於袁宏個人思理對「謙理」的整體詮釋。

〔註100〕 袁宏在《後漢紀》總共用了八次「推誠」行文，其中有三次在「袁宏曰」的論述中。

於是怨責之情必存於心，希望之氣必形於色，此矜伐之士、自賢之
人所以為薄，而先王甚惡之者也。

自以為賢就會抬高自我身價，輕視所擔任的職務；矜功、伐善就會看不見自
己的過錯，總覺得自己沒有獲得相當的賞賜與名聲，因此就萌生不滿、怨懟
的心理，表現於行、色，遂招厄禍。相對於矜伐小人，推誠行謙的君子則是：

勞而不伐，施而不德；致恭以存其德，下人以隱其功；處不避汙，官
不辭卑；唯懼不任，唯患不能。故力有餘而智不屈，身遠咎悔而行成
名立也。〔註101〕

就如華嶠所說：「誠能不爭，天下莫之與爭，則怨禍不深矣。」〔註102〕真正行
謙終始的君子必能遠咎禍、致福吉。

袁宏注意到克讓的行為有其相對性與整體性，雖然謙讓出自心誠，卻不
應該只顧著取讓之義，卻忽略陷他人得之不當的非名。袁宏藉華嶠論丁鴻讓
國與弟事，說明這樣的讓會致陷對方於不義，甚至成為沽名釣譽者投機的樣
版，真正的克讓要顧及兼善社會。〔註103〕

以推誠至性解釋謙義源於性理、本於自然，應合聖人象象之意。《後漢紀》
的「袁宏曰」多是玄學家析理式的辯證申論，與一般玄學論談相似，常引三
玄為典，增強自己析理的憑據。袁宏的史論除了明顯有道家老莊思想，最主
要的思想內蘊元素是袁宏涉略研究的《周易》。〔註104〕

（一）象之哲理

「聖人仰觀俯察而備其法象」，這是聖人畫卦作《易》的由來，用意在於
法天教人。《後漢紀》卷十一袁宏曰：

夫剛健獨運，乾之德也；柔和順從，坤之性也。是以制教者本於斯，
男有專行之道，女有三從之義。

〔註101〕儒家稱美克讓以下參閱〔晉〕袁宏撰、張烈點校，《兩漢紀：（下冊）後漢紀》，
頁101～102。筆者按：《藝文類聚》所謂「晉袁宏去伐論」，與嚴可均據之收
錄〈去伐論〉當出自於此，有節文。
〔註102〕參閱〔晉〕袁宏撰、張烈點校，《兩漢紀：（下冊）後漢紀》，頁523。
〔註103〕參閱〔晉〕袁宏撰、張烈點校，《兩漢紀：（下冊）後漢紀》，頁264。
〔註104〕《舊唐書·經籍志》與《新唐書·藝文志》經部《易》類分別載有「《周易譜》
一卷袁宏撰」，與「袁宏《略譜》一卷」，是袁宏釋《周易》的著作，《兩唐書》
所指涉當是同書，已亡佚。參閱《舊唐書·志第二十六經籍上》（北京市：中
華書局，1991年12月初版四刷），頁1969；與《新唐書·志第四十七藝文一》
（北京市：中華書局，1995年3月初版五刷），頁1426。

次卷又說：

> 《易》稱地道無成而代有終，《禮》有婦人三從之義……〔註105〕

聖人仰觀俯察自然之理後，用抽象的符號表徵出來，象徵式地包羅、說明抽象的天理。再從這「自然之象」制訂爲具體、符合自然之理的禮制規範，讓人的行爲便易符合天理。乾、坤，是象之用，象天健之運行無窮，象地之厚德載物。地順承於天，用之於人事則夫、父、君居尊，妻、子、臣以卑順行，〔註106〕衍之於名禮之教遂有三綱、三從……之義。所以袁宏又說：

> 尊卑莫大於父子，故君臣象茲以成器。天地無窮之道，父子不易之體。夫以無窮之天地，不易之父子，故尊卑永固而不逾，名教大定而不亂，置之六合，充塞宇宙，自今及古，其名不去者也。〔註107〕

既然天地高下是自然之理、永恆不變，同樣生於自然的父子關係，與象茲成器的君臣關係，同推其理遂是「尊卑永固而不逾」，這就是名教能大定不亂的理源。

袁宏的《易》學哲理是其思想內蘊的元素，在其辯名析理的過程，是思想理論的源頭，也作爲總結論述有力的信念依據。

（二）福禍否泰

《後漢紀》記載廉范十五歲時入蜀迎遭亂客死在蜀的父親屍骨，因爲不接受祖父廉丹故屬的援助，差點連人帶屍俱沈於水。袁宏批評廉范固執拘泥，幾乎敗事，且說：

> 古之人明救卹之義，開取與之分，所以周急拯難，通乎人之否泰也。〔註108〕

天有不測風雲，人有旦夕禍福，人存於世上仍然有太多事難以通透悟明，恐怕還是屬於「微顯闡幽」的天道範疇，所謂「通塞可得而遇，否泰難得而期」，人事所及唯有發揮人性之光輝、互助救恤，亡羊補牢而已。

再進一步說：

> 《易》稱「天之所助者〔順，人之所助者〕信」，然則順之與信，其

〔註105〕坤德與婦德三從之義二段引文參閱〔晉〕袁宏撰、張烈點校，《兩漢紀：（下冊）後漢紀》，頁216、240。
〔註106〕參閱《周易正義》，頁1～33。
〔註107〕參閱〔晉〕袁宏撰、張烈點校，《兩漢紀：（下冊）後漢紀》，頁509。
〔註108〕參閱〔晉〕袁宏撰、張烈點校，《兩漢紀：（下冊）後漢紀》，頁175。

天人之道乎！得失存亡，斯亦性命之極也。夫向之則吉，背之則凶，

順之至也；推誠則通，易慮則塞，信之極也。故順之與信，存乎一

己者也。而吉凶通塞，自外而入，豈非性命之理，致之由己者乎！

〔註109〕

天人之道確是有別，天助則順。只是人猶有部分選擇權，選擇趨向或背離，向吉背凶。福禍吉凶雖然由外加諸於人身上，可是招致與否最終還是取決於自己的智慧與選擇。所以君子知道：

吉凶由人，而存亡有地，擇地而處，君子所以無咎也。長木之標，

其勢必顛，勢極故也。勢極則受患，故無全物焉。〔註110〕

物極必反，勢極則殃，連極位都有「亢極悔吝」之戒，〔註111〕何況其他！凡事不可太盡，勢極驕亢則招凶。甚至當俯察形勢不對，君子選擇遁隱避禍，期「无咎无譽」，也是一種應天時趨吉避凶之道。〔註112〕

（三）尚簡易

《周易・繫辭上》曰：

乾以易知，坤以簡能。易則易知，簡則易從。易知則有親，易從則

有功。有親則可久，有功則可大。可久則賢人之德，可大則賢人之

業。易簡而天下之理得矣。天下之理得，而成位乎其中矣。〔註113〕

一部《易》經在崇「易簡」，以及明「變易」與「不易」三要義。〔註114〕「天地之道，不爲而善始，不勞而善成」，〔註115〕所以天地萬物始於易簡、生生不息於易簡。〈繫辭上〉又曰：

陰陽之義配日月，易簡之善配至德。〔註116〕

簡易至德，所以推而崇之。袁宏認爲「簡易之可以致治」，國家之施政、制度之設置都應盡可能循從簡易。在談封禪時說：

〔註109〕參閱〔晉〕袁宏撰、張烈點校，《兩漢紀：（下冊）後漢紀》，頁407。

〔註110〕參閱〔晉〕袁宏撰、張烈點校，《兩漢紀：（下冊）後漢紀》，頁327。

〔註111〕參閱《周易正義・乾》，頁7，乾卦上九：亢龍有悔。

〔註112〕參閱〔晉〕袁宏撰、張烈點校，《兩漢紀：（下冊）後漢紀》，頁38；以及《周易正義・坤》，頁29，坤卦六四：括囊，无咎无譽。

〔註113〕參閱《周易正義・繫辭上》，頁259～260。

〔註114〕參閱《周易正義・周易正義卷首》，頁4～6。

〔註115〕參閱《周易正義・繫辭上》，頁259，韓康伯注。

〔註116〕參閱《周易正義・繫辭上》，頁273。

> 天地易簡，其禮尚質。故藉用白茅，貴其誠素；器用陶匏，取其易
> 從。然則封禪之禮，簡易可也。〔註117〕

因爲「古之王者承天理，必崇簡易之教」，封禪是代天牧民的天子向天告其功
德，所以應該順從天理，禮從簡易。

主張封建制度，因爲細分天下而治，諸侯國小國寡民，能夠「衆務簡而
才有餘」，各自能輕易地把統轄的地民治理好。就是《周易》所說的：「先王
以建萬國，親諸侯」，諸侯各主轄國，天子再「首出庶物」、「總而君之」，便
能「萬國咸寧」。〔註118〕

劉知幾所謂的「務飾玄言」指的是袁宏的史論充斥與史事脫離的思維辯
證，是玄學家撰寫歷史評論，從欲建立「史學專業」的劉知幾來看，自是有
失倫類。可是如果單從玄學的角度來看「袁宏曰」，袁宏的玄學已經是將玄遠
風拉回理性的名理論辯，擺脫對玄遠意境的追求，重點再放回較務實的「辯
名析理」。論理、性、命、謙⋯⋯都是玄學的內容與命題，論述中充滿袁宏《易》
學內涵的思辨，藉編纂史籍與對歷史抒論的方式表現，史籍的修纂摻入了子
書的特性。

第三節　以史明玄──「通古今而篤名教」之思想內涵

袁宏編纂《後漢紀》、寫書序，開宗明義說：

> 夫史傳之興，所以通古今而篤名教也。〔註119〕

這是袁宏篤定表述個人對歷史文獻功能的認知，對前人所纂修的後漢史表示
不滿後，便以此作爲著手修史作論的最高宗旨。從體裁的選擇，史料鑒裁，
史事、人物傳記的擇取，到全書十二分之一篇幅的史論，整部後漢斷代史的
總成都是以「篤名教」爲編纂的指導宗旨。

袁宏認爲將過去的歷史記載下以流傳後世，是爲了讓後人藉史籍所保存
的史事瞭解過去到現在的「變」，讓人的意識產生現在與過去的相關連結，在
這「通古今」的過程發掘人建立名教社會的本源，以及名教社會變化的原因，

〔註117〕參閱〔晉〕袁宏撰、張烈點校，《兩漢紀：（下冊）後漢紀》，頁154。
〔註118〕參閱〔晉〕袁宏撰、張烈點校，《兩漢紀：（下冊）後漢紀》，頁123；以及《周
　　　　易正義》頁55、9。
〔註119〕參閱〔晉〕袁宏撰、張烈點校，《兩漢紀：（下冊）後漢紀・後漢紀序》，頁1。

在這藉歷史探本溯源的過程導正眞正本於自然之理的名教，重建名教的正當性，堅持名教的價值，並且切實奉行。

這個「通古今而篤名教」的思維，背後有著袁宏的歷史觀、歷史意識，以及對史學之用的認識，再與其個人的經玄之學相融合，於是形成以史明玄、史爲經世之用的思想。

一、建構史玄關係

「探本溯源」是玄學最重要的核心內涵，不論是崇有貴無還是論述名教之本，都是玄學家爲了瞭解宇宙萬物存在的原始根據，爲了探討「本體」、「本性」爲何。玄學探本溯源的特徵與史學「通古今」性質相仿，當「綜核名實」反省思潮興起，漸而形成玄學哲思的同時，另一種以古鑒今的反省管道也一併逐日興盛。讀史、識史、修史以通古今之變，從歷史演變脈絡找尋時代社會問題的原因，藉助歷史的比對評判是非，從而再確立正確的價值。

玄學家用老莊之學、形名之辯檢視、思辨過去儒家經典所建立的名教世界，到向秀、郭象時，名教之用以「自然獨化」的姿態與自然之本由分歸合，往下儒、道已歸於融合。到袁宏時已接受儒、道融合，將郭象等名教源於自然、名教等同自然之說視爲定論，名教與自然關係已無須再深辯，所需要做的是導正與再次強化、肯定名教的價值。

好史的袁宏意圖藉用史學的功能達到「正名教」的目的，在博覽群史的過程發現史家的修史意識與學識才能不同，並不是所有的歷史文獻都符合他期待的功能標準。史籍品質的良莠袁宏評價相當明確，例如他所見到的各家後漢史，在他看來都是「煩穢雜亂」的作品，好的史籍得往更早的時代尋找，他說：

> 丘明之作，廣大悉備。史遷剖判六家，建立十書，非徒記事而已，信足扶明義教，網羅治體，然未盡之。班固源流周贍，近乎通人之作；然因藉史遷，無所甄明。荀悅才智經綸，足爲嘉史，所述當世，大得治功已矣；然名教之本，帝王高義，韞而未敍。〔註120〕

司馬遷、班固、荀悅的著作都算是不錯、值得稱善的作品，不過也都還有些許不足，只有《左傳》堪稱上等佳作。

史籍有鑒戒與闡道經世的功能，撰修是嚴肅的事，因此袁宏看了「煩穢雜

〔註120〕參閱〔晉〕袁宏撰、張烈點校，《兩漢紀：（下冊）後漢紀・後漢紀序》，頁1。

亂」的諸史才會「睡而不能竟」。既然要撰修歷史文獻，就要取法乎上，抓住像《左傳》這種佳作的撰述神韻。《左傳》學家認爲《左傳》的作者撰述是有清楚意識地「斟酌抑揚，寄其高懷」，顯明切直順之道，「崇君父，卑臣子，彊幹弱枝、勸善戒惡」。〔註121〕袁宏就是看準《左傳》明名教高義的史意精神，故說「丘明之作，廣大悉備」，並且作《後漢紀》效仿之。

歷史必有變，史學之用也就在察歷史變化之軌跡，探歷史變化之因果。變，是歷史的特徵。《後漢紀》卷十二袁宏用歷史的實例說明了歷史的殊異性與變化的必然：

> 堯、舜之傳賢，夏禹、殷湯授其子，此趣之不同者也。夏后氏賞而不罰，殷人罰而不賞，周人兼而用之，此德刑之不同者。殷人親盡則婚，周人百世不通，此婚姻之不同也。立子以長，三代之典也。文王廢伯邑考而立武王，廢立之不同者也。君親無將，將而必誅，周之制也。春秋殺君之賊一會諸侯，遂得列於天下，此襃貶之不同者。彼數聖者，受之哲王也。然而會通異議，質文不同，其故何邪，所遇之時異。〔註122〕

每一個時空點都有其條件性與特殊性，時空環境的變遷會影響人的觀念改變，價值、需求、習俗等也會相應改變，名教的內涵也就需要因應時空隨時損益調整：

> 小則凶荒殊典，大則革伏異禮，所以隨用合宜，易民視聽者也。

這就是「先王變禮之旨」，聖王觀察時空條件和需求，制定合時適用的制度規範，所以說：

> 王者之興，必先制禮，損益隨時，然後風教從焉。

損益隨時的名教應時順情，能有「風行草偃」之效。

然而名教有其變、有其不可變：

> 夫尊卑長幼不得而移者也，器服制度有時而變者也。〔註123〕

能變與否還是在於自然之理。尊卑親疏之序源於自然、發於心誠，同於天地高下，亙古皆然，故不可變；文明器物不斷發明革新，社會結構相應變遷，

〔註121〕引自後漢時有《春秋左傳》家學的賈逵語。參閱《後漢書‧鄭范陳賈張列傳第二十六》，頁1237。
〔註122〕參閱〔晉〕袁宏撰、張烈點校，《兩漢紀：（下冊）後漢紀》，頁230。
〔註123〕與上文「小則凶荒殊典」、「王者之興」段，參閱〔晉〕袁宏撰、張烈點校，《兩漢紀：（下冊）後漢紀》，頁257。

如同四時生息更廢，所以致用之物應時而變。這樣的名教與時間觀，源自背後的《易》學理論基礎，以「變易」與「不易」的哲理觀察歷史的古今之變與名教之用，導引古今之變與名教之用的是變動不居的道與自然不易之理。

袁宏說：

> 聖人所以存先代之禮，兼六籍之文，將以廣物慣心，通于古今之道。

而「經籍者，寫載先聖之軌迹者也」。〔註 124〕在袁宏看來，六經皆是史，是將聖人明自然之理、制之名器、教民安業樂生，使「群生和洽，各安其性」的歷史記載下來爲後人知法，所以能通六經就能悟明古今之道。今日之史傳或成來日之經典，修史者必須意識修史責任之重大，一部史著從史事、人物傳記的擇採、纂修，到對歷史的評論，作者應始終抱持著正確的名理意識，整部史籍的精神不偏離以名教爲核心，這樣的史著才能具有正當的經世功能，發揮史籍應有的價值，才算得是一部好的史著。

二、今不如古──久失名教之義

漢末魏晉政治、社會失控，舊主流經學體系瓦解，玄、史、文相應獨立成新興學術。然而知識不能憑空新生，新興學術仍是從過去知識體系內轉型獨立，猶深受過去知識體系的影響。起源於亂世的先秦學說多半有崇慕三代的思想，中國傳統學術思想往下不離先秦學說的根，對上古社會總是勾畫一片和穆景象、各方稱美。這種「退化史觀」到魏晉因爲政治、社會動盪，再次普遍深植當時人的觀念，並且表現在學術創作裡。拿總結文學理論的劉勰爲例，劉勰就認爲文學作品的「文辭氣力」是一代不如一代：

> 黃、唐淳而質，虞、夏質而辨，商、周麗而雅，楚、漢侈而艷，魏、晉淺而綺，宋初訛而新。從質及訛，彌近彌澹。何則？競今疏古，風末氣衰也。〔註 125〕

這都是因爲創作者只顧著模仿流行的作品，遺忘效仿古人的著作，文辭的氣勢就愈來愈難感動人。

在《後漢紀》裡，充滿這樣今不如古的觀念，袁宏對上古滿懷崇慕之情，

〔註 124〕與「聖人所以存先代之禮」引文起，參閱〔晉〕袁宏撰、張烈點校，《兩漢紀：（下冊）後漢紀》，頁 231。

〔註 125〕參閱〔南朝梁〕劉勰撰、詹鍈義證，《文心雕龍義證‧通變第二十九》（上海市：上海古籍出版社，1999 年 12 月初版三刷），頁 1089～1090。

相對於先秦以降，尤其是魏晉當代，在袁宏的心目中儼然就是亟需挽救的衰世。所以袁宏在《後漢紀》裡藉史抒論，盡力地指出後世衰退的問題，並且以上古的美好作為對照，導出今不如古的原因。

（一）世代沈淪

建武十二年（公元 36 年）梁統向光武皇帝建議加重刑罰以恫嚇姦宄情事的發生，事下公卿討論，杜林等認為嚴刑峻罰並非明王之政，表示反對意見，皇帝接受杜林等人的看法。袁宏就此事分析了古今刑罰寬嚴殊異的原因：

> 自古在昔有治之始，聖人順人心以濟亂，因去亂以立法。故濟亂所以為安，而兆眾仰其德；立法所以成治，而民俁悅其理。是以有法有理，以通乎樂治之心，而順人物之情者。豈（可使）法逆人心而可使眾兆仰德，治與法違而可使民俁悅服哉？由是言之，資大順以臨民，上（言）〔古〕之道也；通分理以統物，不易之數也。降逮中世，政繁民弊，牧之者忘簡易之可以致治，御之者忽逆順之所以為理。遂隳先王之大務，營一時之私議。於是乎變詐攻奪之事興，而巧偽姦吏之俗長矣。

像商鞅、韓非的主張只能發揮短暫赫治的效果，並不能用之長久牧民治國，因為其不懂上世聖人「通分理之數」，「以大道通其法」的智慧。〔註126〕上古的法刑是聖人為了護育群生所制，所以法制簡而易從；法家的刑罰則是逆情於對立、防範的立場制立，求於嚴苛，逆人情之性治理，怎能民安久治？所以建初元年（公元 76 年）章帝下詔理冤獄時，袁宏趁機又說：

> 古之哲王，知治化本於天理，陶和在於物類。故道之德禮，咸以刑戮，使賞必當功，罰必有罪，然後天地羣生穆然交泰。故斬一木，傷一生，有不得其理，以為治道未盡也，而況百姓之命乎！……自三代以下，刑罰失中，枉死無辜，幾將半。而欲陰陽和調，水旱以時，其可得乎！〔註127〕

三代以下不明「治化本於天理」，天有好生之德，以致於刑罰失中，違泛愛眾生之理，無辜怨氣亂陰陽之序，致人離心、時失序、災異頻出。

因為後世失治化之理，被統治者與統治者離心，為了生存，不得已捨棄

〔註126〕以上梁統、杜林陳刑事與袁宏論，參閱〔晉〕袁宏撰、張烈點校，《兩漢紀：（下冊）後漢紀》，頁 113～115。

〔註127〕參閱〔晉〕袁宏撰、張烈點校，《兩漢紀：（下冊）後漢紀》，頁 206～207。

本性應對苟存，隱遁之風日益興盛，袁宏說：

> 先王順而通之，使各得其性，故有内外隱顯之道（爲）〔焉〕。末
> 世凌遲，治亂多端，隱者之作，其流眾矣。或利競滋興，静以鎮世；
> 或時難迍邅，處以全身；或性不和物，退以圖安；或情不能嘿，卷
> 以避禍（亂）。〔註128〕

上古先王治民各順其性，有能好顯之才便使而用之，喜隱山林則從其性不強
加屈使。隱遁本是順自然天性而爲的，後世隱遁卻多是爲了逃避苟安或者矯
情釣譽的行爲。

不明治化之理，則連製作出來音樂都難以感動人：

> 樂之爲用有自來矣。大章、簫韶於唐、虞，韶濩、大武於殷、周，
> 所以殷薦上帝，饗祀宗廟，陳之朝廷，以穆人倫，古之道也。末世
> 制作，不達音聲之本，感物乖化，失序乎情性之宜。故雖鐘鼓不足
> 以動天地，金石不足以感人神，因輕音聲之用，以忽感導之方，豈
> 不惑乎！〔註129〕

原始世界質朴，人把内心感受直接反應於身體器官的功能，用最原始自然的
感官功能表達出情感與意識，「歌以敘志，舞以宣情」，所以聖人順情而制樂，
以樂導民、移風易俗。可是後來的人不明制樂之理，樂制流於形式，無法和
人心共鳴，失去安民從善的功能。

袁宏認爲時代是全面性地從古至今逐而沈淪，在沈淪的大環境個人難以置
身事外。「古之善人内修諸己，躬自厚而薄責於人」，所以社會一片祥和；現在
的人「臧否聿興，執銓提衡，稱量天下之人，揚清激濁，繩墨四海之士，於是
德不周而怨有餘」，社會充斥衝突的氣氛與階級的意識，難以和諧。〔註130〕

（二）君臣離心

唯君主一人無法治天下，需賴群臣齊心輔佐，君賴臣猶魚之賴水，可是袁
宏認爲君臣之間的關係亦今非昔比，君臣難相得推心置腹。從博學有俊才的桓
譚，因爲個性耿直，常逆君主所好，以致皆不得君主所喜，袁宏感而思古：

> 自三代已前，君臣穆然，唱和無間，故可以觀矣。五霸、秦、漢其
> 道參差，君臣之際，使人瞿然，有志之士，所以苦心斟酌，量時君

〔註128〕參閱〔晉〕袁宏撰、張烈點校，《兩漢紀：（下冊）後漢紀》，頁84。
〔註129〕參閱〔晉〕袁宏撰、張烈點校，《兩漢紀：（下冊）後漢紀》，頁173。
〔註130〕參閱〔晉〕袁宏撰、張烈點校，《兩漢紀：（下冊）後漢紀》，頁402～403。

> 之所能，迎其悅情，不干其心者，將以集事成功，大庇生民也。雖
> 可以濟一時之務，去夫高尚之道，豈不遠哉！〔註131〕

在三代，君臣關係如師似友，協手治國如烹小鮮。春秋戰國以後有志之士謀求仕途，有求於君主，投君主所好者日益顯明，推心輔君者愈趨罕見。

袁宏描述了上古君臣關係的美好：

> 古之明君，必降己虛求以近輔佐之臣，所以寄通羣方，和睦天人。
> 古之賢臣，必擇木棲集以佐高世之主。主（以）〔務〕宣明，不以
> 道勝而不招；臣務對敭，不以時艱而不進。及其相遇，若合符契，
> 功高而尊禮其人，師喪而不咎其敗，此三代君臣所以上下休（喜）
> 〔嘉〕，比德天地。

君臣各知其命、各守其道、各司其職，相知相得，融洽若魚水。可是：

> 末世推移，其道不純，務己尚功，豐自外入，君臣之契，多不全矣。
> 〔註132〕

後世君臣各為己私，「君臣異心，上下乖違」，從蕭何、張良、鄧禹這樣輔佐君主開創不世之功業的功臣，都難與創業帝王相得終始，只能徒嘆末世君臣離心難契合的悲哀。

（三）私欲失政

上古的統治群恤民為公，各司其職、各盡其能，「節順群風而導物為流」。可是近世的統治階層因私而忘公：

> 中古陵遲，……上之才不能以至公御物，率以所好求物，下之人不
> 能博通為善，必以合時為貴，故一方通而群方塞矣。〔註133〕

在〈三國名臣序〉又說：

> 中古凌遲，斯道替矣。居上者不以至公理物，為下者必以私路期榮，
> 御圓者不以信誠率眾，執方者必以權謀自顯。於是君臣離而名教薄，
> 世多亂而時不治。〔註134〕

在上位者念茲在茲個人的私欲，在下位者為求仕進、利祿，矯性迎合，眾人

〔註131〕參閱〔晉〕袁宏撰、張烈點校，《兩漢紀：（下冊）後漢紀》，頁66。
〔註132〕「古之明君」以下參閱〔晉〕袁宏撰、張烈點校，《兩漢紀：（下冊）後漢紀》，頁119～120。
〔註133〕參閱〔晉〕袁宏撰、張烈點校，《兩漢紀：（下冊）後漢紀》，頁433。
〔註134〕參閱〔南朝梁〕蕭統等輯、〔唐〕李善等注，《增補六臣註文選》，頁895-2～896-1。

相競而爲，久之便凝聚成社會的風尙、時代的風氣。

　　袁宏從內、外舉了數例批判，以天子的宮室輿服變化爲例：

> 昔聖人興天下之大利，除天下之大患，躬親其事，身履其勤，使天
> 下之民各安性命，而無夭昏之災。是以天下之民，親而愛之，敬而
> 尊之。夫親之者欲其閒敞平憚，而無疾苦之患也。故爲之宮室，衛
> 以垣墙，重門擊柝，以待暴客。敬之者，欲其崇高榮顯，殊異於眾。
> 故爲之旗旌，表以服章，陛級懸絕，不可得而逾也。後之聖人知其
> 如此，自民之心而天下所欲爲，故因而作制，爲之節文。始自衣裳，
> 至于車服，棟宇垣墙，各有品數，明其制度，盡其器用。備物而不
> 以爲奢，適務而不以爲儉。大典既載，陳于天下，後嗣因循，守其
> 成法。故上無異事，下無移業，先王之道也。末世之主行其淫志，
> 恥基堂之不廣，必壯大以開宮；恨衣裳之不麗，必美盛以修服；崇
> 屋而不厭其高，玄黃而未盡其飾。於是民力殫盡而天下咸怨，所以
> 弊也。〔註135〕

袁宏仍然以「理」仔細說明統治者的衣、住、行何以異於一般平民，宮室輿
服制度形成原本有其順民情而訂的合理性，而且節度分明以合人心。可是後
世之主不明其中的道理，放縱自己個人的私欲，挾權勢極盡奢華，費耗百姓
民脂民膏，殫盡民力，民怨遂起、民心背離。

　　對外，以對夷政策爲例。袁宏反對積極的對夷政策，他認爲好大喜功的
統治者，或者想從中牟利的投機份子才會主張積極的攘夷政策。在《後漢紀》
袁宏先後兩次提出反對意見，首先他說：

> 山川不同，則剛柔異氣；土風乖則楚、夏殊音。是以五方之民厥性
> 不均，阻險平易，其俗亦異。況乃殊類絕域，不賓之旅，以其所稟
> 受有異於人。先王知其如此，故分其內外，阻以山川，戎狄蠻夷，
> 即而序之。夫中國者，先王之桑梓也，德禮陶鑄，爲日久矣。有一
> 士一民不行先王之道，必投之四裔，以同殊類。今承而內之，以亂
> 大倫，違天地之性，錯聖人之化，不亦弊乎！昔伊川之祭，其禮先
> 亡，識者觀之，知其必戎。況西羌、北狄雜居華土！嗚呼！六夷之
> 有中國，其漸久矣。〔註136〕

〔註135〕參閱〔晉〕袁宏撰、張烈點校，《兩漢紀：（下冊）後漢紀》，頁165～166。
〔註136〕參閱〔晉〕袁宏撰、張烈點校，《兩漢紀：（下冊）後漢紀》，頁164～165。

夷夏之分是先王順應居地不同、民性自異的自然現象劃分，從漢代卻開始政策遷徙民性、文化不同的外族進入中國，違背自然之性，當然最終會發生五胡亂華、晉室被迫東移偏安的結果。

到記載班超事跡時，又再次強調夷夏有別，不應各相干擾：

> 三代建國，弗（動）〔勤〕遠略。岐、邠、江、淮之間，習其故俗；朔野遼海之域，戎服不改。然而冕旒端委，南面稱王；君臣泰然，不以區宇爲狹也。故能天下乂安，享國長久。至于秦、漢，開其土宇，方于三五之宅，故以數倍矣。然顧瞻天下，未厭其心，乃復西通諸國，東略海外。故地廣而威刑不制，境遠而風化不同，禍亂薦臻，豈不斯失！當世之主，好爲身後之名，有爲之人，非能守其貧賤，故域外之事興，儌倖之人至矣。〔註137〕

各安地域民性、不相侵擾，民族間才能避免不必要的衝突，國家才能久安。秦皇漢武之輩爲了個人的功業，不明天地之性，大興戎事，胸懷抱負的人趁儌倖的機會圖揚名立功，君臣罔顧生民，夷夏交相侵擾，紛爭難平。

總之在袁宏的心中，三代以後是「末世陵遲」，趨向「讒勝道消」的衰世，整體社會、政治乃至個人都向下沈淪。究其原因都是因爲人們久忘了上古曾經有過「稱誠而動，以理爲心」的「情名教」社會，仁、義、禮、刑逐次偏重，人們矯情而忘卻名教本義。知識份子有責重新找回上古源於自然的名教之理、名教之義，將社會導回正途。從《後漢紀》史論中習以古對今、以古非今、厚古薄今可以清楚看出袁宏有明顯的慕古情懷，這在當時環境與學術特質下普遍可見，〔註138〕只是在袁宏的思想裡特別深刻，而且清楚地表達在個人的史著中。

三、以史爲憑、篤行名教

從《周易》內容很容易可以找到袁宏「名教本於自然」的《易》學基礎，《周易·序卦》中說：

> 有天地然後有萬物，有萬物然後有男女，有男女然後有夫婦，有夫

〔註137〕參閱〔晉〕袁宏撰、張烈點校，《兩漢紀：（下冊）後漢紀》，頁281～282。
〔註138〕魏晉時期內外交迫，玄學興起後，道家學說取代儒學爲主流，道家「失道而後德，失德而後仁，失仁而後義，失義而後禮」隱含退化的觀念影響了當時人的時代觀，時人認爲自己是處在「樸散爲器」的時代，遠不如上古。

　　婦然後有父子，有父子然後有君臣，有君臣然後有上下，有上下然

　　後禮義有所錯。〔註139〕

天地生育萬物，分陰陽二氣，孕成男女，然後有夫婦，遂能陰陽運轉不息。
配偶關係後有親子關係，人口增多後再分化出統治與被統治關係，社會規範
也就因複雜化後的社會需要而生，名教於是成形。

　　袁宏用後漢劉淑所說的話應和這三綱名教，《後漢紀》卷二十二載劉淑曰：

　　夫婦正則父子親，父子親則君臣通，君臣通則仁義立，仁義立則陰

　　陽和而風雨時矣。〔註140〕

劉淑的說詞其實完全與〈序卦〉的意思一致，只是加強關係的實踐。〈繫辭上〉
說：

　　天尊地卑，乾坤定矣。……乾道成男，坤道成女。乾知大始，坤作

　　成物。〔註141〕

天尊地卑、乾坤分定，乾道成男故男尊，坤道成女所以女卑。父子是自然之
序無庸置疑，尊卑之至大者。君臣分而有上下，上下既分綱紀遂定，三綱三
紀就成了名教至高不易的人倫關係。

（一）三綱位階與三從之義

　　如上所述，天地自然孕化三綱有其次序，綱紀間自然沒有疑義，可是如
果三綱間交錯有所衝突，就必須以名教的本源、這個自然孕化的次序作為評
判的準繩，此時就可以看出三綱有其位階性。

　　袁宏說：

　　尊卑莫大於父子，故君臣象茲以成器。〔註142〕

可是當君臣關係與父子關係交錯時，當以何者為準？漢高祖六年（公元前201
年）發生一件案例，《史記》記載：

　　六年，高祖五日一朝太公，如家人父子禮。太公家令說太公曰：「天

　　無二日，土無二王。今高祖雖子，人主也；太公雖父，人臣也。奈

　　何令人主拜人臣！如此，則威重不行。」後高祖朝，太公擁篲，迎

　　門卻行。高祖大驚，下扶太公。太公曰：「帝，人主也，奈何以我亂

〔註139〕參閱《周易正義・序卦》，頁336～337。
〔註140〕參閱〔晉〕袁宏撰、張烈點校，《兩漢紀：（下冊）後漢紀》，頁425。
〔註141〕參閱《周易正義・繫辭上》，頁257～259。
〔註142〕參閱〔晉〕袁宏撰、張烈點校，《兩漢紀：（下冊）後漢紀》，頁509。

天下法！」於是高祖乃尊太公爲太上皇。心善家令言，賜金五百斤。
〔註143〕

太公家令說太公人父不可凌駕人君，當時高祖認爲太公家令所言爲是，所以重賞太公家令。可是四百年後的荀悅卻不以爲然，荀悅說：

> 《孝經》云：「故雖天子，必有尊也，言有父也。」王者必父事三老
> 以示天下，所以明有孝也。無父猶設三老之禮，況其存者乎！孝莫
> 大於嚴父，故后稷配天，尊之至也。禹不先鯀，湯不先契，文王不
> 先不窋。古之道，子尊不加於父母，家令之言於是過矣。〔註144〕

荀悅認爲孝莫大於嚴父，君尊不得加於父母，太公家令的說法錯了。《後漢紀》雖然沒有這麼標準的史例，可是袁宏的看法應和荀悅相同。

光武帝晚年時遷呂后配食，袁宏表達了不以爲然的意見：

> 聖人……開公私之塗，則隱諱之義著，而親尊之道長矣。古之人以
> 爲先君〔之〕體猶今（爲）君之體，推近以知遠，則先後之義均也。
> 而況彰其大惡，以爲貶黜者乎！〔註145〕

聖人明親尊的意義重大，所以特開爲親隱諱教義，古人爲親尊隱諱猶恐不及，何況以君皇之尊張揚先祖大惡而加以貶黜！袁宏既然批判了君王不明隱諱親惡之義，想必也認爲君臣之義既然演自父子之倫，當然就不能反客爲主、破壞父子天倫之義。

夫婦者，人之大倫，「夫婦之道不可以不久」，聖人作《易》既認定男尊女卑是天地之道，地順承天、以卑順行便是亙久不變之理，這個不易之理明白規範在名教禮制，《儀禮》記載：

> 婦人有三從之義，無專用之道，故未嫁從父，既嫁從夫，夫死從子。
> 〔註146〕

因爲陰不得勝陽，所以立下女子三從之義。前漢末，各氏外戚緣帝后之勢專權，杜鄴上言即指出三從之義的《易》教精神：

> 陽尊陰卑，卑者隨尊，尊者兼卑，天之道也。是以男雖賤，各爲其家

〔註143〕 參閱《史記·高祖本紀第八》（北京市：中華書局，1994年6月二版十三刷），頁382。
〔註144〕 參閱〔漢〕荀悅撰、張烈點校，《兩漢紀：（上冊）漢紀》，頁43。
〔註145〕 參閱〔晉〕袁宏撰、張烈點校，《兩漢紀：（下冊）後漢紀》，頁155。
〔註146〕 參閱《儀禮注疏·喪服第十一》（北京市：北京大學出版社，1999年12月，十三經注疏本），頁581。

陽；女雖貴，猶爲其國陰。故禮明三從之義，雖有文母之德，必繫於

子。〔註147〕

陽者恆尊、陰者恆卑，后妃專權大違陰陽之理。袁宏也陳述了與杜鄴相同的

話：

夫剛健獨運，乾之德也；柔和順從，坤之性也。是以制教者本於斯，

男有專行之道，女有三從之義。〔註148〕

所以當章帝駕崩、和帝即皇帝位時，《後漢紀》記載：「是日太子即位，年十

歲，太后臨朝。」袁宏緊接著大表個人反對的意見：

非古也。《易》稱地道無成而代有終，《禮》有婦人三從之義，然則

后妃之〔德〕，在於欽承天〔命〕，敬恭中饋而已。故雖人母之尊

不得令於國，必有從於臣子者，則柔之性也。夫男女之別，自然之

理，君臣酬咨，通物所因也。故百司並在，相與率職，必祠焉而後

行，故有朝會享讌之禮，造膝請問之事。此蓋內外之分，不可得而

同者也。古之王者必闢四門，開四聰，兼親賢而聽受焉，所以通天

下之才，而示物至公也。自母后臨朝，必舅氏專權，非疎賢而樹親

暱也。蓋管其號令者，必寄外氏，是實違天封，而訓民以私政之所

階。〔國〕家制教關諸盛衰，建百司，修廢官，設冢卿以任權重，

收王（君薨）〔薨君〕幼，百官執事，總己思齊，聽於冢宰，所以

大明公道，人自爲用，上下竸業，而名器已固，三代之道也。〔註149〕

后妃之德在於從順君王，柔順宮廷，外朝之事與女德無涉。如果遇到即位的

皇帝年幼，應該暫時由宰相率領眾大臣掌領國政，母后聽聞但不干涉，守「夫

死從子」之義，以待幼主年長還政。后妃臨朝攝政、「牝雞司晨」便破壞了天

地陰陽之序，違逆了禮教三從之義，所以荀悅說：「三綱之首，可不愼乎！」

〔註150〕

（二）君臣之義

　　整部《後漢紀》最重視的還是君臣關係，尤其對爲臣之道的檢核在《後

漢紀》裡隨處可見。只要是有失臣道，不論其尊、賢皆不吝批判。建武元年

〔註147〕參閱《漢書・谷永杜鄴傳第五十五》，頁3475。
〔註148〕參閱〔晉〕袁宏撰、張烈點校，《兩漢紀：（下冊）後漢紀》，頁216。
〔註149〕參閱〔晉〕袁宏撰、張烈點校，《兩漢紀：（下冊）後漢紀》，頁240～241。
〔註150〕參閱〔漢〕荀悅撰、張烈點校，《兩漢紀：（上冊）漢紀》，頁304。

（公元 25 年）劉秀即位時長安更始皇帝政權猶在，袁宏便批判了光武帝這樣的作為：

> 世祖經略，受節而出，奉辭征伐，臣道足矣。然則三王作亂，勤王之師不至；長安猶存，建武之號已立，雖南面而有天下，以為道未盡也。〔註151〕

劉秀既然受節、稱臣於更始皇帝，在長安政權有危難時束手不救，而且趁機自立稱制，縱使最後一統政權開創後漢，還是無法掩飾他有失臣道的事實。

　　袁宏對於為臣者權勢過大，甚至凌駕君權的事尤其厭惡。鄧氏外戚以和熹鄧太后之勢握權封侯，鄧太后崩，鄧氏遭政治鬥爭而罹殃，袁宏認為這就是人臣勢極的下場，袁宏還說：

> 夫人君之勢非不高且極也，置君於無過之地，萬人莫之計；人臣則不然，比肩而立，相與一體也。操大權於天下，萬物之所惡也，周公且猶狼狽，而況其餘乎！〔註152〕

君為臣綱，臣是為輔君而存在，應該「忠順而不懈」，〔註153〕為臣者掌左右天下的權勢，是為天地之理所不容，即使是周公這樣賢德的人都不能豁免。

　　臣道在袁宏的觀念裡唯有在「君不君」的時刻才能容許「名教之變」，袁宏說：

> 暴極則變，變則革代之義也。……及其亡也，刑罰淫濫，民不堪命，匹夫匹婦莫不憔悴於虐政，忠義之徒無由自效其誠，故天下囂然新主之望。由茲而言，君理既盡，雖庸夫得自絕於桀、紂；暴虐未極，（徒於）〔縱〕文王不得擬議於南面，其理然也。〔註154〕

身為君王完全背離立君之理、為君之義，牧民者反殘害其民，民心盡棄的時候就是君理殆盡的時候。此時普天之下已皆非王臣，推翻暴虐之君已是匹夫皆可為的正當行為，如孟子所說：

> 賊仁者謂之賊，賊義者謂之殘，殘賊之人謂之一夫。聞誅一夫紂矣，未聞弒君也。〔註155〕

〔註151〕參閱〔晉〕袁宏撰、張烈點校，《兩漢紀：（下冊）後漢紀》，頁 40。

〔註152〕參閱〔晉〕袁宏撰、張烈點校，《兩漢紀：（下冊）後漢紀》，頁 327。

〔註153〕參閱〔周〕荀況、〔清〕王先謙撰，沈嘯寰、王星賢點校，《荀子集解‧君道篇第十二》（北京市：中華書局，1997 年 10 月初版四刷），頁 232。

〔註154〕參閱〔晉〕袁宏撰、張烈點校，《兩漢紀：（下冊）後漢紀》，頁 589。

〔註155〕參閱《孟子注疏》（北京市：北京大學出版社，1999 年 12 月，十三經注疏本），

退而言之，如果君猶未暴虐至極，就算賢德如周文王，也不應該違逆君臣綱紀。漢獻帝在位期間君權漸被侵奪，袁宏不時以史事強調獻帝並非昏庸、殘暴之君，曹氏取得政權是爲臣者沒有正當性的篡奪行爲。

多位學者認爲袁宏撰《後漢紀》有以史鑒戒時政、鑒裁桓溫的用意，〔註156〕以《後漢紀》的歷史編纂和史論來看，袁宏帶有明確的史鑒意識而作是肯定的。如果說袁宏有以特定史事針對影射當代某事、某人，那麼袁宏所用的是「託古喻今」的手法，把過去客觀的史事經過個人的主觀評判，寄寓個人的政治意識。舉例來說，東晉君臣之間時常面臨「忠君尊王」與「復土攘夷」的兩難，從《後漢紀》主張的君臣關係和夷夏關係即可知道，當兩難發生時，袁宏擇取了前者。

（三）正統意識

袁宏在〈三國名臣序〉裡說：「余以暇日，常覽《國志》，考其君臣，比其行事。」因爲《東觀漢記》漢末事缺略，《後漢紀》裡的漢末史事，袁宏除了在書序提到的《漢山陽公記》、《漢靈獻起居注》、張璠《後漢紀》等史料外，也一定佐參了《三國志》，〔註157〕所以關於漢末的史料應該掌握充足。可是仔細查閱《後漢紀·孝獻皇帝紀》所記載的篇幅，可以發現袁宏用五卷分載獻帝在位的三十餘年，可是卻將建安十二年（公元207年）至獻帝遜位的十三年史事集中在最終一卷，而且史事明顯比前四卷疏略。這是因爲袁宏深知自赤壁戰後的漢末最後十數年，漢帝是政權鬥爭的表徵，實際上僅是傀儡，政令所出皆從丞相曹操，此時大事的意義已多是曹氏的大事，而非漢家劉氏的大事，經過判斷、選擇後，所記載的就僅剩少數與「漢家政權」相關的要事。〔註158〕

更迭的魏晉政局，影響知識份子強烈的政權統治意識，政權統治意識裡清楚區辨政權的分際與正當性與否。在客觀事實上，赤壁之戰的結果對政局的影響等同正式宣告漢獻帝完全喪失實際的政治影響力，只是名義上曹氏仍

頁53。

〔註156〕關於袁宏著史以鑒裁當世的政治用意，白壽彝、雷家驥、楊曉菁、張蓓蓓等有撰著論述，可參閱諸位學者之作。

〔註157〕參閱〔南朝梁〕蕭統等輯、〔唐〕李善等注，《增補六臣註文選》，頁896-2。筆者比對漢末事發現《後漢紀》漢末史事的記載多與《三國志》同，當是主要的史料取材來源。

〔註158〕筆者按：在袁宏之後的范曄，編纂後漢末年歷史的史事鑒裁也與袁宏相似，除了赤壁戰後的史事明顯簡略，甚至比《後漢紀》更爲疏略，而且沒有爲魏武帝曹操立個人傳記，范曄似乎接受了陳壽將曹操視爲另一朝開國之君的歷史判斷。

維持著「挾天子」，未著手篡漢，因此史家把「形式政權」繼續編載完整，直到形式上的結束。

可是另外史家本身對政權又有其主觀的正當性評判，這個正當性評判就是正統意識。袁宏用《後漢紀》表現個人強烈的正統意識，《後漢紀》開卷先以劉秀的出身世系「序」其即位大統、開創後漢的正當性，也等於是為自己整部斷代史先表明「正史」的份量。接著袁宏反對後漢當代對更始政權的否定，把更始帝在位的二年，先紀於建武正朔之前，把更始皇帝在位視為漢正朔的一支，是新莽亡到漢復興的短暫過渡期。整部書最後，袁宏先在〈孝獻皇帝紀〉中不時特意記述漢獻帝之賢，為責斥曹氏篡漢力鋪證據，待後漢政權被曹魏正式取代，再展開批判這段不臣的篡奪歷程，強烈否定曹魏政權的正當性，正統意識結合了君臣名教觀，甚至不惜超越斷限，以「明年，劉備自立為天子」收束整部《後漢紀》，〔註159〕意在漢德未盡，後漢中央政權雖然被曹氏篡奪，可是猶有蜀漢延續在偏安地區繼為正統。

袁宏用父子綱紀加上婦德三從之義鞏固君權，強化君臣之義的名理，並藉後漢史的陳敘來彰顯。《後漢紀》所收錄的傳記都是有助於表彰名教之義的歷史人物，如本文前章筆者所表列正直之士、孝悌義之士、正直三公、德行表率、孝義、良二千石等等，以期達到讀史者「觀其名迹，想見其人」的教化功能，導正名教的價值與地位。從袁宏為漢末事詳讀陳壽《三國志》，對三國時代許多名臣的行蹟深有感觸，可是因為超出「後漢」斷限，不能列入《後漢紀》中「觀其名迹，想見其人」，於是別撰〈三國名臣序贊〉抒發個人對三國名臣的評價來看，〈三國名臣序贊〉可說是袁宏修《後漢紀》時個人歷史評論的延續，所贊三國名臣二十人皆是袁宏讀《三國志》後評斷明為臣之道的良臣，方能被袁宏選入贊頌，其用意實與《後漢紀》人物傳記一同。

「袁宏曰」中有一段玄思性的論述，袁宏說：

> 未有違（失）〔夫〕天地之性而可以序定人倫，（矣）〔失〕乎自然
> 之理而可以彰明治體者也。末學庸淺，不達名教之本，牽於事用以
> 惑自然之性。〔註160〕

〔註159〕參閱〔晉〕袁宏撰、張烈點校，《兩漢紀：（下冊）後漢紀》，頁 591。漢獻帝延康元年（公元 220 年）十月乙卯日，漢帝遜位給魏王曹丕，後漢國祚終止。原本奉獻帝年號的劉備，於建安二十六年（公元 221 年）四月丙午日即位改年。
〔註160〕參閱〔晉〕袁宏撰、張烈點校，《兩漢紀：（下冊）後漢紀》，頁 509。

這段論述正可以說明《後漢紀》撰述的動機和核心思想。袁宏認為「不達名教之本」正是一切社會、政治問題的根源,「中世」以後的人逐漸忘卻「上古」名教設置的原貌,袁宏「通古今」、溯本源,找回名教之本,以期達到篤確名教存在的功能性與必要性,政治與社會自然就會走回正軌。可以說袁宏撰史總志在「復興名教」,同時也是整部《後漢紀》的核心精神。

第五章　結　論

　　本文以《後漢紀》這部歷史文獻為研究標的，再兼及作者袁宏的學術與
思想。筆者分別從史籍史料的角度、史籍編纂學的角度，以及史家撰述意識
的角度探討《後漢紀》這部歷史文獻，研究成果已分述討論於前文各章節，
本章從《後漢紀》的整體再略作討論，並且總結本文。

一、《後漢紀》版本的擇取與運用

　　《後漢紀》自公元四世紀中葉問世後，經過學界與政界對後漢歷史文獻
的汰選，在文獻傳抄工具尚未便利的時代，順利地流傳了約七百年。北宋元
豐到明嘉靖四百餘年間，是這本史書流傳的黯淡期，發展便利的印刷術並沒
有助益《後漢紀》的傳播，相反的，似乎助焰了《後漢紀》被汰棄的結果。
當編年史巨著《資治通鑑》在文風盛行的北宋中葉問世，快速發展中的印刷
技術恰成了傳播這部史著的利器，很快就形成通鑑學的學術風潮。有了這部
盛行又取得便易的跨千年編年史著，《後漢紀》這部斷代編年史瞬時處於文獻
競爭弱勢，且位差不斷增劇的結果，使得這段時期世人對《後漢紀》嚴重地
忽略。

　　明黃省曾、黃姬水父子與南京國子監是讓《後漢紀》免於走向亡佚最重
要的功勞者，黃姬水刻本讓《後漢紀》的流傳得以復甦，南監本則為已殘缺
嚴重的《後漢紀》做了初步的校補。二本初步恢復了《後漢紀》的原貌，為
之後樸學盛行的清代學者先期備好差強人意的《後漢紀》版本。

　　從清初蔣國祚等人校刊樂三堂本以後，《後漢紀》幾經珍惜歷史文獻的學
者在前人的校勘成果上再累進校勘修復工作，直到近來學界最常採用的周天

游校注本，以及傳播最廣、市面書坊最易取得的張烈點校本，《後漢紀》在歷來學人的相繼努力下，一次、一次向精善趨近。

縱使如此，今日的《後漢紀》仍然存在太多的問題有待解決或標示。〔註1〕包括《後漢紀》各版本間史文的歧異，《後漢紀》與其他文獻記載的歧異，以及《後漢紀》本身史事記載錯誤等問題。對於一部史籍文獻來說，這些問題都需要再深進一步討論，能有定論的解釋定論，暫時無法獲得結論的註釋說明問題，廣徵其他文獻並存備考。《後漢紀》這部歷史文獻需要在目前的成果基礎繼續推進，需要後進學者賡續努力投入這部文獻的整理校勘工作，需要一部更全面、精善的校釋本，讓這部斷代歷史文獻更具價值。

以此時《後漢紀》現況評估其史料定位，首先從研究後漢歷史的角度看後漢文獻史料，《後漢紀》仍比不上范曄《後漢書》的重要。一來因為《後漢紀》部卷遠不如《後漢書》，記載史事的涵蓋量自然無法比擬《後漢書》，同一史事、人物事跡的記載大多也不如《後漢書》詳盡，再加上完整的〈續漢書志〉附於後，《後漢書》包舉的後漢事，實是《後漢紀》所不及的。

第二，袁宏雖才識淵博，當時最熱門的四學皆涉略，〔註2〕而且著作量相當可觀。可是或許是博雜而難能專精，袁宏的學術最見長者是在文學領域，〔註3〕因為好作史傳、好評人物而涉略史部，其史學實受文學與玄學影響甚大，因此史學、史法的嚴謹度明顯不如《後漢書》。

三則是書況，《後漢紀》曾有一段時間不受重視，史文散脫、險些亡佚，不若《後漢書》從成書以後就以集後漢史大成之作的姿態廣受重視，當唐初紀傳正史系統確立後，范曄《後漢書》的史典地位就再也不曾動搖，自然傳

〔註1〕 古文獻內容的問題有許多只能標示、指出、說明問題，能否解決需待新證據的發現與識見卓越學者的際會。

〔註2〕 此所指四學是指《宋書》所記載：「元嘉十五年，徵次宗至京師，開館於雞籠山，聚徒教授，置生百餘人。會稽朱膺之、潁川庾蔚之並以儒學，監總諸生。時國子學未立，上留心藝術，使丹陽尹何尚之立玄學，太子率更令何承天立史學，司徒參軍謝元立文學，凡四學並建。」儒、玄、史、文是魏晉南北朝新興四學，至南朝宋初已能各成獨立學門。參閱《宋書·列傳第五十三隱逸·雷次宗》（北京市：中華書局，1993年10月初版五刷），頁2293～2294。

〔註3〕 袁宏為時人推稱「一時文宗」，文學著作達「三百首」集有《袁宏集》二十卷，且從唐初史臣將其列入〈文苑〉，而非史家之列來看，袁宏的主專長乃是在文學領域。參閱《晉書·列傳第六十二文苑·袁宏》（北京市：中華書局，1993年10月初版五刷），頁2391～2399；《隋書·志第三十經籍四》（北京市：中華書局，1994年10月初版五刷），頁1068。

行順利、保存完善。如果再加上清代眾多學者對《後漢書》的考補，只有讓《後漢書》更爲精善，那更是《後漢紀》的修復工程所不能比擬的。因此，若要研究後漢史，猶應以范曄《後漢書》爲首選、爲主要參考文獻，並以《三國志》、《後漢紀》佐參，一則彌補《後漢書》漢末史事記載的不足，再則可校正《後漢書》的缺誤或存疑異文，第三可以補充《後漢書》記載較疏略之處。

　　其次關於《後漢紀》版本的擇取，以目前《後漢紀》的版本與校勘現況，筆者建議同時以影印嘉靖黃氏刻本的四部叢刊本和張烈點校本爲主，一來是最接近《後漢紀》原貌的版本，再則張烈本以黃氏本爲底本，校刊堪稱精良，並附有校勘記，一併參閱能大致掌握脫誤較爲嚴重的黃氏本，另外再佐參周天游豐富的校注成果。筆者以爲以此三本一併研究或參閱《後漢紀》，是目前較爲妥善的擇取，而且此三本取得皆不困難。

二、學術藩籬未定下的史學家

　　魏晉時期與先秦在學術發展上有其相似性，學術都因爲受到時代局勢的刺激，衝破原來主流學術體系的藩籬，走向學術多元化而大鳴大放。後漢在白虎觀統一經義後，兩漢經學價值所建構的社會便逐漸死沈化、虛僞化，再加上政治環境的不健全，最後整個社會價值混淆，名教體系搖搖欲墜。〔註4〕

　　這樣的背景刺激了玄學形而上的思辨，也刺激了史學務實尋求殷鑒之道，另外還助長文學的蓬勃發展。西晉以後，玄學又開始容納被挑戰的儒學，儒玄趨於融合。袁宏就是處在這種學術氛圍達到鼎盛時的學術人物，除了是當代推崇的「一時文宗」，個人又研究《周易》以繫通經、玄理論，而且好著史傳、好評人物，是一位博學通才型的學術人物。從《後漢紀》和〈三國名臣序贊〉來看，袁宏的史傳著作充滿個人的思想，清楚地表現在史事、文論的擇採與史論的撰述，子書性濃厚。

　　錢穆、張蓓蓓皆以袁宏爲良史，〔註5〕可是唐初《晉書》卻列之在〈文苑〉

〔註4〕 參閱馮友蘭，《中國哲學史新編（中卷）》（北京市：人民出版社，2004 年 11 月初版四刷），頁 375〜378。
〔註5〕 參閱錢穆，〈袁宏政論與史學〉，收入氏著《中國學術思想史論叢（三）》（臺北市：素書樓文教基金會，2000 年 11 月），頁 133〜134；張蓓蓓，〈袁宏新論〉，收入氏著《魏晉學術人物新研》（臺北市：大安出版社，2001 年 12 月），頁 172。

而非史家之列，這其中必有不同見解。從整部《後漢紀》來看，《後漢紀》的編撰大體上是「模仿」工程，模仿的主要對象依次是《漢紀》、《左傳》和紀傳體裁，模仿《漢紀》的整體架構，《左傳》的史意精神，並藉用紀傳體裁的形式加強表現。模仿工程中雖有加入個人新意，可是在史學意義上影響不大，相對的反而是袁宏編撰史著其實欠缺了史法意識，大體上僅是一味地模仿前書的體裁、體例編撰，把關心的焦點全然放在歷史評論上，執意在表達個人的史意與思想。

錢氏與張氏會認為袁宏堪稱良史，正是稱許袁宏撰史的史意，整部《後漢紀》所呈現出濃厚的「通古今而篤名教」的史意，能通古今而得「道明其本、儒言其用」的史識，所以能堪稱良史。唐初史官恐是以袁宏整體學術評估，認為袁宏還是以文學最見長，影響力也最大，所以捨史家之列而列在〈文苑〉。

筆者以為，從《後漢紀》來看，袁宏的確有其獨到的歷史識見與歷史意識，不過這可能是因為袁宏個人博學又好史使然，以博學之才貫通讀史心得，固有獨到的歷史識見。若是從嚴謹的史學和歷史編纂學角度而言，袁宏的史學專業是不足的，而這亦有其學術環境因素。當時學術爭鳴，學術間似分似通，尤其文、史蓬勃發展卻未獨立成理論體系，因此縱使博學如袁宏，在未建史學理論的時代，又欠缺史法意識，自然在模仿前史而作時疏略了史法的嚴謹。

三、玄史相輔、通史致用

袁宏雖是一位玄學家，可是在《後漢紀》裡，袁宏高架「道、無」的形上層次不談，將「道」置為既定的結論，以修史者的務實觀，專致在「有」世界的合理辯證問題。其承接裴頠、郭象一系的理論，對於名教與自然融合的理論來源，直接接受郭象等對名教源自自然的辯證論述，視名教源自自然是魏晉玄學論辨最後的結論，逐採之為評判歷史的標準，加以宣揚為整體政治、社會應當服膺的價值，無須再詰辯與懷疑。〔註6〕

前人學者多以「道本儒用」推及袁宏從及老子的無為思想，「袁宏曰」確

〔註6〕郭象的玄學有承先與總成的意義，其闡發了裴頠的崇有論，另致意於創獲「自然」、「獨化」的理論體系，到袁宏對自然的見解，已幾與郭象說一致，並無另有新意。關於郭象玄學理論的意義可參閱馮友蘭，《中國哲學史新編（中卷）》，頁509～572；錢穆，《中國思想史‧郭象與向秀》（臺北市：臺灣學生書局，1995年8月初版九刷），頁129～145；以及許杭生等撰，《魏晉玄學史》（西安市：陝西師範大學出版社，1989年7月），頁302～395。

實有道家之跡，不過從內容再細辨，玄學家袁宏思想元素佔最大宗的應是三玄中的《周易》。袁宏本身投入研究《周易》，撰有《略譜》，《周易》這部近道家思想的經，有助於袁宏建立儒道融合的思想系統，故能提出「道明其本，儒言其用」的結論。

玄學是袁宏的形上思想，袁宏找到加以具體論證的途徑——著史，藉修史表彰「篤名教」的史意，申論「名教」的深意。例如《後漢紀》的「言行趣舍，各以類書」刻意選擇能表彰名教的正面性人物，又對於「不臣」的人物或「有失臣道」的事蹟不吝地嚴詞批判。以古鑒今是袁宏的撰史目的，用「詮史鑒今」的手法將史事、史料經過個人主觀意識地詮釋，賦予殷鑒當世的目的。

袁宏以史為用來表現其玄學思想與歷史思想所建構的政治主張，玄與史的共同目標是最後提供政治之用。《後漢紀》所抒發的政論涵蓋面甚廣，雖然有些是對荀悅《漢紀》政論的認同與再闡述，例如天人觀、服喪、論教刑、論立儲、封建論、夷夏觀等等，這是因為荀悅的儒教政治思想與袁宏的名教思想相近合，袁宏能共鳴認同，所以將荀悅的主張吸納再申述。可是袁宏還有許多是屬於個人學術與歷史觀所影響下的獨特政治主張，這些獨特的政治主張可以反應一個學術人物與歷史關係下的特殊思想產物。

自「士人政治」形成，知識份子便以學而優則仕來彰顯所學，而中國傳統學術相信學問本乎「道」，政與道便產生了指導與實踐的緊密關係，知識份子理想的「政」乃在發顯「道」的真諦與本意。魏晉以降，道與知識的保存者落在世族門第之內，政的運作亦由世族操作，因此，政、道之間常在世族政治中激盪。

世族成員的袁宏從個人學術思想的影響，選擇了自我認知的道的一方，藉由撰史立言表達出他的主張。中國傳統史家多趨近於儒，以通史致用替代通經致用，帶有入世、治世的企圖，就如錢穆讚述袁宏時說：

> 經即舊史，史即新經，此惟馬、班下迄於宏，抱此宏旨，而後無嗣
> 響矣！〔註7〕

這是一向認為歷史撰述當著重於史識、史意的錢穆，從袁宏修纂《後漢紀》時同時撰入大篇幅史論，析論袁宏修史、撰論的抱負，並對其史識的評論。袁宏撰史意在鑒世、經世，建立社會整體價值的積極企圖正是如此。

〔註7〕錢穆，〈袁宏政論與史學〉，收入氏著《中國學術思想史論叢（三）》，頁134。

徵引書目

一、史　料

1. 〔周〕老子撰、朱謙之校釋，《老子校釋》，北京市：中華書局，2006 年 2 月初版六刷。

2. 〔周〕墨子、〔清〕孫詒讓撰，孫啓治點校，《墨子閒詁》，北京市：中華書局，2001 年 4 月。

3. 〔周〕左丘明傳、〔晉〕杜預注、〔唐〕孔穎達正義，《春秋左傳正義》，北京市：北京大學出版社，1999 年 12 月，十三經注疏本。

4. 〔周〕莊周、〔清〕郭慶藩等撰，《莊子集釋》，北京市：中華書局，2004 年 1 月二版。

5. 〔周〕荀況、〔清〕王先謙撰，沈嘯寰、王星賢點校，《荀子集解》，北京市：中華書局，1997 年 10 月初版四刷。

6. 〔漢〕毛亨傳、〔漢〕鄭玄箋、〔唐〕孔穎達疏，《毛詩正義》，北京市：北京大學出版社，1999 年 12 月，十三經注疏本。

7. 〔漢〕陸賈撰、王利器校注，《新語校注》，北京市：中華書局，1997 年 10 月初版三刷。

8. 〔漢〕賈誼撰，閻振益、鍾夏校注，《新書校注》，北京市：中華書局，2000 年 7 月。

9. 〔漢〕公羊壽傳、〔漢〕何休解詁、〔唐〕徐彥疏，《春秋公羊傳注疏》，北京市：北京大學出版社，1999 年 12 月，十三經注疏本。

10. 〔漢〕董仲舒、蘇輿撰、鍾哲點校，《春秋繁露義證》，北京市：中華書局，2002 年 8 月初版三刷。

11. 〔漢〕司馬遷撰、〔南朝宋〕裴駰集解、〔唐〕司馬貞索隱、〔唐〕張守

節正義，《史記》，北京市：中華書局，1994 年 6 月二版十三刷。

12. 〔漢〕孔安國傳、〔唐〕孔穎達疏，《尚書正義》，北京市：北京大學出版社，1999 年 12 月，十三經注疏本。

13. 〔漢〕戴德傳、〔清〕王聘珍解詁，《大戴禮記解詁》，臺北市：世界書局，1974 年 5 月三版，光緒十三年十二月廣雅書局刻本。

14. 〔漢〕劉向撰、向宗魯校證，《說苑校證》，北京市：中華書局，2000 年 3 月初版三刷。

15. 〔漢〕班固等撰、〔唐〕顏師古注，《漢書》，北京市：中華書局，1995 年 3 月初版八刷。

16. 〔漢〕班固、〔清〕陳立撰，吳則虞點校，《白虎通疏證》，北京市：中華書局，1997 年 10 月初版二刷。

17. 〔漢〕劉珍等撰、吳樹平校注，《東觀漢記校注》，鄭州市：中州古籍出版社，1987 年 3 月。

18. 〔漢〕趙歧注、〔宋〕孫奭疏，《孟子注疏》，北京市：北京大學出版社，1999 年 12 月，十三經注疏本。

19. 〔漢〕鄭玄注、〔唐〕賈公彥疏，《周禮注疏》，北京市：北京大學出版社，1999 年 12 月，十三經注疏本。

20. 〔漢〕鄭玄注、〔唐〕賈公彥疏，《儀禮注疏》，北京市：北京大學出版社，1999 年 12 月，十三經注疏本。

21. 〔漢〕鄭玄注、〔唐〕孔穎達疏，《禮記正義》，北京市：北京大學出版社，1999 年 12 月，十三經注疏本。

22. 〔漢〕應劭撰、王利器校注，《風俗通義校注》，臺北市：明文書局，1988 年 3 月二版。

23. 〔漢〕荀悅撰、張烈點校，《兩漢紀：（上冊）漢紀》，北京市：中華書局，2002 年 6 月。

24. 〔魏〕王弼、〔晉〕韓康伯、〔唐〕邢璹注，《周易（附周易略例）》，上海市：上海古籍出版社，2003 年 6 月初版三刷，書韻樓叢刊本。

25. 〔魏〕王弼注、〔唐〕孔穎達疏，《周易正義》，北京市：北京大學出版社，1999 年 12 月，十三經注疏本。

26. 〔魏〕何晏注、〔宋〕邢昺疏，《論語注疏》，北京市：北京大學出版社，1999 年 12 月，十三經注疏本。

27. 〔晉〕嵇康撰、戴明揚校注，《嵇康集校注》，臺北市：河洛圖書出版社，1978 年 5 月。

28. 〔晉〕陳壽撰、〔南朝宋〕裴松之注，《三國志》，北京市：中華書局，1995 年 6 月初版十三刷。

29. 〔晉〕葛洪、王明，《抱朴子內篇校釋》，北京市：中華書局，2002 年 3 月初版五刷。

30. 〔晉〕葛洪、楊明照，《抱朴子外篇校箋（下）》，北京市：中華書局，1997 年 10 月。

31. 〔晉〕袁宏撰、周天游校注，《後漢紀校注》，天津市：天津古籍出版社，1987 年 12 月。

32. 〔晉〕袁宏撰、張烈點校，《兩漢紀：（下冊）後漢紀》，北京市：中華書局，2002 年 6 月。

33. 〔南朝宋〕范曄、〔晉〕司馬彪撰，〔唐〕李賢、〔南朝梁〕劉昭等注，《後漢書》，北京市：中華書局，1995 年 3 月初版七刷。

34. 〔南朝宋〕劉義慶等撰、〔南朝梁〕劉孝標注，《世說新語》，北京市：中華書局，1999 年 2 月，影印宋紹興八年刻本。

35. 〔南朝梁〕沈約，《宋書》，北京市：中華書局，1993 年 10 月初版五刷。

36. 〔南朝梁〕釋慧皎撰、湯用彤校注、湯一玄整理，《高僧傳》，北京市：中華書局，2004 年 4 月初版四刷。

37. 〔南朝梁〕劉勰撰、詹鍈義證，《文心雕龍義證》，上海市：上海古籍出版社，1999 年 12 月初版三刷。

38. 〔南朝梁〕劉勰撰、〔清〕黃叔琳注、李詳補注、楊明照校注拾遺，《增訂文心雕龍校注》，北京市：中華書局，2000 年 8 月。

39. 〔南朝梁〕鍾嶸撰、古直箋，《鍾記室詩品箋》，臺北縣：廣文書局，1999 年 10 月再版，影印隅樓叢書。

40. 〔南朝梁〕蕭統等輯、〔唐〕李善等注，《增補六臣註文選》，臺北市：華正書局，1974 年 10 月，宋末刊本。

41. 〔北魏〕酈道元注，楊守敬、熊會貞疏，《水經注疏》，南京市：江蘇古籍出版社，1999 年 8 月初版二刷。

42. 〔隋〕虞世南撰、〔清〕孔廣陶校註，《北堂書鈔》，影印南海孔氏三十有三萬卷堂本，收入《續修四庫全書》1212～1213 冊，上海市：上海古籍出版社，2002 年 3 月。

43. 〔唐〕唐太宗，〈修晉書詔〉，收入〔清〕董誥等奉編，《欽定全唐文》，臺北市：匯文書局，1961 年 12 月，頁 99～2～100～1，影印內府刊本。

44. 〔唐〕陸德明，《經典釋文》，上海市：上海古籍出版社，1985 年 10 月，影印宋刻本。

45. 〔唐〕歐陽詢撰、汪紹楹校，《藝文類聚》，上海市：上海古籍出版社，1985 年 3 月三版。

46. 〔唐〕姚思廉，《梁書》，北京市：中華書局，1995 年 3 月初版六刷。

47. 〔唐〕房玄齡等撰,《晉書》,北京市:中華書局,1993 年 10 月初版五刷。

48. 〔唐〕魏徵等撰,《隋書》,北京市:中華書局,1994 年 10 月初版五刷。

49. 〔唐〕劉知幾撰、〔清〕浦起龍釋,《史通通釋》,臺北市:里仁書局,1993 年 6 月。

50. 〔唐〕徐堅等撰,《初學記》,北京市:中華書局,2004 年 2 月二版四刷。

51. 〔唐〕吳兢撰、謝保成集校,《貞觀政要集校》,北京市:中華書局,2003 年 11 月。

52. 〔唐〕李隆基注、〔宋〕邢昺疏,《孝經注疏》,北京市:北京大學出版社,1999 年 12 月,十三經注疏本。

53. 〔後晉〕劉昫等撰,《舊唐書》,北京市:中華書局,1991 年 12 月初版四刷。

54. 〔宋〕李昉等撰,《太平御覽》,臺北市:臺灣商務印書館,1992 年 1 月初版六刷,影印四部叢刊本。

55. 〔宋〕歐陽修、宋祁,《新唐書》,北京市:中華書局,1995 年 3 月初版五刷。

56. 〔宋〕司馬光等編著、〔元〕胡三省音注,《資治通鑑》,北京市:中華書局,1995 年 7 月初版九刷。

57. 〔宋〕劉攽,《東漢書刊誤》,收入張舜徽主編,《二十五史三編》,長沙市:岳麓書社,1994 年 12 月。

58. 〔宋〕蘇軾,《東坡志林》,北京市:中華書局,1997 年 12 月初版二刷。

59. 〔宋〕王銍,〈重刻兩漢紀後序〉,收入〔晉〕袁宏,《後漢紀》,上海市:商務印書館,1929,四部叢刊影印明嘉靖本。

60. 〔宋〕章如愚,《群書考索》,京都市:中文出版社,1982 年 6 月,影印明正德戊辰年刻本。

61. 〔宋〕晁公武,《郡齋讀書志》,京都市:中文出版社,1978 年 7 月,景清王先謙校刊本。

62. 〔明〕黃姬水,〈刻兩漢紀序〉,收入〔漢〕荀悅,《前漢紀》,頁 1a～3a,明嘉靖戊申吳郡黃姬水刊本。

63. 〔明〕胡應麟,《詩藪》,臺北市:廣文書局,1973 年 9 月,影印明崇禎五年重刊本。

64. 〔清〕宋犖,〈樂三堂本序〉,收入〔晉〕袁宏撰、周天游校注,《後漢紀校注》,天津市:天津古籍出版社,1987 年 12 月,頁 892～894。

65. 〔清〕邵長蘅,〈樂三堂本序〉,收入〔晉〕袁宏撰、周天游校注,《後漢紀校注》,天津市:天津古籍出版社,1987 年 12 月,頁 894～896。

66. 〔清〕蔣國祚,《兩漢紀字句異同考》,臺北縣:藝文印書館,1971,影印

遼海書社排印本。

67. 〔清〕姚之駰,《後漢書補逸・張璠漢記序》,影印會稽徐氏抄本,收入徐蜀編,《兩漢書訂補文獻彙編》冊三,北京市:北京圖書館出版社,2004年4月,頁191～1。

68. 〔清〕王鳴盛,《十七史商榷》,上海市:上海書店出版社,2005年12月。

69. 〔清〕趙翼撰、王樹民校證,《廿二史箚記校證(訂補本)》,北京市:中華書局,2001年11月初版二刷。

70. 〔清〕錢大昕,《十駕齋養新錄(附餘錄)》,收入《嘉定錢大昕全集》第柒冊,南京市:江蘇古籍出版社,1997年12月。

71. 〔清〕章學誠撰、葉瑛校注,《文史通義校注》,北京市:中華書局,2004年9月初版四刷。

72. 〔清〕永瑢、紀昀等撰,《武英殿本四庫全書總目提要》,臺北市:臺灣商務印書館,1983年10月。

73. 〔清〕周中孚,《鄭堂讀書記》,影印民國十年刻吳興叢書本,收入《續修四庫全書》冊924～925,上海市:上海古籍出版社,2002年3月。

74. 〔清〕湯球輯,《九家舊晉書輯本》,北京市:中華書局,1985。

75. 〔清〕黃奭,《黃氏逸書考》,懷荃室藏板,收入《續修四庫全書》冊1206～1210,上海市:上海古籍出版社,2002年3月。

76. 〔清〕林國贊,〈重刊兩漢紀跋〉,收入《中國歷代書院志》之〔清〕陳澧、金錫齡選編《學海堂四集》,南京市:江蘇教育出版社,1995年5月,影印清光緒十二年啓秀山房本,頁645～649。

77. 〔清〕陳璞,《兩漢紀校記・卷下》,收入〔漢〕荀悅、〔晉〕袁宏,《兩漢紀》,清光緒二年嶺南學海堂刊本。

78. 〔清〕姚振宗,《隋書經籍志考證》,收入二十五史刊行委員會編,《二十五史補編》,北京市:中華書局,1998年2月初版七刷。

79. 〔清〕鈕永建,《後漢紀校釋》,收入溥良輯《南菁札記》冊三,清光緒二十年江陰使署刊本。

80. 王國維,《今本竹書紀年疏證》,收入方詩銘、王修齡,《古本竹書紀年輯證(修訂本)》,上海市:上海古籍出版社,2005年10月,頁220～289。

81. 周天游輯注,《八家後漢書輯注》,上海市:上海古籍出版社,1986年12月。

二、專　著

1. 王錦貴,《中國紀傳體文獻研究》,北京市:北京大學出版社,1996年8月。

2. 田昌五,《國學舉要:史卷》,武漢市:湖北教育出版社,2002 年 9 月。

3. 任繼愈主編、孔繁等撰,《中國哲學發展史(秦漢)》,北京市:人民出版社,1998 初版二刷。

4. 安作璋主編,《中國古代史史料學》,福州市:福建人民出版社,1998 年 9 月二版二刷。

5. 吳懷祺,《中國史學思想史》,合肥市:安徽人民出版社,1996 年 12 月。

6. 杜維運,《中國史學史(一)》,臺北市:杜維運,1993 年 11 月。

7. 杜維運,《中國史學史(二)》,臺北市:杜維運,1998 年 1 月。

8. 周大興,《自然·名教·因果:東晉玄學論集》,臺北市:中央研究院中國文哲研究所,2004 年 11 月。

9. 周桂鈿,《秦漢思想史》,石家莊市:河北人民出版社,2000 年 1 月。

10. 邱敏,《六朝史學》,南京市:南京出版社,2003 年 11 月。

11. 金毓黻,《中國史學史》,石家莊市:河北教育出版社,2002 年 1 月初版二刷。

12. 胡寶國,《漢唐間史學的發展》,北京市:商務印書館,2003 年 11 月。

13. 曹之,《中國古籍版本學》,武昌市:武漢大學出版社,2002 年 4 月初版三刷。

14. 許杭生等撰,《魏晉玄學史》,西安市:陝西師範大學出版社,1989 年 7 月。

15. 馮友蘭,《中國哲學史新編(中卷)》,北京市:人民出版社,2004 年 11 月初版四刷。

16. 湯勤福主編,《中國史學史》,太原市:山西教育出版社,2001 年 2 月。

17. 程千帆、徐有富,《校讎廣義——版本編》,濟南市:齊魯書社,2005 年 3 月二版六刷。

18. 程章燦,《世族與六朝文學》,哈爾濱市:黑龍江教育出版社,1998 年 10 月。

19. 黃愛平,《四庫全書纂修研究》,北京市:中國人民大學出版社,2001 年 2 月初版二刷。

20. 雷家驥,《中古史學觀念史》,臺北市:臺灣學生書局,1990 年 10 月。

21. 蒙培元、任文利,《國學舉要:儒卷》,武漢市:湖北教育出版社,2002 年 9 月。

22. 蕭公權,《中國政治思想史》,瀋陽市:遼寧教育出版社,1998 年 3 月。

23. 錢穆,《中國思想史》,臺北市:臺灣學生書局,1995 年 8 月初版九刷。

24. 錢穆,《中國思想通俗講話》,臺北市:素書樓文教基金會,2001 年 2 月。

25. 戴藩豫，《范曄與其後漢書》，長沙市：商務印書館，1941 年 4 月。

26. 龐天佑，《中國史學思想通史：魏晉南北朝卷》，合肥市：黃山書社，2003 年 11 月。

27. 嚴耕望，《兩漢太守刺史表》，臺北市：中央研究院歷史語言研究所，1993 年 4 月二版。

三、學位論文

1. 曾慶生，〈荀悅《漢紀》之研究〉，臺中市：國立中興大學歷史學系碩士班，1998 年 6 月。

2. 楊曉菁，〈袁宏之生平與學術研究〉，臺南市：國立成功大學中國文學系碩士班，2000 年 6 月。

3. 蔡珮汝，〈東晉名教與自然思想之發展──以袁宏、張湛為例〉，臺中縣：私立靜宜大學中國文學系碩士班，2001 年 7 月。

四、期刊與一般論文

1. 王紀錄，〈袁宏史論新探〉，收入《歷史學》1993 年 11 月期，北京市：中國人民大學書報資料中心，1994 年 1 月，頁 63～66。

2. 白壽彝，〈劉向與班固〉，收入氏著《中國史學史論集》，北京市：中華書局，2001 年 10 月初版二刷，頁 108～130。

3. 白壽彝，〈陳壽和袁宏〉，收入氏著《中國史學史論集》，北京市：中華書局，2001 年 10 月初版二刷，頁 155～176。

4. 朱紹侯、陳長琦，〈後漢紀（評介）〉，收入倉修良主編《中國史學名著評介：第一卷》，濟南市：山東教育出版社，1995 年 7 月初版二刷，頁 207～226。

5. 吳金華，〈《後漢紀》校箋〉，收入氏著《古文獻整理與古漢語研究》，南京市：江蘇古籍出版社，2001 年 10 月，頁 59～67。

6. 吳金華，〈《後漢紀》校讀瑣記〉，收入氏著《古文獻整理與古漢語研究》，南京市：江蘇古籍出版社，2001 年 10 月，頁 68～77。

7. 吳金華，〈《後漢紀》校讀瑣記（續）〉，收入氏著《古文獻整理與古漢語研究》，南京市：江蘇古籍出版社，2001 年 10 月，頁 78～81。

8. 吳金華，〈《後漢紀》校議〉，收入氏著《古文獻整理與古漢語研究》，南京市：江蘇古籍出版社，2001 年 10 月，頁 82～91。

9. 宋志英，〈晉代史論探析〉，收入《南開學報（哲學社會科學版）》2001 年第 3 期，天津市：南開大學，2001 年 5 月，頁 51～56。

10. 汪高鑫，〈論袁宏史學思想的玄學傾向〉，收入《史學史研究》2005 年第 1

期（總 117 期），北京市：北京師範大學史學研究所，2005 年 3 月，頁 15
～22。

11. 周文玖，〈袁宏史學思想再探討——袁宏《後漢紀》史論淺析〉，收入《濟
寧師專學報》第 17 卷第 2 期，濟寧市：濟寧師範專科學校，1996 年 6 月，
頁 31～35。

12. 周國林，〈《後漢紀》史論與魏晉玄學之關係〉，收入劉乃和主編《中國文
化與傳統文化》，北京市：高等教育出版社，1996 年 10 月，頁 217～231。

13. 周國林，〈袁宏玄學化史論初探〉，收入鄧鴻光、李曉明主編《史學理論與
史學史》第一輯，武漢市：崇文書局，2003 年 5 月初版二刷，頁 164～179。

14. 高明，〈《後漢紀》校讀箚記〉，收入《古籍整理研究學刊》2004 年第 2 期，
長春市：東北師範大學古籍整理研究所，2004 年 3 月，頁 90～95。

15. 高明，〈《後漢紀》校讀續記〉，收入《古籍整理研究學刊》2006 年第 5 期，
長春市：東北師範大學古籍整理研究所，2006 年 9 月，頁 41～44、50。

16. 高明，〈《後漢紀》校讀獻疑〉，收入《圖書館雜誌》2006 年第 10 期，上
海市：上海市圖書館學會上海圖書館，2006 年 10 月，頁 75～77、7。

17. 張蓓蓓，〈袁宏新論〉，收入氏著《魏晉學術人物新研》，臺北市：大安出
版社，2001 年 12 月，頁 155～229。

18. 陳寅恪，〈陶淵明之思想與清談之關係〉，收入氏著《金明館叢稿初編》，
北京市：三聯書店，2001 年 6 月，頁 201～229。

19. 陳寅恪，〈讀書札記：後漢紀之部〉，收入氏著《陳寅恪集：讀書札記二集》，
北京市：三聯書店，2001 年 9 月，頁 71～93。

20. 程章燦〈從「傭載運租」到「一時文宗」——東晉文學家袁宏及其創作〉，
收入《古典文學知識》1993:4（總第 49 期），南京市：江蘇古籍出版社，
1993 年 7 月，頁 80～85。

21. 董文武，〈《後漢紀》對《後漢書》的校勘價值〉，收入《古籍整理研究學
刊》1999 年第 3 期（總 79 期），長春市：東北師範大學古籍整理研究所，
1999 年 5 月，頁 43～48。

22. 董文武，〈《後漢紀》的編撰特色及其史學地位〉，收入《安徽教育學院學
報》第 19 卷第 2 期，合肥市：安徽教育學院，2001 年 3 月，頁 6～10。

23. 董文武，〈袁宏《後漢紀》的史學價值〉，收入《中州學刊》2001 年第 3
期（總 123 期），鄭州市：河南省社會科學院，2001 年 5 月，頁 151～155。

24. 董文武、高秀芬，〈易學與袁宏的歷史觀〉，收入《福建師範大學學報（哲
學社會科學版）》2006 年第 4 期（總第 139 期），福州市：福建師範大學，
2006 年 7 月，頁 126～131。

25. 鄔賢俊，〈漢紀（評介）〉，收入倉修良主編《中國史學名著評介：第一卷》，
濟南市：山東教育出版社，1995 年 7 月初版二刷，頁 167～184。

26. 趙國華,〈荀悦《申鑒》的成書時間——兼論《後漢紀》的史料價值〉,收入鄧鴻光、李曉明主編《史學理論與史學史》第一輯,武漢市:崇文書局,2003 年 5 月初版二刷,頁 154～163。

27. 趙國璽,〈《史記·漢興以來將相名臣年表》倒文考論〉,收入《社會科學輯刊》2004 年第 2 期(總第 151 期),瀋陽市:遼寧省社會科學院,2004 年 4 月,頁 97～100。

28. 劉春梅,〈「太史公曰」的史論價值〉,收入《重慶教育學院學報》第 15 卷第 4 期,重慶市:重慶教育學院,2002 年 7 月,頁 14～15。

29. 樓宇烈,〈袁宏與東晉玄學〉,收入袁行霈主編《國學研究》第一卷,北京市:北京大學出版社,1994 年 7 月初版二刷,頁 67～92。

30. 盧建榮,〈使民無訟、朴作教刑——帝制中國的德治與法治思想〉,收入黃俊傑主編,《中國文化新論思想篇(一):理想與現實》,臺北市:聯經出版事業公司,2005 年 1 月初版九刷,頁 157～207。

31. 錢穆,〈孔子與春秋〉,收入氏著《兩漢經學今古文平議》,臺北市:東大圖書有限公司,1983 年 9 月臺三版,頁 235～283。

32. 錢穆,〈袁宏政論與史學〉,收入氏著《中國學術思想史論叢(三)》,臺北市:素書樓文教基金會,2000 年 11 月,頁 114～134。

33. 薛明揚,〈漢紀(題要)〉,收入姜義華主編《中國學術名著題要:歷史卷》,上海市:復旦大學出版社,1995 年 6 月初版二刷,頁 120～122。

附錄一：周天游《後漢紀校注》勘誤表

卷　數	頁　數	行數	誤	正
序	二	3	所述當「也」	所述當「世」
第一卷	四	6	王「莽」敗亡之狀	王「氏」敗亡之狀
	八	2	況其昭「哲」者乎	況其昭「晢」者乎
	一二	14	或謂之「慧」星	或謂之「彗」星
	一五	11	「王」玦	「玉」玦
	一五	14	襄城人「俊傅」	襄城人「傅俊」
	一七	6	「及」欲歸守妻子財物耶	「反」欲歸守妻子財物耶
	一七	9	及「追」急	及「迫」急
	一八	2	正「書」有雲氣若壞山	正「晝」有雲氣若壞山
	一八	9	世祖爲陳天命「歷」數	世祖爲陳天命「曆」數
	一九	7	或焚「燃」其餘	或焚「燒」其餘
	二一	12	宗族何「幸」	宗族何「辜」
	二二	2	「與」輔劉宗	「興」輔劉宗
	二二	5	「全」城	「金」城
	二三	10	李憲，「穎」川人	李憲，「潁」川人
	二三	12	本姓「廬」	本姓「盧」
	二五	5	「穎」川	「潁」川
	二五	11	「穎」陽	「潁」陽
	二五	13	「穎」陽	「潁」陽
	二六	15	欲尊「王」安民者也	欲尊「主」安民者也
	二七	11	「競競」自危	「兢兢」自危
	三〇	4	「聞」赤眉大眾將至	「河間」赤眉大眾將至

卷　數	頁　數	行數	誤	正
第二卷	三五	1	信都為長安守	信都為長安〔城〕守
	三五	7	因率「與黨」從賜	因率「黨與」從賜
	三五	8	與世祖共破二公「兵」於昆陽	與世祖共破二公（兵）於昆陽
	三六	6	詐以卜「有」王郎為成帝子	詐以卜「者」王郎為成帝子
	三九	2	張「邛」為淮陽王	張「卬」為淮陽王
	三九	4	宋佻為「穎」陰王	宋佻為「穎」陰王
	四一	14	范蠡收「續」於姑蘇	范蠡收「績」於姑蘇
	四二	16	囂懼并誅	囂懼〔其〕并誅
	四四	1	王莽「未」時	王莽「末」時
	四四	11	所過攻下「城」邑	所過攻下「郡」邑
	四八	3	王敕降賊各「勤」兵	王敕降賊各「勒」兵
	四八	10	侯丹守「句」水關	侯丹守「白」水關
	四八	11	稱臣於「術」	稱臣於「述」
	四九	13	「穎」川太守	「穎」川太守
	五○	8	恂乃伐「其」園竹	恂乃伐「淇」園竹
	五二	15	豈能「有」守乎	豈能「自」守乎
第三卷	五三	5	明「且」癸〔亥〕丑	明「旦」癸〔亥〕丑
	五五	6	王侯「構」難	王侯「搆」難
	五五	9	謝躬「達」戾伏辜如彼	謝躬「違」戾伏辜如彼
	五八	13	「天」道之行	「大」道之行
	五九	2	張「邛」、廖湛、胡殷	張「卬」、廖湛、胡殷
	六○	3	「如」遽欲正位號乎	「何」遽欲正位號乎
	六四	14	盆子「即」立	盆子「既」立
	六六	6	「著」策存焉	「蓍」策存焉
	六八	8	長安已「破」，吏民不可信	長安已「敗」，吏民不可信
	六九	15	不「知」空其位而博選賢聖	不「如」空其位而博選賢聖
	七○	9	三王謝祿曰	三王〔謂〕謝祿曰
	七三	10	不足以當督「師」也	不足以當督「帥」也
	七五	7	亦何「愛」哉	亦何「憂」哉
	七七	8	知更始「敗」亂	知更始「政」亂
	七八	8	更始為「二」王所反	更始為「三」王所反
第四卷	八二	10	上遺以所服劍	上遺〔寵〕以所服劍
	八三	16	「子后、蘭卿」	「子后蘭卿」
	八五	14	獄多「寬」人	獄多「冤」人

卷　數	頁　數	行數	誤	正
	九二	3	會「穎」川不靜，復以恂爲「穎」川太守	會「穎」川不靜，復以恂爲「穎」川太守
	九二	4	吾與寇恂「幷」立	吾與寇恂「並」立
	九三	8	詔梁留「所在」縣	詔梁留「在所」縣
	九四	6	黃金一斤「〔易〕五〔升〕（斗）穀。異數」轉鬭	黃金一斤「五〔升〕（斗）穀數。異」轉鬭
	九四	7	「友」黨皆叛	「支」黨皆叛
	九六	6	茂「子」諸公	茂「字」諸公
	九六	11	乃以俸祿分「賬」鄉里	乃以俸祿分「賑」鄉里
	九八	6	遣岑彭、傅俊、「藏」宮	遣岑彭、傅俊、「臧」宮
	一〇〇	7	耿況聞弇求「征」	耿況聞弇求「徵」
	一〇六	3	上征彭寵	上〔將〕征彭寵
	一〇七	9	岑彭、傅俊擊田戎於「美」陵	岑彭、傅俊擊田戎於「夷」陵
	一〇八	1	上幸黎丘「詔〔豐〕，秦豐」口出惡言	上幸黎丘「詔秦豐，〔豐〕」口出惡言
	一〇八	1	「檻」車送洛陽	「轞」車送洛陽
	一〇九	1	乃「歡」日	乃「歎」日
	一〇九	16	「穎」川太守	「穎」川太守
	一一〇	1	用援爲「綏」德將軍	用援爲「綏」德將軍
	一一〇	6	遣援南視「述，素與援舊」	遣援南視「，述素與援舊」
	一一一	8	每召見讌「言」	每召見讌「語」
第五卷	一一三	7	卜筮及望氣者皆言當從中起	卜筮及望氣者皆言〔兵〕當從中起
	一一三	7	「子后、蘭卿」	「子后蘭卿」
	一一四	10	「子后、蘭卿」	「子后蘭卿」
	一一四	12	以其「父」勞於邊	以其「久」勞於邊
	一一四	13	弇、舒「幷」封列侯	弇、舒「並」封列侯
	一一六	11	三萬人「功」桃城	三萬人「攻」桃城
	一一七	3	豪傑「兢」逐	豪傑「競」逐
	一一七	4	「歷」數延長	「曆」數延長
	一一九	13	乘虛「幷」入	乘虛「並」入
	一二一	15	入居九「泉」	入居九「原」
	一二五	13	遵「友人喪，親」賻縑百匹	遵「友人喪親，」賻縑百匹
	一二六	15	不忍使黨久逡巡于汚「居」之朝	不忍使黨久逡巡于汚「君」之朝

卷　數	頁　數	行數	誤	正
	一二七	4	與黨「并」論雲臺之上	與黨「並」論雲臺之上
	一三二	10	戰國「并」爭	戰國「並」爭
	一三四	6	思有短「福」之襲	思有短「禍」之襲
	一三五	1	事成受其利，不成禍「其」所歸	事成〔少〕受其利，不成禍「有」所歸
	一三五	5	「重」冊書於春秋	「垂」冊書於春秋
	一三八	1	仁者不「達」義以要利	仁者不「違」義以要利
	一三八	1	及遣伯春，「重」涕相送	及遣伯春，「垂」涕相送
	一四二	5	彭亦數宴見，「寬」加賞賜	彭亦數宴見，「厚」加賞賜
第六卷	一四六	6	夫人君之情，不能「太」形於外	夫人君之情，不能「不」形於外
	一四七	7	郂「穀」	郂「縠」
	一四八	10	興曰：「臣不爲讖。」	興〔對〕曰：「臣不爲讖。」
	一四九	7	囂軍亂「道」	囂軍亂「遁」
	一五三	12	庫「均」爲輔義侯	庫「鈞」爲輔義侯
	一五七	14	隗囂「既」死	隗囂「雖」死
	一五九	2	吏民「警」言羌反	吏民「驚」言羌反
	一六五	12	闊「滿」微細	闊「略」微細
	一六八	8	馮駿「鼓」江州	馮駿「破」江州
	一六八	13	會「藏」宮至	會「臧」宮至
	一六九	1	甚「達」古人弔民之義	甚「違」古人弔民之義
	一七〇	11	傳之後「也」	傳之後「世」
	一七二	3	法不能「正」	法不能「止」
	一七三	16	則去其所「事」	則去其所「爭」
第七卷	一七六	6	必擇木「棲」集	必擇木「樓」集
	一七八	1	司徒「據」蒼梧陳元	司徒「掾」蒼梧陳元
	一八一	9	以情而「誤」	以情而「談」
	一八四	6	九國「判」而不至	九國「叛」而不至
	一八八	4	郅「惲」上書曰	郅「惲」上書曰
	一八八	6	「惲」恕己而量主	「惲」恕己而量主
	一九〇	1	驕奢益爲觀聽所「議」	驕奢益爲觀聽所「譏」
	一九一	9	下公門，式〔輅〕（路）馬	下公門，式「路」馬
	一九四	11	朝廷善，謚曰恭侯	朝廷善〔之〕，謚曰恭侯
	一九六	6	上違孝道，下近「老」殆	上違孝道，下近「危」殆

卷　數	頁　數	行數	誤	正
	一九八	3	爲「父」報讎	爲「交」報讎
	一九九	2	績言象龍，「射」獸從政	績言象龍，「豺」獸從政
	二〇〇	11	遷上東門候	遷上東〔城〕門候
	二〇〇	11	詔開門「人」	詔開門「入」
	二〇二	7	漢常自「屬」吏士	漢常自「厲」吏士
	二〇四	5	無「忧」愓之憂	無「恍」愓之憂
第八卷	二〇七	7	松來候援	松來候〔見〕援
	二一〇	15	「黃龜金璽」	「黃金龜璽」
	二一二	3	盜賊「并」起	盜賊「並」起
	二一四	1	「漢」南遂空	「漠」南遂空
	二一六	12	不忘人功	不忘人〔之〕功
	二一七	14	則忠策嘉謀	則〔有〕忠策嘉謀
	二二〇	4	務從「有」約	務從「省」約
	二二〇	7	及忠臣孝子義夫節婦	〔語〕及忠臣孝子義夫節婦
	二二一	1	爲「長久」之計	爲「久長」之計
	二二一	12	上得書	上得〔喜〕書
	二二三	6	臣幸得侍「惟」幄	臣幸得侍「帷」幄
	二二三	10	自宰予之「從」親事孔門	自宰予之「徒」親事孔門
	二二四	12	逮至晚「出」	逮至晚「世」
	二二九	16	夫揖讓受終，必有至德於「〔天下〕（萬物），〔征伐革命，則有大功於萬物〕」	夫揖讓受終，必有至德於「〔天下；征伐革命，則有大功於〕萬物」
	二三一	7	純重慎「周」密	純重慎「固」密
	二三三	14	以「司空據掾校圖讖」	以「司空掾與校圖讖」
	二三五	2	務從約「有」	務從約「省」
	二三五	7	美人、宮人、「緣」女	美人、宮人、「綵」女
	二三六	1	賜天下男子爵，人二級；鰥寡孤獨粟，人十斛	賜天下男子爵，人二級；〔三老孝悌力田，人三級；〕鰥寡孤獨粟，人十斛
	二三六	8	「宴」然	「晏」然
	二三六	9	自漢「以」來	自漢「已」來
第九卷	二三九	7	陳其「墾」誠	陳其「懇」誠
	二三九	9	上書讓東海	上書讓〔還〕東海
	二四〇	1	淮〔陽〕（南）王延	淮〔陽〕王延
	二四〇	6	奉承「惟」幄	奉承「帷」幄

卷　數	頁　數	行數	誤	正
	二四〇	8	臣「將」蒙大恩	臣「特」蒙大恩
	二四一	9	種類「繫」息	種類「繁」息
	二四三	1	「及」徵股	「乃」徵股
	二四七	7	家貧，「常賃自供，晝夜誦讀」	家貧，「常賃自供書，夜誦讀」
	二五二	3	「徙」之	「從」之
	二五三	14	身被「匕」創	身被「七」創
	二五六	14	必崇簡易之「數」	必崇簡易之「教」
	二五七	3	若此「以」往	若此「已」往
	二五八	6	酬行焉	酬〔酢〕行焉
	二六〇	8	范養視「舊」篤	范養視「甚」篤
	二六〇	9	將車送「葬」	將車送「喪」
	二六〇	14	范持骸骨	范〔抱〕持骸骨
	二六一	7	辟公府「據」	辟公府「掾」
	二六一	9	公府「據」	公府「掾」
	二六三	3	以「遷」尚舞陰公主	以「選」尚舞陰公主
	二六六	11	太始「初」	太始「時」
	二六六	12	今二千石殊無「比」	今二千石殊無「此」
	二六六	12	以「定」止姦也	以「足」止姦也
第十卷	二六九	11	漢復通「史」不止	漢復通「使」不止
	二七四	3	輒延坐論事	輒延坐論〔政〕事
	二七六	2	「陽」沐邑五百戶	「湯」沐邑五百戶
	二七六	3	帶持兵「馬」	帶持兵「弩」
	二七八	1	「破」之以仁義	「鼓」之以仁義
	二七八	9	北虜未有「豐」作	北虜未有「釁」作
	二七八	10	得「夷」吾	得「伊」吾
	二七八	12	上「喜」秉言	上「善」秉言
	二八〇	4	誠願留神「有」察	誠願留神「省」察
	二八〇	4	使刑「有」不怨	使刑「者」不怨
	二八二	10	「門」訊起居之日	「問」訊起居之日
	二八四	12	渡漠六百「餘里」	渡漠六百「里餘」
	二八六	1	著「續」北邊	著「績」北邊
	二八六	9	一旦「勿」踈	一旦「忽」踈
	二八七	6	勿復與「此」虜通	勿復與「北」虜通
	二八八	7	輕其「卑」弱無備	輕其「單」弱無備

卷　數	頁　數	行數	誤	正
	二八八	12	忠據踈勒	忠據踈勒〔城〕
	二八九	3	彪之子也	彪之〔少〕子也
	二九四	12	聞勇而有義	聞〔倫〕勇而有義
	二九七	5	多至「公」卿	多至「九」卿
第十一卷	三〇〇	13	使明朕意	使明〔知〕朕意
	三〇一	12	穆然「文」泰	穆然「交」泰
	三〇九	3	奈何以此時封爵舅氏	奈何〔欲〕以此時封爵舅氏
	三一二	3	「國」邑之興	「園」邑之興
	三一七	4	郡國「並」舉	郡國「所」舉
	三一八	14	驕佚所生	驕佚所〔從〕生
	三二〇	13	「優」柔體順	「履」柔體順
	三二一	6	能極諫朕過失者	能極諫朕〔之〕過失者
	三二三	1	鴻病「因」篤	鴻病「困」篤
	三二三	11	布麻履	布〔衣〕麻履
	三二六	5	賜以秘列圖	賜以秘〔書〕列圖
第十二卷	三三四	4	遂「出」其妻	遂「去」其妻
	三三五	2	非所稽古求道也	非所〔以〕稽古求道也
	三三五	6	孔子後也	孔子〔之〕後也
	三三五	12	穀梁學「寢」微	穀梁學「浸」微
	三三七	2	其「思」厚若此	其「恩」厚若此
	三四一	7	故臨淮太守朱暉	〔徵〕故臨淮太守朱暉
	三四六	3	「及」楚事〔徵〕（遇）	「以」楚事〔徵〕（遇）
	三四九	8	奉還所賜	奉還所〔得〕賜
	三五〇	4	天下之「患」亦萃焉	天下之「惡」亦萃焉
	三五二	14	上「喜」之	上「善」之
	三五五	6	破北〔成〕（城）南「北」	破北〔成〕（城）南「(北」」
	三五五	7	「顧」與執金吾耿秉	「願」與執金吾耿秉
	三五五	13	無故以萬「全」之計	無故以萬「安」之計
	三六〇	3	京「師」旱	京「都」旱
	三六〇	12	以安宗廟	〔欲〕以安宗廟
	三六一	4	蹲夷「鋸」肆	蹲夷「踞」肆
第十三卷	三六四	1	「不」使憲等得保其福	「下」使憲等保其福
	三七〇	15	大開「彊」宇	大開「疆」宇
	三七三	1	繪「集采」色	繪「采集」色

卷　數	頁　數	行數	誤	正
	三七四	11	復戊己校尉	復〔置〕戊己校尉
	三七六	6	「大小」望風	「小大」望風
	三七八	3	夏陽「候」瓊	夏陽「侯」瓊
	三七八	4	聞王政有三宥之義	〔臣〕聞王政有三宥之義
	三七八	6	「重」示厚德	「垂」示厚德
	三七九	12	司「徙」掾望都長	司「徒」掾望都長
	三八五	14	竝所不「祜」	竝所不「祐」
	三八八	12	安國由是病師子	安國由是〔內〕病師子
	三九一	8	鰥寡孤獨貧不能自存者粟	鰥寡孤獨貧〔下〕不能自存者粟
第十四卷	三九五	2	子「軼、政、比」黃門郎	子「軼、政比」黃門郎
	三九五	6	秋「八」月	秋「七」月
	三九五	10	奉終「從義」	奉終「義從」
	三九七	6	梁、竇「井」爲名姓	梁、竇「並」爲名姓
	三九九	6	上書求貴人家	上書求〔上〕貴人家
	四〇一	6	暢「牲」聰慧	暢「性」聰慧
	四〇三	6	有醜慢之「者」	有醜慢之「音」
	四〇三	6	履霜「如」冰	履霜「知」冰
	四〇三	15	大司農張「兔」爲太尉	大司農張「禹」爲太尉
	四〇六	13	然「顏」瞻天下	然「顧」瞻天下
	四〇七	6	故「城」外之事興	故「域」外之事興
	四一一	5	夙夜「競競」	夙夜「兢兢」
	四一二	4	告陰后「巫事蠱」	告陰后「巫蠱事」
	四一五	7	冢「瑩」	冢「塋」
	四一六	6	曹「酺」制漢禮	曹「襃」制漢禮
	四一八	10	「井」建左右	「並」建左右
第十五卷	四二二	6	乃爲「相」人	乃爲「桐」人
	四二三	6	以不肯親事爲「尙」	以不肯親事爲「高」
	四二三	10	「〔收〕」才能甚有聲譽	「〔以〕」才能甚有聲譽
	四二九	7	北道「而」逾蔥嶺	北道「西」逾蔥嶺
	四三〇	8	「此」通車師	「北」通車師
	四三二	15	踰「懸度烏弋、山離」	踰「懸度、烏弋山離」
	四三三	2	具問其土俗	具問其土〔風〕俗
	四三四	11	以漢繒「絲」與之交市	以漢繒「綵」與之交市

卷　數	頁　數	行數	誤	正
	四三五	13	外「以」說左右	外「與」說左右
第十六卷	四三七	8	詣闕上「書」固辭	詣闕上「疏」固辭
	四四〇	13	「燃」殺三千餘人	「燒」殺三千餘人
	四四一	8	爲酒家傭積十年餘。天子知根等忠。	爲酒家傭積十年餘。〔酒家知其賢，常厚遇之。及鄧太后崩，〕天子知根等忠。
	四四六	14	自今已後	自今已後〔祀〕
	四四七	14	疽食「侵」淫	疽食「浸」淫
	四四八	13	「君」之節也	「臣」之節也
	四四八	16	賊去敖倉不過「千」里	賊去敖倉不過「百」里
	四四九	15	贈送禮一依東海恭王	贈送〔之〕禮一依東海恭王
	四五四	3	開倉賑饑民	開倉〔廩〕賑饑民
	四五五	3	莫如罷郡兵	莫如罷〔諸〕郡兵
	四五五	9	敕吏士作兩竈	敕吏士〔人〕作兩竈
	四六〇	12	太常「揚」震	太常「楊」震
第十七卷	四六三	8	騭等「祭」節儉	騭等「崇」節儉
	四六五	14	宣「宏」之正	宣「室」之正
	四六八	9	以「井」陵之思	以「甘」陵之思
	四六八	9	海內羣生得其所	海內羣生〔各〕得其所
	四七〇	16	「廷」光元年	「延」光元年
	四七四	8	西「藏」內附日久	西「域」內附日久
	四七五	11	司〔徒〕（空）「揚」震	司〔徒〕（空）「楊」震
	四七八	4	共稱「讚」震	共稱「譖」震
	四七九	1	志業「逾」篤	志業「愈」篤
	四八五	15	李閏者五千戶	李閏者五千戶〔侯〕
第十八卷	四八九	13	「程賢」曰	「程、賢」曰
	四九一	7	「二」月戊申	「三」月戊申
	四九二	1	寔常以此稱「之」	寔常以此稱「焉」
	四九二	15	要「經」自尉黎入	要「徑」自尉黎入
	四九五	8	遁「也」高蹈	遁「世」高蹈
	四九五	12	辭蔚藻「績」	辭蔚藻「繢」
	五〇〇	12	封「豕」黎民	封「豕」黎民
	五〇〇	12	蠲「免」苛政	蠲「其」苛政
	五〇一	8	以聚斂爲「辨」	以聚斂爲「辦」

卷　數	頁　數	行數	誤	正
	五〇四	14	「或」歸於封爵不時之咎	「咸」歸於封爵不時之咎
	五〇五	9	與王氏「并」同爵號	與王氏「並」同爵號
	五〇七	14	各舉敦樸之士一人	各舉敦樸（之）士一人
	五〇八	6	陛下聖德應「朝」	陛下聖德應「期」
	五〇九	14	故臣所憂	故臣〔之〕所憂
	五一〇	3	故敢圖書	故敢〔依〕圖書
	五一〇	4	不敢虛「進」	不敢虛「造」
	五一〇	9	咎徵「并」至	咎徵「並」至
	五一一	6	「府」足以畜妻子	「俯」足以畜妻子
	五一二	8	太史張「衛」	太史張「衡」
	五一二	10	故「詩稱」曰	故「稱詩」曰
	五一二	11	京「師」地震	京「都」地震
	五一三	15	此為「上陵下替」	此為「下陵上替」
	五一四	9	名臣黃瓊等救解之	名臣黃瓊等〔深〕救解之
	五一六	9	斯蓋謂天下窊隆廣狹高卑之形耳	斯蓋謂〔其〕天下窊隆廣狹高卑之形耳
	五一七	16	皇「天」不祐	皇「乾」不祐
	五一八	10	不「價」所費	不「償」所費
	五二〇	5	就拜龔舍為泰山太守	就拜〔楚〕龔舍為泰山太守
	五二一	3	夏閏月己酉，京「師」地震	夏閏月己酉，京「都」地震
第十九卷	五二六	4	太守權救之	太守權〔以〕救之
	五二七	4	收名「覆」實	收名「獲」實
	五二八	13	中「道」傾覆之變	中「遭」傾覆之變
	五二九	1	恭儉畏「惡」	恭儉畏「忌」
	五三〇	15	即「有」龍機	即「省」龍機
	五三一	15	龔與諸子「并」扶杖行服	龔與諸子「並」扶杖行服
	五三二	12	終以「殯」露之歌	終以「薤」露之歌
	五三二	14	移歸舊「弟」	移歸舊「第」
	五三四	11	盜賊「并」起	盜賊「並」起
	五三八	3	四業「并」興	四業「並」興
	五四一	8	太子太「傳」杜喬	太子太「傅」杜喬
	五四二	1	帝崩于玉「臺」	帝崩于玉「堂」
	五四二	4	京「都」地震	京「師」地震
	五四二	4	詔公卿、「持」進、校尉	詔公卿、「特」進、校尉

卷　數	頁　數	行數	誤	正
	五四二	9	公卿「已」下	公卿「以」下
	五四二	10	「并」爲豺狼	「並」爲豺狼
	五四三	7	殺「掠」吏民	殺「略」吏民
	五四四	3	又無猛驗	又無〔武〕猛驗
第二十卷	五四六	3	不可之至者也	不可之至〔甚〕者也
	五四八	11	「頓」州郡輕慢	「頃」州郡輕慢
	五五一	5	司空趙「誠」	司空趙「誡」
	五五一	8	奄忽「天」昏	奄忽「夭」昏
	五五一	15	舟船所濟渡萬民	舟船所〔以〕濟渡萬民
	五五三	11	陳、項「并」起	陳、項「並」起
	五五六	8	發屬縣卒「從」	發屬縣卒「徒」
第二十一卷	五六二	1	劉文謀立清河王爲帝	劉文謀立清河王〔蒜〕爲帝
	五六二	10	「并」爲長吏	「並」爲長吏
	五六八	11	迅雷「烈風」	迅雷「風烈」
	五六八	12	「敬」躍而行	「警」躍而行
	五七四	2	公卿已下各有差	公卿已下各（有）差
	五七四	12	逢及隗「并」爲三公	逢及隗「並」爲三公
	五七六	3	以爲「忽」本	以爲「怨」本
	五七七	11	是故「常」非民不立	是故「帝」非民不立
	五七八	5	忽震「烈」之變	忽震「裂」之變
	五八一	13	所患靡「監」之事	所患靡「鹽」之事
	五八三	15	三官「并」驅	三官「並」驅
	五八四	10	「極」死則爲怨鬼	「殛」死則爲怨鬼
	五八六	5	榆柳虛「撓」	榆柳虛「橈」
	五八七	4	莫不「威」服	莫不「畏」服
	五八八	6	徐璜、貝瑗非常私忿梁氏？	徐璜、貝瑗（非）常私忿梁氏？
	五八八	10	上齧臂出血以爲盟	上齧〔超〕臂出血以爲盟
	五八八	15	遣使者「要」冀大將軍印綬	遣使者「收」冀大將軍印綬
	五九二	4	「右」之君臣	「古」之君臣
	五九二	5	「居」臣異心	「君」臣異心
	五九二	9	與眾「功」之	與眾「攻」之
第二十二卷	五九八	3	討「涼」、益叛羌有功	討「梁」、益叛羌有功
	六〇一	7	太「傳」安之玄孫	太「傅」安之玄孫
	六〇一	9	從叔逢、「槐」並爲公輔	從叔逢、「隗」並爲公輔

卷　數	頁　數	行數	誤	正
	六〇二	12	「寑」益貴盛	「寢」益貴盛
	六〇二	14	「并」荷職任	「並」荷職任
	六〇六	14	其「聞」公具對	其「開」公具對
	六〇八	13	行幸雲夢	行幸〔於〕雲夢
	六〇九	4	孝景帝驕梁孝王	孝景〔皇〕帝驕梁孝王
	六一〇	9	徵詣「延」尉	徵詣「廷」尉
	六一五	8	三月辛巳，京師夜有火光，轉相驚譟。平原人襄楷詣闕上書	三月辛巳，京師夜有火光，轉相驚譟。〔夏四月庚午，河水清。〕平原人襄楷詣闕上書
	六一六	5	遂昌熾也	遂〔益〕昌熾也
	六一七	14	私懼「留稽」爲儌	私懼「稽留」爲儌
	六二〇	14	於佞幸內憾	於〔是〕佞幸內憾
	六二四	2	上議執政，下「議」卿士	上議執政，下「譏」卿士
	六二七	2	閭閻講「肆」	閭閻講「肄」
	六二七	3	考績於所「莅」	考績於所「莅」
	六二七	14	「大小」傷摧	「小大」傷摧
	六三一	13	擇「覽」近親	擇「賢」近親
第二十三卷	六三七	1	節等「及」竊發瑜奏	節等「乃」竊發瑜奏
	六三八	1	大臣「如」此	大臣「若」此
	六三九	12	聞寵當「還」	聞寵當「遷」
	六三九	13	生「來」嘗到郡縣	生「未」嘗到郡縣
	六四五	4	復「可」避乎	復「何」避乎
	六四六	4	同邑「宗」仲	同邑「宋」仲
	六四六	11	神氣「衝」和	神氣「沖」和
	六四八	10	有父老董敦之曰	（有）父老董敦之曰
	六四八	12	孟徵「居」高雅絕世	孟徵「君」高雅絕世
	六五三	11	行「止」純嘿	行「至」純嘿
	六五六	6	「穎」川許人	「潁」川許人
	六五六	6	縣吏鄧「劭」	縣吏鄧「邵」
	六五七	4	河南夫食婦	河南〔人〕夫食婦
	六六〇	7	皆衰「經」殯〔位〕（泣）	皆衰「絰」殯〔位〕（泣）
	六六三	2	仁風豐「濡」	仁風豐「霈」
	六六三	10	詔中常侍趙忠監臨議	詔中常侍趙忠監臨議〔者〕
	六六四	14	無以爲「此」	無以爲「比」

卷　數	頁　數	行數	誤	正
	六六五	7	〔十一月，會稽人許生〕自稱「越王」	（乃）〔十一月，會稽人許生〕自稱「越王」
第二十四卷	六六八	3	生「衝」帝	生「沖」帝
	六六八	3	「衝」帝早崩	「沖」帝早崩
	六六八	4	孝「衝」皇帝母虞大家	孝「沖」皇帝母虞大家
	六七〇	3	「遊」觀無度	「游」觀無度
	六七〇	7	大化「凌」遲	大化「陵」遲
	六七〇	8	追慕五宗之高「縱」	追慕五宗之高「蹤」
	六七三	11	「獲」烏丸校尉夏育	「護」烏丸校尉夏育
	六七六	3	天「重」象	天「垂」象
	六七七	6	虹蜺「憧」	虹蜺「隋」
	六八一	11	豺狼噬於「圍」藪	豺狼噬於「圄」藪
	六八一	12	衛尉「詎」詔邪	衛尉「拒」詔邪
	六八二	8	「并」通謀議	「並」通謀議
	六八三	7	「皆隸」訛言也	「隸皆」訛言也
	六八四	4	多「言」財貨	多「畜」財貨
	六八五	3	傷槐者「將」誅	傷槐者「被」誅
	六八五	4	左開「鴻」池	左開「洪」池
	六八五	5	盤于「遊」田	盤于「游」田
	六八七	8	豪右辜「榷」	豪右辜「搉」
	六九一	5	考諸與角連「反」	考諸與角連「及」
	六九一	15	「客」詔姑息	「容」詔姑息
	六九三	1	忠臣之憂「逾」深耳	忠臣之憂「愈」深耳
	六九三	2	猶冰炭不可同器而「并」存也	猶冰炭不可同器而「並」存也
	六九六	13	雖有湯、武之舉	雖（有）湯、武之舉
	六九七	3	「欽」馬盟津	「飲」馬盟津
	六九七	6	將軍「既」欲委忠於難佐之朝	將軍「雖」欲委忠於難佐之朝
	六九七	7	「乃」今權宦群居	「方」今權宦群居
	六九八	7	嵩又進兵擊張「寬」	嵩又進兵擊張「寶」
第二十五卷	七〇〇	8	妖火「燃」宮	妖火「燒」宮
	七〇七	5	率「監」子故	率「豎」子故
	七〇八	12	兵不足守	兵不足〔以〕守
	七一一	4	仕與不仕之「聞」	仕與不仕之「間」
	七一一	11	重令「奚」中郎曉暢殷勤	重令「爰」中郎曉暢殷勤

卷　數	頁　數	行數	誤	正
	七一二	2	孔「子」可師	孔「氏」可師
	七一四	4	諸所聘禮皆不「受」	諸所聘禮皆不「就」
	七一八	6	「杖」國威以討之	「仗」國威以討之
	七一九	9	封皇弟協爲「勃」海王	封皇弟協爲「渤」海王
	七二〇	5	立「勃」海王	立「渤」海王
	七二〇	13	進、紹共圖中官	進、紹〔謀〕共圖中官
	七二一	7	皆叛走	〔兵〕皆叛走
	七二一	8	「重」之後世	「垂」之後世
	七二一	9	進言之於太后	進言之（於）太后
	七二二	2	尚書「廬」植	尚書「盧」植
	七二二	9	徙「勃」海王協爲陳留王	徙「渤」海王協爲陳留王
	七二七	2	以爲雖伊尹之事	以爲雖〔遇〕伊尹之事
第二十六卷	七三一	7	以紹爲「勃」海太守	以紹爲「渤」海太守
	七三二	4	「勃」海太守袁紹	「渤」海太守袁紹
	七三四	1	心「怨」之	心「怒」之
	七三七	3	隨日時而「去」入焉	隨日時而「出」入焉
	七四〇	9	「并」列朝廷	「並」列朝廷
	七四四	5	徵還京「師」	徵還京「都」
	七四五	6	豈賣評哉	〔吾〕豈賣評哉
	七四九	11	皆爲紹「仕」	皆爲紹「任」
第二十七卷	七五四	1	陳留「圉」人	陳留「圉」人
	七五五	2	挾王命號令天下	挾王命〔以〕號令天下
	七五五	12	衆無所「依杖」	衆無所「倚仗」
	七五九	9	嘗「忤」於卓	嘗「迕」於卓
	七六三	10	袁氏「通」其東	袁氏「逼」其東
	七六六	16	「公瓚孫」與劉虞有隙	「公孫瓚」與劉虞有隙
	七六九	1	願擇賢良長者	願〔推〕擇賢良長者
	七六九	4	乃爲約「東」	乃爲約「束」
	七七三	3	太常种拂之子	太常（种）拂之子
	七七三	3	中郎將杜「廩」	中郎將杜「稟」
	七七五	15	「燃」火於御前	「燒」火於御前
	七七六	6	曹操還「甄」城	曹操還「鄄」城
第二十八卷	七七七	5	封「祁」鄉侯	封「邟」鄉侯
	七七七	8	「君」有存主卹民者也	「未」有存主卹民者也

卷　數	頁　數	行數	誤	正
	七七七	10	且英雄據有州郡	且〔今〕英雄據有州郡
	七七八	3	與馬「值」	與馬「直」
	七八二	3	諸侍臣皆有「餓」色	諸侍臣皆有「饑」色
	七八二	12	詔「令」不行	詔「命」不行
	七八三	12	君欲左右之邪	君〔苟〕欲左右之邪
	七八四	3	「待」中胡邈	「侍」中胡邈
	七八五	3	是亦將軍之關中、河內	是亦將軍之關中、河內〔也〕
	七八七	6	郭汜爲「騎車將軍」	郭汜爲「車騎將軍」
	七八八	15	隔闊「想」思	隔闊「相」思
	七八九	13	身著「國」篆	身著「圖」篆
	七八九	13	名「重」後世	名「垂」後世
	七八九	14	「肱」肱奏乞歸之記	「股」肱奏乞歸之記
	七九〇	5	足下徼利於境外，臧洪受命於君親；吾子託身於盟，主臧洪受命於君親；吾子託身於盟主，臧洪策名於長安。	足下徼利於境外，(臧洪受命於君親；吾子託身於盟，主)臧洪受命於君親；吾子託身於盟主，臧洪策名於長安。
	七九一	8	寧輯將軍段「猥」	寧輯將軍段「煨」
	七九一	8	「猥」與楊定有隙	「煨」與楊定有隙
	七九一	12	何以知	何以知〔之〕
	七九二	4	司隸校尉管「命」	司隸校尉管「郃」
	七九二	9	張濟復與「催」、汜合謀	張濟復與「傕」、汜合謀
	七九三	2	去卑「牽」其眾來	去卑「率」其眾來
	七九六	8	後宮食煮棗菜	後宮食（煮）棗菜
	七九六	14	袁術自依據江淮	袁術自〔以〕依據江淮
第二十九卷	八〇〇	6	「辜」有公卿大臣	「幸」有公卿大臣
	八〇〇	12	將軍首「倡」義兵	將軍首「唱」義兵
	八〇四	14	豈政失其道「與」	豈政失其道「歟」
	八〇五	11	天子既免於曹陽	天子既免（於）曹陽
	八〇八	7	若「袁紹侵擾關中，西羌南誘蜀漢」	若「袁紹侵擾關中、西羌，南誘蜀漢」
	八〇八	7	獨以「袞」州抗天下	獨以「兗」州抗天下
	八一一	15	使君與國同「軌」	使君與國同「規」
	八一二	6	「駮」議致憎	「駁」議致憎
	八一六	14	劉、項莫「能」先退	劉、項莫「肯」先退
	八一八	15	以問尚書令荀彧曰	以問尚書令荀彧（曰）

卷　數	頁　數	行數	誤	正
	八一九	1	若「收紹」其餘燼	若「紹收」其餘燼
	八一九	4	司隸校尉鍾繇	司隸（校尉）鍾繇
	八一九	10	「平」均以賢	「年」均以賢
	八二二	4	揆文「舊」武	揆文「奮」武
	八二四	13	帝耕「藉」田	帝耕「籍」田
第三十卷	八三〇	15	宜選天下賢哲	宜〔高〕選天下賢哲
	八三四	1	隨父詣京「師」	隨父詣京「都」
	八三五	6	四方「游」士	四方「遊」士
	八三六	1	「穎」川陳紀	「潁」川陳紀
	八三六	5	民散「之」矣	民散「久」矣
	八三六	6	九牧之地，千八百「居」	九牧之地，千八百「君」
	八三六	9	「違」如子政	「達」如子政
	八三八	6	苟且僥「幸」	苟且僥「倖」
	八三八	12	「末」〔有〕知其所由來者	「未」〔有〕知其所由來者
	八三八	12	夫殺人者死，而大辟可以懲未殺	夫殺人者死，而〔相殺者不已，是〕大辟可以懲未殺
	八三八	13	「有」黥劓可以懼未刑	「是」黥劓可以懼未刑
	八四六	11	終與「事」乖	終與「勢」乖
	八五〇	4	「諸」吏率職	「請」吏率職
	八五一	3	「胙」之以土	「祚」之以土
	八五一	11	「生」為二伯	「出」為二伯
	八五一	15	君宣「冀」風化	君宣「翼」風化
	八五二	6	「封」揚我高祖之休命	「對」揚我高祖之休命
	八五三	13	未「重」惠撫	未「垂」惠撫
	八五四	5	后被髮「徒」跣而出	后被髮「徒」跣而出
	八五八	14	皇子「鳩」害	皇子「鴆」害
	八五九	9	誠臣深憂之責	誠臣深憂〔碎首〕之責
	八六〇	7	方今外有遺「慮」	方今外有遺「虜」
	八六一	8	以〔保〕「綏」我宗廟	以〔保〕「綏」我宗廟
	八六二	1	「難」欣聖化	「雖」欣聖化
	八六三	8	公故漢宰「相」	公故漢宰「臣」

資料來源：筆者據《後漢紀》各本校勘《後漢紀校注》整理而成。

附錄二：張烈點校《後漢紀》勘誤表

卷 數	頁 數	行數	誤	正
序	一	9	前史之闕古者，方今不同其流，「言」異言行，趣舍各以類書。	前史之闕古者，方今不同其流，「亦」異言行，趣舍各以類書。
第一卷	四	11	莽遣章馳山東與太師匡并力	莽遣章馳（山）東與太師匡并力
	一四	10	及世祖於「柏」人	及世祖於「栢」人
第二卷	二八	4	我（告）斬卿	我告斬卿
	二九	11	韓歆謀將城守「備。武人」衛文多奇計	韓歆謀將城守「，（備）〔脩〕武人」衛文多奇計
	三一	2	隨擊「甄、阜」	隨擊「甄阜」
第三卷	三六	12	（今）〔令〕移其書告守、尉當警備者	今移其書告守、尉當警備者
	四五	4	無與窮「寇」爭鋒	無與窮「赤眉」爭鋒
第四卷	六二	1	非有（伏）〔仗〕節死義同心者也	非有伏節死義同心者也
	六二	3	「廣、樂」降	「廣樂」降
	六二	3	復圍（雎）〔睢〕陽	復圍睢陽
	六三	14	召拜「議郎、給事中」	召拜「議郎給事中」
	六四	5	國之廢興在於政事，得失在於輔佐	國之廢興在於政事，〔政事〕得失在於輔佐
	六五	15	禍福不同，「可不察也夫！一人行之」	禍福不同，「〔不〕可不察也！夫一人行之」
	六六	2	求其「心」入	求其「必」入
	六七	8	不能（伏）〔仗〕節死難	不能仗節死難

卷 數	頁 數	行數	誤	正
	六八	3	朱（教）〔勃〕智能盡於今日矣	朱教智能盡於今日矣
	六八	12	俱之（梁）〔涼〕州	俱之梁州
第五卷	八四	4	終於（沔）〔黽〕池	終於沔池
	八四	5	隱居養	隱居養〔志〕
	八七	6	又（愍）〔憨〕狂狡之不息	又愍狂狡之不息
	八七	12	而得「倔」起在此位也	而得「掘」起在此位者也
	八八	5	鼎折足，「復」公餗	鼎折足，「覆」公餗
	八九	6	英雄誠知其覺寤	英雄誠知（其）覺寤
	八九	13	忠孝冠周、霍，德讓配「吳札」	忠孝冠周、霍，德讓配「吳、札」
第六卷	一〇一	9	「行賢而去，自賢之心無所往而不美」	「行賢而去自賢之心，無所往而不美」
	一〇三	4	厙「均」爲輔義侯	厙「鈞」爲輔義侯
	一〇五	6	朱輪容車	〔賜〕朱輪容車
	一〇九	5	哀痛「歜」欷	哀痛「歔」欷
	一一三	2	遣使使祠通父（守）冢	遣使使祠通父守冢
第七卷	一二六	4	郭后寵衰，數懷怨恚，「（廢）」	郭后寵衰，數懷怨恚，「廢。」
	一二六	8	迎后於（育）〔淯〕陽	迎后於育陽
	一二七	3	采「（採）」〔椽〕虆樸	采「（樑）」〔椽〕虆樸
第八卷	一四一	8	初，「援交趾還，書誡其兄子嚴敦」	初，「援交趾還書誡其兄子嚴、敦」
	一四二	6	因取所與「嚴敦」書	因取所與「嚴、敦」書
	一四八	1	苟才大者濟「（智）〔世〕，」小者獨善	苟才大者濟「〔世〕，智」小者獨善
	一四九	10	以喜守「簡陽，侯（桓）〔相〕」將給兵騎之官	以喜守「簡陽侯（桓）〔相〕，」將給兵騎之官
	一五一	2	司馬呂「種」	司馬呂「种」
	一五二	14	「男也我與之，女勿憂妻子」	「男也我與之女，勿憂妻子」
	一五六	3	敏「因書之闕，（因）〔又〕增之曰」	敏「因書之闕（因）〔文〕，增之曰」
	一五七	12	「上不聽蒼。以母弟輔政」	「上不聽。蒼以母弟輔政」
第九卷	一六八	13	車駕過（軾）〔式〕墓所	車駕過式墓所
	一七七	2	多不遵法度	多不（遵）法度
	一七七	3	融惶懼，乞骸骨，「上賜牛酒。策罷穆，以國在安豐」	融惶懼，乞骸骨，「上賜牛酒，策罷。穆以國在安豐」

卷　數	頁　數	行數	誤	正
	一七七	14	行幸魯，「祠。東海恭王、」沛王、楚王	行幸魯，「祠東海恭王。」沛王、楚王
第十卷	一八九	9	府丞「據」吏	府丞「掾」吏
	一九一	2	「(伏犧氏)〔羲和〕」掌焉	「(伏犧)〔羲和〕氏」掌焉
第十一卷	二一五	6	封皇子「伉為千乘(令)〔王，全為〕平春王」	封皇子「伉為千乘〔王〕，(令)〔全為〕平春王」
第十二卷	二三〇	2	(愍)「〔明〕」帝即位	(愍)「〔章〕」帝即位
	二三二	11	(父)以孝行稱	(父)〔少〕以孝行稱
	二四〇	5	匈奴「處北(種分)〔極，界〕以」沙漠	匈奴「處北種，分以」沙漠
第十三卷	二五六	2	欲「襃」成先帝之功	欲「襃」成先帝之功
	二五九	10	「衛尉鄧疊、母(兄)〔元〕」出入禁中	「衛尉鄧疊母(兄)〔元〕」出入禁中
	二六三	6	雨雹大如「雞」子	雨雹大如「鴈」子
第十四卷	二七四	11	其(効)〔效〕也	其効也
	二七五	12	竊位素(飡)〔餐〕	竊位素飡
	二七九	2	廐馬上還本署	廐馬〔皆〕上還本署
	二八六	3	「擢」為尚書郎	「權」為尚書郎
	二八八	8	黃髮罔「僭」	黃髮罔「憯」
第十五卷	二九九	11	梁「幢」	梁「憧」
	三〇二	9	又有一道「與益州塞外通大秦。人皆矗長大」	又有一道「與益州塞外通。大秦人皆矗長大」
第十六卷	三一一	2	為「(捕)〔步〕兵校尉、郎中。穎川杜根」與同署郎	為「(捕)〔步〕兵校尉。郎中穎川杜根」與同署郎
	三一四	11	罷「戌」兵而設方略	罷「戍」兵而設方略
	三一八	1	勅曰：「吾言強弩發。」於是小弩先發，虜以為弩力極	勅曰：「吾言強弩發，於是小弩先發。」虜以為弩力極
	三一九	5	因復〔欲〕取西域	因復(〔欲〕)取西域
第十七卷	三三七	12	飛而「衝」天	飛而「沖」天
第十八卷	三四六	7	會張朗「(乃要)〔徼功〕，徑自」尉黎入	會張朗「乃要徑自」尉黎入
	三五五	15	不平之(効)〔效〕	不平之効
第十九卷	三七四	13	積賢之符(効)〔效〕也	積賢之符効也
	三七八	12	宜有至(効)〔效〕	宜有至効
第二十卷	略	略	略	略
第二十一卷	三九八	2	立都鄉侯「予」為平原王	立都鄉侯「子」為平原王

卷　數	頁　數	行數	誤	正
	四〇三	14	「貽」民飢之憂	「怡」民飢之憂
	四〇四	8	不「舉」鬼谷之於東齊	不「學」鬼谷之於東齊
	四〇五	3	所急朝夕之（飧）〔餐〕	所急朝夕之飧
	四〇九	2	於是「令衡呼璜、瑗五人，遂於宅中定議」	於是「令衡呼璜、瑗，五人遂於宅中定議」
	四一一	11	護羌校尉（段熲）〔段熲〕	護羌校尉段（熲）〔熲〕
	四一二	13	護羌校尉（段熲）〔段熲〕	護羌校尉段（熲）〔熲〕
第二十二卷	四一八	4	有司「不敢斜規，悉條奏其罪」	有司「不敢斜，規悉條奏其罪」
	四二三	14	軍中喜「踴」	軍中喜「踊」
	四二四	3	父「肝」溺於江	父「盱」溺於江
	四二五	15	主「人」驕盈則澤不下流	主「上」驕盈則澤不下流
	四三六	9	河「南」孝王生解瀆亭侯淑	河「間」孝王生解瀆亭侯淑
第二十三卷	四四三	5	坐「羊皮車，厩馬羸弊」而不改之	坐「羊皮，車厩馬羸弊」而不改之
	四四七	8	願（徒）〔徙〕戶華陰	願徙戶華陰
	四四七	11	後「以黨事免官，禁錮河東，太守董卓」慕其名	後「以黨事免官禁錮，河東太守董卓」慕其名
	四五二	5	受惡人之（嗲）〔唁〕	受惡人之嗲
	四五三	1	天「下」所廢	天「之」所廢
	四五四	6	州郡並請，「皆辭。以疾宴居，必正衣服」	州郡並請，「皆辭以疾。宴居必正衣服」
	四五九	5	司隸校尉（段熲）〔段熲〕	司隸校尉段（熲）〔熲〕
	四五九	7	司隸校尉（段熲）〔段熲〕	司隸校尉段（熲）〔熲〕
第二十四卷	四六八	14	太中大夫（段熲）〔段熲〕	太中大夫段（熲）〔熲〕
	四六九	3	太尉（段熲）〔段熲〕	太尉段（熲）〔熲〕
	四六九	6	皆「曰」睚眦	皆「由」睚眦
	四六九	7	太尉（段熲）〔段熲〕	太尉段（熲）〔熲〕
	四七三	2	遲鈍之「畜」	遲鈍之「蓄」
	四七四	5	「太」谷、轘轅	「大」谷、轘轅
	四七四	9	先「餽」賂然後得行	先「饋」賂然後得行
	四七五	5	右中郎將朱「儁」	右中郎將朱「雋」
	四七六	1	皇甫嵩、朱「儁」	皇甫嵩、朱「雋」
	四七六	2	皇甫嵩、朱「儁」	皇甫嵩、朱「雋」
	四七六	2	「儁」西鄉侯	「雋」西鄉侯

卷　數	頁　數	行數	誤	正
	四七六	4	中郎將「董卓代植，既受命，累破黃巾。角等保廣宗」	中郎將「董卓代。植既受命，累破黃巾，角等保廣宗」
	四七六	13	朱「儁」攻黃巾趙弘	朱「雋」攻黃巾趙弘
	四七六	13	有司奏徵「儁」	有司奏徵「雋」
	四七六	14	「儁」討潁川有效	「雋」討潁川有效
	四七六	15	詔切責「儁」。「儁」懼誅	詔切責「雋」。「雋」懼誅
	四七七	1	封「儁」上虞侯	封「雋」上虞侯
	四七七	1	「儁」兵力不敵	「雋」兵力不敵
	四七七	2	「儁」身自被甲	「雋」身自被甲
	四七七	3	「儁」曰	「雋」曰
	四七七	6	「儁」登土山望之	「雋」登土山望之
	四七七	8	「儁」因自擊之	「雋」因自擊之
	四七七	9	拜「儁」爲車騎將軍	拜「雋」爲車騎將軍
第二十五卷	四九四	4	與常侍趙忠、宋典書曰：「大將軍兄弟秉國威權，欲與天下黨人共誅內官。以碩有兵，尙且沈吟。觀其旨趣，必先誅碩，次及諸君。今欲除私讐以輔公家。是時上新崩，大行在前殿，左右悲哀，念在送終。碩雖用有謀策，其事未可知也。」	與常侍趙忠、宋典書曰：「大將軍兄弟秉國威權，欲與天下黨人共誅內官。以碩有兵，尙且沈吟。觀其旨趣，必先誅碩，次及諸君。今欲除私讐以輔公家。」是時上新崩，大行在前殿，左右悲哀，念在送終。碩雖用有謀策，其事未可知也。
第二十六卷	五〇九	11	自（今）〔古〕及（古）〔今〕	自今及古
第二十七卷	五一六	5	催逐「掠至陳留，潁川荀彧鄉人」多被殺掠	催逐「掠至陳留、潁川，荀彧鄉人」多被殺掠
	五一七	1	以布州里壯「徤」	以布州里壯「健」
	五二二	13	詔曰：「儒前爲弘農王郎中令，迫殺我兄，誠宜加罪。辭曰董卓所爲，非儒本意，不可罰無辜也。」	詔曰：「儒前爲弘農王郎中令，迫殺我兄，誠宜加罪。」辭曰：「董卓所爲，非儒本意，不可罰無辜也。」
	五二三	5	歸功於朱「儁」	歸功於朱「雋」
	五二七	12	太尉朱「儁」	太尉朱「雋」
	五二九	5	太尉朱「儁」以災異策罷	太尉朱「雋」以災異策罷
第二十八卷	五三五	14	大司農朱「儁」	大司農朱「雋」
	五三六	1	朱「儁」素剛直	朱「雋」素剛直
	五三六	1	「儁」字公偉	「雋」字公偉
	五三六	2	「儁」曰	「雋」曰

卷　數	頁　數	行數	誤	正
	五三六	3	州自有「贓」汙而求郡纖介	州自有「贓」汙而求郡纖介
	五三六	4	「儁」具知之	「雋」具知之
	五三六	5	「儁」曰	「雋」曰
	五三六	6	「儁」即夜發輕騎數十人	「雋」即夜發輕騎數十人
	五三六	6	「儁」得獨至京師	「雋」得獨至京師
	五三六	7	刺客分遮道欲殺「儁」。「儁」知	刺客分遮道欲殺「雋」。「雋」知
	五三六	8	「儁」由是顯名	「雋」由是顯名
	五三六	9	「儁」治蘭陵有名	「雋」治蘭陵有名
	五三六	9	「儁」上書求過本郡募兵	「雋」上書求過本郡募兵
	五三七	2	催復移乘輿「幸北塢門，內外隔絕」	催復移乘輿「幸北塢，門內外隔絕」
	五四○	1	復以「氾從弟濟、從子繡」、催從弟桓爲質	復以「氾從弟、濟從子繡」、催從弟桓爲質
第二十九卷	略	略	略	略
第三十卷	五七六	12	陳紀復論肉刑書曰：「惟敬五刑，以成三德，易著劓、刖、滅趾之法，所以輔政助教，懲惡息殺也。且殺人償死，合於古制。至於傷人，或殘毀其體，而纔翦毛髮，非其理也。若用古刑，使淫者下蠶室，盜者刖其足，永無淫放穿窬之姦矣。」	陳紀復論肉刑：「書曰惟敬五刑，以成三德，易著劓、刖、滅趾之法，所以輔政助教，懲惡息殺也。且殺人償死，合於古制。至於傷人，或殘毀其體，而纔翦毛髮，非其理也。若用古刑，使淫者下蠶室，盜者刖其足，永無淫放穿窬之姦矣。」
	五八五	1	劉備「克」成都	劉備「剋」成都

附錄說明：朱儁於各後漢相關史籍的記載皆作「朱儁」，唯《後漢紀》記作「朱雋」，張烈因此據其他文獻改之，由於《後漢紀》其他前本皆未更爲「朱儁」，唯張氏校改，筆者因爲統一標準，遂將之盡列入勘誤表回改。

資料來源：筆者據《後漢紀》各本校勘張烈點校本《兩漢紀：（下冊）後漢紀》整理而成。